한국산업보안연구학회

산업보안 경영관리

장항배 · 이준택 · 김상훈 공저

法 文 社

머 리 말

최근에 기업들은 기존 제품 및 서비스를 대상으로 IT를 활용한 첨단요소들과 융합을 통하여 새로운 부가가치 창출을 위하여 노력하고 있다. 이러한 일련의 과정을 통하여 새로이 도입된 신개념의 산업기술이 창조경제를 양성하기 위한 주요 지표로써 자리매김하기 위하여 무엇보다 산업기술을 안전하게 보호할 수 있는 환경구축이 선행되어야 한다. 그러나 산업기술 유출은 지난 10년간 200여 건에 달하며 피해액도 200조원을 넘는 것으로 추산되고 있다. 무엇보다도 절도나 강도와 같은 일반 범죄와 달리 단 한 번 유출에 수천억 원에서 심지어 수조 원까지 피해가 생길 수 있으며, 국가경쟁력에 치명적 손상을 야기할 수 있다는 점에서 문제의 심각성을 더하고 있는 상황이다.

이러한 산업기술 유출을 해결하기 위한 환경구축 대응책으로 산업보안學에 관한 학문적 기초 수립은 필수 불가결한 요건으로 지목되고 있다. 산업보안 학문영역은 법/제도, 범죄와 경영관리 그리고 기술적 도구를 통섭하는 5개 영역으로 나눌 수 있다. 본서에서는 이러한 학문 분야 중 산업보안을 기업 측면에서 전사적으로 수행하기 위한 산업보안 경영관리에 대하여 다루었다. 세부적으로 산업보안 경영관리란 무엇인지, 산업보안을 기업 내에서 수행하기 위한 방법론, 기업 내 산업보안을 위한 산업자산 식별 및 위험평가 방안, 전사적 차원의 관리체계 구축 및 사업 연속성 관리와 산업보안 투자에 대한 성과분석 등에 대한 내용을 소개하고 있으며, 전반적으로 산업보안 경영관리를 위한 입문서로써 산업보안을 위한 경영관리의 역할과 함께 다양한 사례분석과 연습문제를 제공하여 관련 주제가 왜 필요한지를 배우고 자연스럽게 이를 학습할 수 있도록 구성하였다. 이에 따라 각 장의 주제를 충분히 학습한다면, 기업의 산업보안 현황을 분석하고 적정 수준의 산업보안 체계를 구축하는 데 활용하는 실무적 능력을 갖추게 될 것이다.

넓은 범위의 일반적인 보안과 관련된 서적은 이미 다수 출간되어 있으나, 이에 비해 본서는 산업보안 경영관리 측면의 특화된 영역을 넓고 깊이 다루고 있다. 모쪼록 본서가 산업보안학에 대한 이론적 토대를 마련하고, 산업현장에 실무적인 지침서로서 활용될 수 있기를 바란다.

2013년 6월

저자 일동

차 례

제1장 산업보안 경영관리의 개요 1

Ⅰ. 산업보안의 정의 ······ 3

Ⅱ. 산업보안의 목적 ······ 8

Ⅲ. 산업보안활동 ······ 9

Ⅳ. 산업보안의 보호대상 ······ 16

Ⅴ. 기업비밀 ······ 18

1. 영업비밀 ······ 18
2. 주요국의 영업비밀 정의 ······ 18
3. 기업비밀 ······ 19

Ⅵ. 기업보안의 중요성 ······ 19

▣ 연습문제 ······ 21

제2장 산업보안 및 경영관리 방법론 25

Ⅰ. 산업보안 ······ 27

1. 보안의 종류와 상호관계 ······ 27
2. 산업기술보호의 목적 ······ 28
3. 산업보안 대상 선정과 유출 경로 선택 이유 ······ 29
4. 산업기술 유출 방지를 위한 보안 수칙 ······ 30
5. 산업스파이 ······ 33

Ⅱ. 경영관리 ······ 49

1. 영업비밀보호의 목적 ······ 49
2. 임원관리 ······ 52
3. 인적 보안 관리 ······ 59
4. 정보보안 마인드 강화 ······ 62

Ⅲ. 핵심기술 유출 ········· 62
1. 핵심기술 유출에 대한 대응 ········· 63
2. 핵심기술 유출의 경로 및 특징 ········· 64

Ⅳ. 산업보안시스템 구축전략 ········· 66
1. 관리보안 측면 ········· 66
2. 물리보안 측면 ········· 71
3. 정보보안 측면 ········· 75

▣ 연습문제 ········· 80

제3장 산업자산 83

Ⅰ. 보유자산의 분류 ········· 85

Ⅱ. 정보자산의 분류 ········· 86

▣ 연습문제 ········· 90

제4장 산업자산의 식별 및 평가 93

Ⅰ. 정보자산 식별 및 가치 평가 ········· 95
1. 자산식별 ········· 95
2. 자산평가 ········· 95
3. 자산분류 ········· 95

Ⅱ. 자산가치 분석 ········· 97
1. 자산가치 평가 ········· 97
2. 자산그룹핑 ········· 100

Ⅲ. 자산분석절차 ········· 101

Ⅳ. 자산분석(평가) ········· 102
1. 자산조사 ········· 103
2. 자산가치 산정 ········· 107

▣ 연습문제 ········· 110

제5장 자산의 위험평가 113

Ⅰ. 위험관리 필요성 ······ 115

Ⅱ. 위험관리 역사 ······ 118

1. 미국 NIST의 위험관리(SRAG) ······ 120
2. 영국 CCTA의 위험관리(CRAMM) ······ 121

Ⅲ. 위험관리란? ······ 122

1. 위험의 정의 ······ 123
2. 위험의 구성요소 ······ 123
3. 구성요소들 간의 관계 ······ 124

Ⅳ. 위험관리 방법론 ······ 125

1. 위험관리 전략 수립 ······ 125
2. 위험평가 방법 ······ 128

Ⅴ. 위험분석 ······ 129

1. 개 요 ······ 129
2. 위험분석 모델 ······ 129
3. 사전(상위수준) 위험분석 ······ 130
4. 기본통제 ······ 131
5. 상세 위험분석 ······ 133
6. 자동화 도구 ······ 133

Ⅵ. 위험분석 방법론 모델 ······ 134

1. 개 요 ······ 134
2. 기 법 ······ 135

Ⅶ. 위험평가 활동 ······ 136

1. 위험평가방법론 식별 ······ 136
2. 위험평가 수행 ······ 136
3. 위협/취약성 식별 및 평가 ······ 137

Ⅷ. 위협분석(평가) ······ 144

1. 위협파악 ······ 145

2. 위협속성 ········ 150
3. 위협순위 ········ 151

Ⅸ. 대응책 분석(평가) ········ 153
1. 대응책 파악 ········ 154
2. 대응책 속성 ········ 155
3. 대응책 순위 ········ 156

Ⅹ. 위험 시나리오(자산-취약성-위협-대응책 맵핑) ········ 156

Ⅺ. 위험산출 및 평가 ········ 157
1. 위험도 측정 ········ 158
2. 위험수준 검토 ········ 158
3. 위험처리 기준 ········ 159
4. 위험처리 방식 ········ 159

Ⅻ. 위험처리절차 ········ 169

XIII. 역할과 책임 ········ 170

XIV. IT 위험관리 시스템 구축 방안 ········ 171
1. IT위험관리시스템 개념 ········ 171
2. 위험식별 단계 ········ 173
3. 위험평가 ········ 175
4. 핵심위험지표(KRI) 선정 ········ 176
5. 위험대응 ········ 177
6. 모니터링 ········ 178
7. 응용기능 분할도 ········ 179
8. 핵심위험지표 ········ 181

XV. 위험관리 국내외 사례 조사 ········ 184
1. 국내 사례 조사 ········ 184
2. 국외 사례 조사 ········ 189

▣ 연습문제 ········ 198

제6장 정보보호관리체계 201

Ⅰ. 정보보호관리체계 개요 203

Ⅱ. 정보보호관리체계 대응책 204

Ⅲ. 정보보안 대응책 수립을 위한 가이드라인 205

1. 정보보안 정책 206
2. 정보보안 조직 210
3. 자산관리 222
4. 인적자원 보안 226
5. 물리/환경적 보안 229
6. 통신 및 운영 관리 235
7. 접근 통제 243

Ⅳ. 산업정보 유출 방지를 위한 핵심정보 보안관리 248

1. 개 요 249
2. 현황분석 방법 249
3. 사내 핵심정보 분류 250
4. 핵심정보 기본현황 251
5. 핵심정보의 L/C(Life Cycle) 254
6. 핵심정보 위험평가 258

▣ 연습문제 265

제7장 사업연속성 관리 269

Ⅰ. 사업연속성 관리 271

Ⅱ. 업무 영향분석 276

1. 개 요 276
2. 업무 영향분석 절차 277
3. 정성적 분석방법 278
4. 손실크기 분석 280
5. 업무영향분석 결과 284

제8장 산업보안 투자 및 성과분석 289

Ⅰ. 산업보안 수준측정 지표 수립 291
1. 지표수립 배경 및 목적 291
2. 지표수립 절차 291

Ⅲ. 산업보안 수준측정 지표 활용 297
1. 산업보안 수준측정 지표 운영 297
2. 산업보안 수준측정 지표 확산 298

제9장 산업보안 경영관리 인증 299

Ⅰ. 산업보안 경영관리 인증 필요성 301

Ⅱ. 유사 인증제도 302
1. 정보보호 관리체계 인증 (ISO/IEC 27001) 302
2. KISA ISMS 302

Ⅲ. 산업보안 경영관리 구축의 필요성 303

Ⅳ. 산업보안 경영관리 인증의 이점 304

Ⅴ. 사례분석(국내 · 외 기상협력 및 시스템 구축사례) 305
1. 국외 기상협력 체계 305
2. 웹 GIS 기반 태풍위원회 재해정보시스템 306
3. 설립목적 306
4. 추진경과 306
5. 국내기업 기상정보 시스템 구축 사례 307
6. 국내 기상 인증 체계 소개 307
7. 재해예방 위한 제조기업의 IT시스템 구축 308

▣ 연습문제 316

찾아보기 319

제1장

산업보안 경영관리의 개요

Ⅰ. 산업보안의 정의
Ⅱ. 산업보안의 목적
Ⅲ. 산업보안활동
Ⅳ. 산업보안의 보호대상
Ⅴ. 기업비밀
Ⅵ. 기업보안의 중요성

제1장 산업보안 경영관리의 개요

Ⅰ. 산업보안의 정의

사전적 의미에서의 보안(Security)이라 함은 "안전을 유지하는 것", "사회의 안녕과 질서를 유지하는 것" 또는 "자산을 보호하기 위한 활동"이라고 할 수 있는데, 여기에서의 '자산'이란 유형의 자산뿐만이 아니라 무형의 자산까지를 포함할 수 있으며 보안의 주체별로 개인보안, 기업보안, 국가보안 등으로 구분할 수 있을 것이다. 따라서 기업보안이라 함은 기업이 보유하고 있는 유형 · 무형의 자산을 온전히 보호하기 위해 하는 활동이라고 정의할 수 있다.

산업보안을 정의하기 위해서는 유출의 대상과 유출의 주체를 파악해야 한다. 성공적으로 운영되는 산업체에는 반드시 노하우가 있고, 이 노하우를 알고 싶어하는 제3의 세력들은, 때로는 직접 침투하면서, 때로는 내부자를 설득하여 간접적으로 노하우 유출을 시도하고 있다. 실로 그들이 노리는 유출대상과 유출주체 및 유출경로들은 매우 다양하여, 스스로의 가치를 갖는 정보이면 모두 다 그 대상이 된다. 모든 대상, 모든 유출자, 모든 유출경로를 한꺼번에 막아 주는 마술같은 장치는 있을 수 없다. 산업체가 요구하는 보안요구사항들을 잘 파악하여 우선순위를 정하고, 비슷한 유출이 재발하지 않게 대비하는 것이 실용적 접근 방안이 될 것이다.

산업체의 산업보안에 대한 대책도 평소에 중요한 자료의 보관이나 관리를 철저히 하면, 이들의 침투나 유출 기도는 현저히 줄 것이지만, 그래도 일어난 사고에 대해서는 각각에 맞는 대책을 별도로 세워야 할 것이며, 단 한번에 모든 유출을 막아 주는 솔루션은 있을 수 없다. 일반적으로 본다면, 산업보안의 대상은 해당 산업체의 유 · 무형 자산 중 중요한 것은 무엇이든 될 수 있으며, 모든 사람 – 내부자(협력업체 포함), 외부자(산업스파이 포함) – 중 누구든지 이 경우에 따라, 침투/유출자가 될 수 있다는 사실을 주목해야 한다. 만약, 그 산업체가 세계적 경쟁력을 갖춘 국가 기간산업체인 경우에는, 외부로부터의 침투자나 유출 기도자는 단순 경쟁업체 직원 수준을 벗어나서, 그 나라의 정보기관이 직접 · 간접으로 관여할 가능성도 검토해야 한다.

냉전구도가 무너진 이후 각 나라의 정보기관들은 막강한 조직과 자금을 이용하여 자기 나라의 국익을 반영할 수 있는 새로운 분야로 산업 우선, 무역 우선에 두고 그 차원에서 상대 국가의 유력 산업 비밀을 도청하거나 수집하여 자기 나라의 산업체를 돕고 있다는 것은 널리 알려진 사실이기 때문이다.

영화나 소설에서나 봄직한 첨단 스파이 장비들을 포함하여 하늘에 떠 있는 수많은 첩보 위성은 직경 30cm 이상의 모든 물체의 일거수일투족을 24시간 환하게 내려다보고, 모든 통화, 모든 이메일을 감시하는 그런 거대한 첩보 활동의 지원을 받는 외국 기업과 경쟁한다면, 우리가 할 수 있는 일이란 사실 너무나 한정적이기도 하다.

국정원의 최근 발표를 보면, 최근에는 돈을 목적으로 남의 정보를 훔쳐 내는 해킹이 잦아지고 있다고 하는데, 누가 그런 자료를 구입하며, 그런 돈을 줄 수 있는지는 국내외 여건, 사회적 병리 현상은 물론, 그 사람의 개인적인 여건 등을 두루 생각해 봐야 할 일이다.

산업체의 중요한 자산은 유 · 무형으로 나눌 수 있는데, 유형의 자산들에는 공장 건물의 설계도, 시설물의 배치, 환기, 독극물처리, 폐기물처리, 장비, 시설에 관련되는 모든 정보 등을 들 수 있다. 이런 노하우를 지키기 위해서는 물론 관련 자료들을 잘 보관하고 유출되지 않도록 해야 하지만, 노련한 산업 스파이라면 공장을 한번 대충 둘러보는 것만으로도 많은 것을 빼내 갈 수 있으므로, 가급적 아예 공장 출입 자체를 막는 것이 좋다. 즉, 면회소를 설치하여 가급적 직접적인 접근을 불허하는 것이 좋으며, 부득이한 경우 시찰을 허용하지만 X-ray 기계 등을 설치해서 카메라, 노트북, USB, 인쇄물 등을 숨겨서 들어가지 못하게 검색을 철저히 하는 보안 시스템을 두고 경우에 따라서는 생체인식, 영상인식 등 첨단 장비의 사용도 검토해야 한다. 또한 보안일지를 작성하여 출입자의 시간과 용무 등을 자세히 남겨놓거나 모니터링하거나 침입경보장치, 보안 시스템의 통합운영 등의 시설도 후일을 위해서 중요할 것이다. 이 모든 일들을 규정하고 관리하는 담당부서 및 인원의 설정, 보안수칙, 위반 시의 벌칙도 정해져야 한다.

한편 무형의 자산들을 보호하는 방법은 위의 유형의 자산들을 보호하는 방법과 매우 다르다. 성공한 산업체에는 "기술", "영업", "자금", "관리"상에서 반드시 특별한 노하우가 있고, 이들이 바로 무형자산인데 그 종류는 기술관련 비밀정보에는 개발계획, 제품 설계도면, 개발일지, 컨설팅보고서, 인사, 장비, 원료분석, 제조성분 등을 들 수 있으며, 영업 관련 비밀 정보에는 거래처 정보, 마케팅/판매계획, 제안/견적/시방서 등이 있고, 기업 관련 비밀 정보에는 사업계획, 인사, 총무, 금융, 제도 등을 들 수 있다. 이러한 무형의 자산들은 위의 물리적 검사장비로는 막을 수 없으므로 다른 방식의 장치가 필요하다. 이들 무형자산들은 인쇄물이나 디지털데이터로 정리되어 있는 것이 보통이므로, 이를 얻기 위해 다양한 노력들을 막기 위한 세심한 주의가 필요하다.

요즈음은 컴퓨터 기술이 발달해서 이런 무형의 자산들은 대부분 컴퓨터에 저장되어 있고, 인터넷도 연결되어 있으므로, 외부로 유출될 위험이 매우 크다. 대부분의 기업에서는 외부자의 직접적 침입에 대해서는 많은 대응을 하고 있는데, Firewall(침입차단시스템), IPS, 바이러스 대책 같은 것들이다. 이 방법으로 외부자의 침입에 대해서는 어느 정도 효과를 볼 수 있다.

그러나 전문가들에게는 아무런 소용이 없다. 성문이 잠겨 있다고 못 들어간다면 그게 전문가인가? 성벽을 넘어갈 수도 있고 땅굴을 파고 들어갈 수도 있고 성문을 열고 들어갈 수도 있다. 성문을 출입하는 검사도 만약 단순히 ID/Password 만으로 한다면 남의 신분증을 가지고 들어갈 수도 있고 아예 위조할 수도 있다.

그러므로 반드시 위조가 불가능한 엄격한 본인 인증을 받은 뒤에 문서를 열어보게 해야 하고, 그래도 뚫릴 것을 대비하여 보관중인 모든 중요 문서를 암호로 저장하여, 외부인이 그것을 훔쳐 가도 그 내용을 모르게 해야 한다. 그러나 문제는 아직도 있다. 아니 지금 많은 대기업에서 원하는 것처럼, 내부인이 변심을 하거나 작정을 하고 문서를 빼돌리는 것에 대한 보안이다.

내부자가 유출을 시도하고자 마음을 먹으면 X-ray, 생체 인식, PKI에 의한 엄격한 사용자 인증 등등의 전통적 물리적 장비나 인증 방법들은 무용지물이다. 이런 것들은 모두 합법적으로 무사통과하게 되어 있기 때문이다. 그러므로 문제는 그 내부인이 합법적으로 인증받은 후, 그가 받은 문서를 자신의 USB에 임의로 저장하거나 외부인에게 임의로 이메일로 보내거나 하지 못하게 막아야 하는 것이다.

국정원과 중소기업청의 조사를 보면 문서 유출을 경험한 회사들이 20%가 넘고, 그 중에서 80%는 내부인에 의한 것이라고 하며, 더욱이 권한이 높은 고위직이나 전문직 관련자에 의한 사고가 더 많다는 것이다. 특히 권한이 많은 고위직일수록, 더 중요한 핵심 정보, 더 많은 정보들을 취급할 수 있는데다, 업무상 외부로 반출하는 경우도 많으므로, 이들을 상대로 [하지 말라]/[하는 것은 위법이다] 등등의 방법으로 물리적이나 이성적으로 통제하는 것은 불가능하다. 만약 그것이 가능하다면 이 사회에는 경찰도, 검찰도, 법원도 필요 없고 단지 법만 있으면 될 것이기 때문이다.

그러므로 그들이 필요한 정보를 유출하려고 시도해도 어찌 해 볼 수 없는 그런 산업보안 장치가 필요하다. 정보 유출을 어떤 방법으로 저지하는 것이 가장 효율적이고도 저렴한 것이 될 것인지도 중요하다. 아무리 좋은 대책이라도 가격이 너무 비싸거나 그것을 위해서 지나친 시간과 노력, 인력이 요구되면 헛일이기 때문이다.

산업보안이란 내부인, 외부인을 막론하고, 산업체의 기술 노하우, 지적 재산권, 기업비밀, 영업비밀 관련의 자료들이 정해진 목적 외에 외부로 유출되지 않도록 하는 것이라 할 수 있다. 그러나 그 범위를 좁혀서, 문서 서버에 보관된 산업체의 무형자산, 그 중에서 생산개발 기술이나 영업비밀, 기업비밀, 그 중에서도 산업체가 민감하게 생각하는 자료나 문서들이 외부로 유출되지 않도록 사전에 컴퓨터 기술을 이용해서 막아 주는 것으로 한정하기로 한다.

조직의 정보시스템에서 최소의 비용으로 최대의 보안성을 얻기 위한 체계적인 방법인 보안관리(security management)는 보안정책 수립, 보안대책의 실행 및 위험분석(risk analysis) 과정을 통해 이루어진다. 따라서 보안관리를 위해서는 보안대책에 의해 보호되어야 하는 자산(asset)을 식별하고 그 가치를 평가하고 자산에 가해지는 위협(threat)과 취약성(vulnerability)을 평가해야 한다. 또한 CC (Common Criteria)와 같은 정보보호시스템 평가체계상에서 보안제품의 공통 기능 및 보증 요구사항이라 할 수 있는 PP(Protection Profile)을 개발하기 위해서도 이와 같은 업무를 수행해야 한다.

국내외적으로 보안관리 및 위험분석, PP 개발을 위한 다양한 방법(또는, 지침 및 표준)이 제시 및 사용되고 있지만, 각 방법마다 프로세스, 자산, 위협, 취약성의 분류체계(Schema), 평가기준 및 스케일이 서로 다르다. 따라서, 새로운 보안관리 및 위험분석, PP 개발 방법 및 도구를 개발하기 위해서는 다음 사항과 기존의 방법을 고려하여 정의해야 한다.

- 관리 및 평가 프로세스
- 자산의 분류체계, 평가기준 및 스케일
- 위협 및 취약성의 분류체계, 평가기준 및 스케일

디지털 혁명으로 불리는 21세기는 기업과 국가의 경쟁력이 첨단 과학기술의 개발 및 활용 여부에 의해 좌우된다. 따라서 최근 세계 각국은 자국의 경쟁력 제고를 위해 첨단기술을 하나라도 먼저 확보하려 노력하고 있다.

우리나라는 그동안 새로운 기술을 개발하기 위해 연구개발(R&D)에 꾸준히 투자한 결과 세계적으로 경쟁력 있는 첨단기술을 많이 확보하게 되었으며, 이로 인해 우리의 기술을 빼내가려는 산업스파이의 표적이 되고 있다. 첨단기술을 개발하는 데는 많은 인력과 자금, 시간이 소요된다. 그러나 산업스파이가 기술을 빼내가는 데는 단 몇 분이면 충분하다. 막대한 자금과 인력을 투입하여 힘들게 개발한 첨단기술이 보안관리 소홀로 인해 경쟁기업이나 해외로 유출된다면 해당 기업은 물론 국가 경쟁력 저하로까지 이어지는 막대한 피해를 가져온다.

기술유출로 인해 미국은 연간 2,500억 달러의 피해가 발생된 것으로 추정되고 있으며, 독일은 연간 5만 명의 실업자가 발생하는 것으로 알려지고 있다. '산업스파이는 21세기 가장 큰 산업 중의 하나다'라고 한 미래학자 앨빈 토플러의 말처럼, 기술유출 문제는 이제 단순히 기업의 차원을 넘어 국가 경쟁력이 걸린 문제로 대두되고 있다.

국가정보원은 2003년 이후 총 92건의 해외 기술유출사건을 적발하였는데, 만약 이들 기술이 그대로 해외 경쟁국으로 유출되있다면 이로 인한 피해는 가늠하기조차 어려울 것이다. 국가정보원은 국익수호를 위한 첨단기술의 지킴이로서 그동안 산업스파이 색출 활동과 함께 산업보안 교육, 컨설팅 등을 통한 예방 활동에 많은 노력을 기울여 왔다. 그 결과, 최근에는 기업 스스로 기술보호의 중요성을 인식하고 보안시스템을 구축하는 등 기술보호에 대한 관심이 높아가고 있어 매우 다행스런 일이다.

그러나 기술 유출 수법이 점차 다양화, 지능화되고, 대기업뿐 아니라 중소, 벤처기업의 기술까지 산업스파이의 표적이 되면서 개별기업의 노력만으로는 기술을 보호하는 데는 한계가 있다. 따라서 범정부 차원에서 민 · 관이 협력하여 기술유출 방지를 위한 제도를 마련하고 우리의 기업환경에 맞는 보안기술을 개발 활용하는 등의 보다 적극적이고 능동적인 대응책 마련이 요구된다.

Ⅱ. 산업보안의 목적

산업보안을 하는 목적은 물론 산업체의 중요한 정보유출을 막아줌으로써 손실을 최대한으로 줄이는 것이다. 그러기 위해서는 유출 대상과 손실의 경로를 찾아서 막아줘야 하는데, 여건과 대상에 따라 비정형적인 유출의 경로를 능동적으로 찾아서 막아주는 그런 인공지능형 솔루션이나 가능성이 있는 모든 경로를 사전에 미리 다 막는 솔루션을 이야기하는 것은 아니다. 그런 솔루션은 없지만 있다고 해도 매우 비싸거나 사용도 매우 어려울 것이다.

그 대신 여기서는 이미 드러난 유출경로, 그리고 여기저기서 반복적으로 발생하는 사례의 정보유출 경로를 타깃으로 하여, 최소의 비용과 노력으로 최대의 효과를 얻게 해 주는 그런 실용적인 솔루션을 얻는 것이 산업보안의 목적이라고 할 수 있다.

우선 산업보안의 대상으로는 여러 가지 무형의 자산 중에서, 특히 기업들이 현재 시점에서 민감해 하는 것을 선택하고, 유통 경로는 기업들이 외부의 협력업체와 협업을 하는 과정을' 우선적으로 목적으로 한다. 기업과 협력업체와의 협업에서는 어쩔 수 없이 필요에 따라서 생산기술 비밀, 영업비밀 혹은 기업비밀들이 공개되지 않을 수 없는데, 이들이 정보 유출자들의 목적이 되기 때문이다.

그러므로 재물의 분실이나 기물의 파손, 인명 손실 같은 물리적 손실, 혹은 산업스파이나 내 · 외부인이 침투하여 재물이나 귀중한 서류를 훔치는 것을 막기 위한 물리적인 방지시스템, 침입차단시스템, IPS 등이나 X-ray, 생체인식 시스템 등 다양한 검사 시스템의 도입이나 문서금고의 도입, 서류의 보관이나 유통의 체계 확립, 종업원의 교육, 훈련 등을 도입해야 하는 그런 대상은 논외로 한다.

산업기밀은 경제 및 국방의 중추적 역할을 할 수 있으며 기술을 얼마나 보유하고 있는지 여부가 국력을 결정짓는 척도가 된다. 이런 중요성 때문에 대규모 투자비용과 개발위험이 크다는 부담에도 불구하고 국가첨단산업기술개발사업을 수행하고 있다.

Ⅲ. 산업보안활동

첨단기술이 곧 국력이라는 인식 아래 각국은 각종 정보기관을 총동원해 국부유출을 막는 첨단기술 보호활동에 총력을 기울이고 있다. 특히 미국, 일본, 러시아, 독일 등 기술 강국들은 자국의 첨단기술을 노리는 산업스파이에 대해서는 그 범위를 가리지 않고 감시의 끈을 늦추지 않고 있다.

이미 1955년 미국은 민간분야 보안산업 활성화와 전문성 제고를 위해 산업보안협회(ASIS)라는 민간단체를 설립하여 보안분야 관련 처리절차, 방법, 기술 등에 대한 회원간의 상호교류를 촉진하고, 보안정보자료 등을 수집 배포하여 표준화 마련에 주력하는 동시에 정기간행물, 논문 발행은 물론이고 회의, 세미나, 포럼 등을 통하여 보안분야 국제교류를 확대해 나아가고 있다.

일본의 경우 내각정보조사실(CIRO) 주도로 기업 및 경제단체와의 유기적 협조를 통해 산업기밀보호활동을 적극 펼치고 있다. 또한 경제산업성 등이 기술유출 방지지침이나 영업비밀보호지침을 제정하고, 기업들의 첨단기술 유출방지 노력지원을 아끼지 않고 있다.

중국 국가안전부는 자국 산업기술보호 등을 위해 외국 정보기관의 중국인 포섭차단, 해외공관의 도청차단, 해킹방지 업무를 수행하며, 해외공관에는 방첩전담요원인 보위소조를 파견, 공관보안 유지 및 공관원에 대한 주재국 정보기관의 정보수집 활동을 차단하고 있다. 또한 외국 통신사들이 경제정보 서비스를 중국 내에서 시행할 경우 신화통신사를 통해 인가를 받도록 의무화하고, 경제정보의 유통과정을 감독하기 위해 경제정보화 지도소조를 설치해 운영하고 있다.

러시아는 국가보안위원회(KGB)의 후신인 연방보안국(FSB)이 중심이 돼 첨단 기술에 대한 보호활동을 수행하고 있다. 푸틴 대통령의 지난 2004년 7월의 포고령에 의한 FSB 조직을 개편하고, 5개국으로 편성된 경제방첩실을 설립하여 기술 보호활동을 강화하고 있다.

독일은 헌법보호청(BfV)이 자국 내에서 활동하는 외국 산업스파이를 감시하는 차원에서 방첩활동을 수행하고 있으며, 이와 병행해 산업기술 보호활동을 수행하고 있다. 독일은 또 지난 1993년 독일산업연맹(BDI) 등 중앙단체들과 9개주 산업보안협회를 회원으로 연방산업보안협회(ASW)를 구성, 산업보안 관련 경제계 입장을 연방정부에 전달하고, 관련정보를 활발히 교류하고 있다. 독일은 산업보안 관련정도를 연방총리실이 종합해 ASW에 제공하고 있다. 독일은 산업스파이 행위는 주경찰이 처리하는 것이 원칙이나, 기업이 협조를 요청하거나 위험한 사태라고 판단될 경우 연방정보부(BND)와 연방헌보청(BfV)이 개입한다.[1)]

우리나라의 경우 지금까지는 국가정보원의 산업기밀보호센터, 검찰, 경찰 등이 산업기밀보호에 나서고 있으며, 각 분야별 보안협의회를 구성해 첨단의 핵심 기술유출 방지에 가일층 노력하고 있다. 특히 2007년 4월 산업기술의 유출방지 및 보호에 관한 법률의 시행에 따라 민간단체 형식으로 한국산업기술보호협회(KAITS: The Korean Association for Industrial Technology Security)가 발족하여 산업기술보호 관련 정책개발, 전문인력 양성 및 홍보업무, 관련 자료수집, 전파, 회원사간 정보교환, 기술유출 분쟁조정 업무, 각종의 포럼 및 국제 세미나 등 다양한 산업기술보호업무를 수행하기 시작했고 그 역할과 기능은 대폭 확대될 것으로 예상되고 있다.

• **중공업계** : 자동차, 조선, 기계 등은 많은 숫자의 협력회사와 협업의 형태로 작업하는데, 규모가 크지 않은 협력 회사들의 숫자와 직원들도 매우 많아서 문서

1) 디지털타임스, 2006.1.25.

보안 인식도 낮아 제3국으로의 기술유출을 심각하게 고민하고 있었다. 그들은 주로 Auto CAD 도면을 많이 사용하고 있었는데, 외주 업체에서 협업의 형태로 가공된 작업도면이 오직 도면관리 서버에만 저장되고 작업자의 PC에 저장되지 않기를 원하며, 협력 업체들의 형편을 고려하여 저렴한 가격이기를 바라고 있었다.

• **반도체 업계** : 반도체 생산라인에 필요한 장비를 제작하는 B회사는 제3국의 경쟁업체가 B사의 전직 사원을 통한 간접 경로로 기술 유출 시도를 하고 있음을 알고 있었기에 자신의 숙련된 직원 보호 및 기술 보호 차원에서 퇴직 직원의 접근을 차단하기 위한 산업보안시스템을 설치했다. B사는 실제 보호할 정보의 량은 많지 않으므로 비싸거나 커다란 시스템이 되어야 할 필요는 없고, 가격이 저렴하고 성능만 좋으면 된다고 생각했다.

• **휴대폰 업계** : 국내 대기업의 휴대폰 소프트웨어 개발 협력회사인 A사는 모회사가 요구하는 보안 수준을 맞추지 못해 고민하고 있었다. 즉, 모회사는 A사가 개발하는 소프트웨어의 외부 유출을 막기 위해서, A사의 모든 개발자들이 주고받는 이메일을 전면 통제하기를 원하고 있었다. 그러나 현실적으로 이메일을 막으면 인터넷 사용을 중단하는 것이 되어서 전 직원들의 맹렬한 반대에 부딪쳐 고민하고 있었다. 한편 모회사도 그렇게 요구하기는 했으나 그런다고 해서 완벽한 것도 아니어서 마땅한 결론을 내지 못하고 고민하고 있다고 한다.

• **유통업계** : 기획 판매, 세일 판매 계획 등이 내부 직원 및 협력 회사 직원들을 통해서 사전에 경쟁회사로 모두 새어나가는데 이들 정보들이 Office는 물론, Adobe, Auto CAD 등 다양한 툴로 되어 있는 상태에서, 본사와 협력업체 간에 이들 문서들로 협업도 하면서 유출도 방지해야 하는 등 이런 기능 모두를 지원하는 저렴하고 쉬운 One Stop 솔루션을 찾고 있었다.

>>> **사례 "2002년 이후 산업기술 유출 피해액 133조"** – 한나라당 맹형규 의원 '기술 유출 사범' 형량 '최고 10년' 개정법 발의

지난 2002년 이후 산업기술의 해외 유출로 인한 국내 관련업계의 피해 예상 규모가 133조원에 달하는 것으로 나타났다. 21일 한나라당 맹형규 의원이 국가정보원 자료를 통해 파악한 '연도별 산업기술 해외유출' 적발 현황에 따르면 2002년부터 올 4월까지

산업기술 해외 유출 예방액은 약 133조3,980억원인 것으로 추정됐다.

예방액이란 산업기술이 누설됐을 경우 입게 될 피해액을 업계에서 추정한 것을 말한다. 같은 기간산업 기술 유출 적발 건수는 모두 106건이었으며 적발된 산업스파이도 400명에 이르렀다. 업계 추산 피해액의 경우 2002년 1,980억원에 그치던 것이 2005년에는 35조 5,000억원으로 무려 177배 급증했고 올해는 4월 현재까지 37조 3,000억원으로 추산됐다.

산업 부문별 기술 적발 건수를 보면, 총 106건 중 전기전자 업계가 52건으로 가장 많았고, 정보통신 분야가 26건으로 뒤를 이어 반도체와 휴대전화 기술의 유출 사례가 두드러졌다. 이 밖에 정밀기계(10건), 생명공학(6건), 정밀화학(5건), 기타(7건) 등의 분야 순으로 파악됐다.

2002년 이후 연도별 '산업기술 해외유출' 적발 현황

구분	계	2002	2003	2004	2005	2006	2007.04
건수(명)	106(400)	5(17)	5(29)	26(74)	29(98)	81(142)	9(40)
예방액	약133.4조	0.2조	13.9조	32.9조	35.5조	13.6조	37.3조

자료: 국가정보원, 예방액: 누설됐을 경우 입게 될 피해를 업계에서 추정한 금액

이런 가운데 맹 의원은 이날 산업기술 해외유출에 대한 처벌 형량을 '최고 10년'으로 강화시키는 개정법률안을 발의했다. 현재 '부정경쟁방지 및 영업비밀보호에 관한 법률'과 '산업기술 유출장치 및 보호에 관한 법률'은 기술 유출 사범의 처벌 수위를 최고 7년으로 규정하고 있다.

맹 의원은 "최고 형량이 7년에 불과해 기술 유출 방지에 대한 실효성이 의문시되고 있다"며 "국가적으로 큰 손실을 가져올 수 있는 산업기술 유출에 대한 경각심을 일깨우고 유출사범에 대한 엄중한 처벌을 강화하기 위해 형량을 최고 10년으로 상향 조정하는 내용의 개정안을 내놨다"고 말했다.

아울러 맹 의원은 "기술 유출의 방법이 날로 지능화되고 대형화되고 있다"며 "이를 막을 수 있는 관련법 정비가 시대 추세에 맞게 빠르게 이루어져야 할 것"이라고 덧붙였다.

출처: 머니투데이

기존의 노동집약적 산업에서 기술기반 산업으로 전환되면서, 기술역량 증가에 대한 국가 간 경쟁이 더욱 치열해졌다. 흔히 영화나 텔레비전에서만 볼 수 있던 산업스파이의 활동이 활발해지고, 각 기업에서 보유하고 있는 기술적 가치가

높아짐에 따른 각 기업 내의 기술에 대한 보안의 중요성이 더욱 높아졌다.

세계 각국이 이러한 대세에 맞춰 각종 기술보호 정책을 추진하고 있다. 대표적인 예로 미국은 국가방첩실(ONCIX: Office of National Counter Intelligence Executive)을 설립하여 대미 산업첩보 활동을 파악하고 있으며, 2001년 국가방첩센터를 확장하여 설립하였다. 러시아는 연방보안국(FSB: Federal Security Service)을 중심으로 기술인력에 대한 관리를 강화하고 첨단 기술에 대한 보호활동을 하고 있으며, 중국은 국가안전부(MSS: Ministry of State Security) 주도로 산업기밀 유출을 감시하고 있다. 그 외에도 부정경쟁방지법, 영업비밀보호법 등의 제 · 개정을 통해 불법적인 기술유출에 대한 처벌을 민사상 처벌뿐 아니라 형사처벌까지 확대하였으며, 피해기업의 신고가 없어도 조사 및 처벌을 할 수 있도록 요건을 완화하여 기술보호를 대폭 강화하고 있다.

〈표 1-1〉은 외국의 기술보호 관련 법규를 규정한 대표적인 사례이다.

뿐만 아니라 국내에서도 법률제정을 통한 선진기술 보호 활동을 강화하고 있다. 1991년 '부정경쟁방지법'에 영업비밀에 관한 규정을 신설하였으며, 1998년에는 '부정경쟁방지 및 영업비밀보호에 관한 법률'로 개정하여 처벌규정을 강화하였다. 기존 법률이 민간기업의 영업비밀 누설의 경우로 한정되어 있어 산업기

〈표 1-1〉 세계 각국의 기술보호 관련 법규

국가	법규	제정연도	내용
미국	Foreign Investment & National Security Act	2007	외국인 투자가 국토안보에 미치는 영향 평가
	Economic Espionage Act	1996	영업비밀 침해에 대한 형사상 구제
	Unified Trade Secret Act	1979	영업비밀 침해에 대한 민사상 구제
일본	부정경쟁방지법	2003	영업비밀 침해에 대한 민 · 형사상 구제
	기술유출방지지침	2003	기업의 기술보호전략 작성을 위한 지침을 국가기관인 경제 산업성이 마련
	지식재산취득 관리지침	2003	
독일	부정경쟁방지법	1986	영업비밀침해에 대한 민 · 형사상 구제
	Takeover Defense Law	2006	전략산업에 대한 외국인 투자에 대하여 국가심사

술 유출 방지에 미흡하다고 판단되어 2006년 10월 국내 핵심기술 보호, 국가산업경쟁력 강화, 국민경제의 안정을 목적으로 '산업기술의 유출 방지 및 보호에 관한 법률'을 제정하였다. 여기서 말하는 기술이란, 제품이나 연구개발을 위한 기술뿐만 아니라, 영업의 노하우나 관리법 등도 포함된다.

국내에서도 최근 선진기술 보호를 위한 활동 강화하는 중이다. 일련의 기술유출 시도 적발 후 기술유출 방지를 위한 법안을 강화시키고 있다.

- 부정경쟁방지 및 영업비밀보호법 제정
  ① 1991년 '부정경쟁방지법'에 영업비밀에 관한 규정을 신설
  ② 1998년에는 '부정경쟁방지 및 영업비밀보호에 관한 법률'로 개정하여 처벌규정을 강화

- 산업기술의 유출방지 및 보호에 관한 법률 제정
  ① 기존 법률이 민간기업의 영업비밀 누설의 경우로 한정되어 있어 산업기술유출 방지에 미흡하다고 판단
  ② 국내 핵심기술 보호, 국가산업경쟁력 강화, 국민경제의 안정을 목적으로 2006년 10월 '산업기술의 유출방지 및 보호에 관한 법률'을 제정
  ③ 7개 분야에서 40개 국가핵심기술[2] 지정 고시(2007년 8월 고시)

- 국가 차원의 기술보호 활동
  ① 2003년 10월 국가정보원에 산업기밀보호센터를 설립하여 해외산업 보안동향 전달, 기업체 보안 담당자 교육 등을 지원
  ② 2004년 3월 국정원과 민간업체들로 구성된 산업보안협의회를 설립하여 산업보안 관련 정보를 교환하고 세미나 개최 등을 수행

- 부정경쟁방지법, 영업비밀보호법 등의 강화
  ① 보호대상 확대, 소추요건 완화, 처벌 강화를 목적으로 기술보호 관련 법규를 강화

2) 전기전자 분야 4개 기술, 자동차 분야 8개 기술, 철강 분야 6개 기술, 조선 분야 7개 기술, 원자력 분야 4개 기술, 정보통신 분야 6개 기술, 우주 분야 5개 기술.

② 미국은 경제스파이법(EEA: Economic Espionage Acts)을 제정하여(1996년) 형사상 처벌을 강화

③ 기존의 통일영업비밀법(UTSA: United Trade Secret Acts)은 민사상의 처벌만 가능하고 피해자가 영업비밀 침해사실을 증명해야 했음

④ 경제 스파이법으로 형사상 처벌을 추가하였으며, 비친고죄를 적용하여 소추요건을 완화

⑤ 영업비밀의 범위를 광범위하게 정의

⑥ 일본은 2003년 5월 부정경쟁방지법을 개정하여 형사처벌 조항을 추가

⑦ 기업은 해외진출 과정에서 발생할 수 있는 기술유출 방지를 위해 2003년 기술유출방지 지침을 기업에 제공

⑧ 독일은 1986년 종래 부정경쟁방지법상의 영업비밀보호조항을 대폭 강화

⑨ 기존 부정경쟁방지법에서는 근로계약자의 기밀유출만을 치벌

⑩ 1986년 산업스파이 행위 등에 대해 형사처벌이 가능하도록 개정

• 지적재산권 강화

① 지적재산권을 이용하여 기술의 독점적 권리를 강화

② 국제협약을 통하여 지식재산권을 강화

③ UN 산하에 지적재산권 보호를 감시하는 WIPO(World Intellectual Property Organization) 설립(1967년)

④ TRIPS(Trade-Related Intellectual Property Rights)협약을 정비하여 지적재산권 침해 시 무역보복 등의 구제가 가능하도록 함(2001년)

⑤ 선진국간의 특허 네트워크 강화

⑥ EU 27개국은 단일특허시스템을 추진 중(1개 국가에 특허신청을 하면 역내 모든 국가에 특허권 통용)

⑦ 일본은 미국, EU와 특허출원 양식을 통일하는 등 특허제도의 공동화를 추진

⑧ 선진국간의 국제 네트워크를 공고히 하여 상호 부족한 부분을 보완하고 후발국가에 더 높은 진입장벽을 마련

• 해외의 기술유출방지 정책 사례

◈ **해외의 기술유출방지 정책 사례**

구 분	주요 정책 내용
미 국	Exon-Florio Provision(종합무역법 5210조) – 대통령이 "국가안보"에 위협이 된다고 판단하는 경우 외국기업과의 합병 등 금지, 중지, 원상회복 등 가능 **수출관리규정**(Export Administration – Regulations) – 대테러, 생화학무기, 범죄통제, 국가안보, 공급부족 품목, 중요 품목, 컴퓨터 등 12개 분야 기술 수출통제 **경제 스파이 처벌법**(1996) – 외국정부나 단체 등에 이익을 주기 위한 경제 스파이 행위 형사 처벌
일 본	**기술유출방지지침 및 지식재산취득관리지침 제정**(2003.2) – 기업의 해외진출 등에 따른 의도하지 않은 기술유지방지 대책 마련 * 캐논, 샤프 등 회사는 기술유출을 우려해 해외공장 본토이전, 부품 등의 아웃소싱 금지 등 추진
중 국	**대외무역법 및 기술수출입관리조례**(2002.1) – 국내 특정산업의 육성 또는 육성의 가속화를 위한 경우 해당 기술의 수출금지 또는 제한을 허용 – 기술을 ① 수출자유기술 ② 수출제한기술 ③ 수출금지기술로 구분하고 대상품목을 수시로 변경하면서 엄격히 관리
독 일	**대외경제법: 방산업체 해외 매각시 핵심기술 유출 제한** – 연방경제노동부 허가 필요 – 연방헌법보호청이 자국내 외국 스파이 활동 감시 등 산업기술 보호

Ⅳ. 산업보안의 보호대상

산업보안의 보호대상은 기업경영 및 생산 활동에 직 · 간접으로 유용하게 활용될 수 있고 공공연하게 알려지지 않아 비밀성을 유지하고 있으며 경제적인 가치를 보유하고 있는 유무형의 기업비밀을 모두 포함한다. 구체적으로 예를 들면 다음과 같다.

• 조직기구 측면에서

① 새로운 기술의 연구개발 조직

② 장래의 기업조직 변경 · 계획

③ 타 기업과의 합병계획 등

- 재무관리 측면에서

① 기업의 중점투자분야, 신규자금조달계획

② 신규설비투자계획

③ 기업 예산액 배분 등

- 인사관리 측면에서

① 적재적소 배치를 위한 인사 자료

② 인사이동, 직원배분계획 등

- 생산관리 측면에서

① 제품의 개발을 위한 연구보고서, 실험자료, 신이론, 신기술 등 연구비밀

② 장래의 생산계획

③ 생산원가, 원료의 종류와 구입처, 구입가격

④ 사용하고 있는 기계설비의 취급방법, 조작, 제품모형

⑤ 신제품 판매 발표 시까지 제품의 모형, 모델 등

- 판매관리 측면에서

① 제품 또는 기술의 판매 계획

② 고객 명부, 거래선 명부 등 제품판매 관련 자료

③ 고객거래선, 신용조사에 관한 자료 등

- 기타 기획관리 측면에서

① 회사 경영정책의 결정 및 변경 사항

② 기업의 중장기 경영계획 등 성장 발전 사항

그러나 이러한 보호대상은 각 기업의 업종과 기능에 따라 상이하므로 자체 판단에 의거하여 구체적으로 지정관리하여야 한다.

V. 기업비밀

1. 영업비밀

영업비밀이란 일반적으로 기업이 비밀로 보유하고 있는 기술상 또는 경영상의 정보를 총칭하고 있지만 법률상으로는 '독점규제 및 공정거래에 관한 법률에 의한 국제계약상의 불공정거래행위 등의 유형 및 기준' (재경부 고시 제1997-23호) 제5조 제6호에서 "공업소유권 등의 배타적인 권리 이외의 기술"이라고 규정하고 있으며, 외국인투자촉진법 제2조 제1항 제7호 라목에는 "산업재산권 기타 기술"이라고 규정하고 있다. 여기서 "이외의 기술"이나 "기타 기술"이 실정법상의 영업비밀의 개념 규정으로 볼 수 있을 것이다.

따라서 영업비밀이란 그 영업비밀을 이용함으로써 이용하지 아니한 경쟁업자보다 영업상 유리한 지위를 확보할 수 있는 사상의 창작 또는 이를 실시하는 데에 필요한 구체적인 지식, 자료, 경험 등의 정보로써 공연히 알려져 있지 않고 비밀로 유지되고 있는 정보를 말한다.

또한 부정경쟁방지법에서의 영업비밀의 정의를 살펴보면 "영업비밀이라 함은 공연히 알려져 있지 아니하고 독립된 경제적 가치를 가지는 것으로써, 상당한 노력에 의하여 비밀로 유지된 생산방법, 판매방법 기타 영업활동에 유용한 기술상 또는 경영상의 정보를 말한다"라고 규정하고 있다. 따라서 이 법에서의 영업비밀이란 비밀로 유지되고 있는 생산방법 등 기술상의 정보뿐만이 아니라 판매방법 및 기타 영업활동에 유용한 경영상의 정보까지를 모두 포함하고 있다.

2. 주요국의 영업비밀 정의

미국의 통일영업비밀법에서는 "영업비밀의 공개 또는 사용에 의해 경제적 가치를 얻을 수 있는 자에게 일반적으로 알려져 있지 않고 정당한 수단에 의해서는 쉽게 얻을 수 없기 때문에 영업비밀 보유자만이 현실적 또는 잠재적으로 독자적인 경제적 가치를 가질 수 있는 것으로써 그 비밀을 유지하기 위하여 적절하고도 합리적인 노력이 가해진 제법 또는 공식, 패턴, 데이터의 편집, 프로그램, 도구, 고안, 방법, 기술 또는 공정 등을 포함한 모든 정보"라고 정의하고 있다.

영국의 판례법에서는 "대체로 당해 정보가 공개된 것이 아니어야 하며, 만약 공개될 경우 정보의 보유자가 손해를 입거나 경쟁자가 이익을 얻을 수 있는 정보"를 영업비밀이라고 한다.

독일의 부정경쟁방지법에서는 "영업비밀이란 대체로 사업 활동에 관한 것으로써 한정된 자에게만 알려져 있고 일반에게는 알려져 있지 않아야 하며, 또 비밀유지 의사가 분명할 뿐만 아니라 그 정보를 비밀로 유지함으로써 정당한 이익을 얻을 수 있는 정보"라고 규정하고 있다.

일본의 부정경쟁방지법은 "비밀로써 관리되고 있는 생산방법, 판매방법 기타 사업활동에 유용한 기술상 혹은 영업상의 정보로써 공연히 알려져 있지 않은 정보"를 영업비밀이라고 정의하고 있다.

3. 기업비밀

기업비밀이란 영업비밀과 같이 널리 알려져 있지 않고 비밀로써 관리하고 있는 정보이기는 하나 기업활동에 유용한 정보에 한하지 않고 기업의 비밀에 속하는 정보이면 기업비밀이라 할 수 있다. 즉, 기업의 반사회적 정보(공해물질 무단방출, 세금포탈, 불법 비자금 조성 등)와 반윤리적 정보(불법 인력 스카우트, 이성간 스캔들 등) 등은 영업비밀이 아닌 넓은 의미의 기업비밀이라 하여도 무방할 것으로 보인다.

Ⅵ. 기업보안의 중요성

오늘날 기업 간의 경쟁이 치열해 지면서 경쟁사 간의 정보활동도 보이지 않게 뜨거워지고 있다. 이러한 정보활동에는 공격과 방어를 모두 포함한 활동이지만, 아무리 경쟁사의 주요 기업 정보를 얻는다 하더라도 우리 기업의 중요한 기업비밀이 경쟁사로 유출된다면 치열한 경제경쟁에서 생존하기는 어렵게 된다.

그러나 우리 현실은 기업 비밀을 지키기 위한 노력보다는 기술개발을 위하여 연구투자와 재산보전에만 급급한 게 사실이다. 이는 기업비밀이 유출되어도 제재나 징벌보다는 아마도 우리 민족의 유교문화에서 비롯된 관용주의와 농경문화에서 비롯된 온화와 안정주의적 태도가 기업비밀 유출을 대수롭지 않게 여기는지도 모르겠다. 심지어는 기업비밀 예방을 위하여 적극 노력한 사람보다는 일시적인 매출의 신장 내지는 회사의 긴급상황을 대처하거나 수습한 사람에게 그 평가가 높은 것을 보면 우리 기업풍토의 한 단면을 엿볼 수 있을 것이다. 또한 이미 벌어진 기업의 난관을 해결하여 전력투구하는 사람은 높은 평가를 받지만, 사전에 방지 노력으로 기업의 난관을 예방하는 사람은 높이 평가받는 일이 별로 없는 게 사실이다. 따라서 기업비밀의 보호와 관리 및 대책에 있어서도 사전 예방적인 노력을 기울일 수 없는 기업환경을 초래하게 되고, 마치 보안관리가 남는 시간, 여유있는 업무로 간과하는 환경이 처해 있다고 할 수 있다.

그러나 기업간의 경제전쟁에서 경쟁사의 정보 탐지뿐만이 아니라 산업스파이의 활동과 컴퓨터 범죄가 점점 증가하고 있고, 1997년 IMF 외환위기 이후 평생직장의 고정 관념이 깨지면서 전 · 현직 임직원에 의한 기업비밀의 유출이 급격히 증가하고 있어, 새로운 차원의 기업비밀 보호 인식과 대응책 수립이 절실하게 되었다.

연습문제

1. 학습자들이 학습 내용을 토대로 서로 의견을 나누고 해당 문제에 대한 전문가 의견을 작성하시오.

나와 기업의 생존과 경쟁력 강화 수단으로써 지켜야 할 보안 측면의 윤리규범이 무엇인가?

[답안]

2. 현재의 자신이 담당하고 있는 업무와 관련되어 발생 가능한 위기유형 및 위기요인에 대하여 생각해 보시고 직접 작성하시오.

<table>
<tr><th>위기유형</th><th>발생요인</th></tr>
<tr><td>보안인식 수준 조사</td><td>산업보안의 중요성을 인식하고 있는가?
정보화 역기능의 심각성에 대해 인식하고 있는가?
산업보안 관련 최신 정보/대책 수집을 하고 있는가?
산업보안 관련 최신 정보/대책 수집을 활동으로 무엇으로 하고 있는가?
산업보안 관련 최신 정보/대책 수집 활동을 하지 않는다면, 그 이유는 무엇인가?
만약 산업보안 관련 최신 정보/대책을 제공해준다면 희망하는 제공방법은?</td></tr>
<tr><td>윤리경영지수현황</td><td>
<table>
<tr><th>실천테마</th><th>평가지표</th><th>평가항목</th><th>배점</th></tr>
<tr><td>고객존중경영</td><td>종업원 친절도, 사업장청결도,고객약속 이행도, 고객불만처리, 고객만족 제도, 고객보호제도</td><td></td><td>10점</td></tr>
<tr><td>준법 경영</td><td>기업 경영 활동관련 법규준수, 공정거래 준수, 안전준법 활동</td><td></td><td>15점</td></tr>
<tr><td>협력회사 존중경영</td><td>거래 편의성, 부당부실 행위발생, 협력회사 규정준수, 윤리경영 공감노력, 상호이익 추구, 협력회사 만족도</td><td></td><td>20점</td></tr>
<tr><td>청결경영</td><td>임직원 청결도, 내부고발 제도, 윤리경영 이해노력, 윤리경영 실천활동</td><td></td><td>10점</td></tr>
<tr><td>인재중시 경영</td><td>장애인 고용, 남녀고용 평등법 준수 노력, 인재육성, 복리후생, 노사협의회, 산업안전 예방 활동, 경영참여</td><td></td><td>20점</td></tr>
<tr><td>사회봉사 경영</td><td>사회공헌활동, 환경보호</td><td></td><td>10점</td></tr>
<tr><td>경영 투명성</td><td>경영투명성 노력</td><td></td><td>15점</td></tr>
<tr><td></td><td colspan="2">평가지표 계</td><td>100점</td></tr>
</table>
</td></tr>
<tr><td>산업보안측면에서의
윤리규범</td><td></td></tr>
</table>

3. 다음 문제의 답과 간략한 설명을 하시오.

문제 1. 다음 보기 중 산업 기술 유출의 원인이 잘못 된 것은?

① 개인원리 ② 회사 내의 불만
③ 정보공유 ④ 금전유혹

정답 ›
설명 ›

문제 2. 다음 보기 중 산업보안 대상 목록이 아닌 것은?

① 산업체의 기술 노하우 ② 지적 재산권
③ 사장님 ④ 기업/영업 비밀

정답 ›
설명 ›

문제 3. 최근에 발생되는 산업보안 유출 관련자 중 가장 많은 유출을 가진 부류는?

① 현직 직원 ② 경쟁 업체
③ 협력 업체 ④ 퇴직 직원

정답 ›
설명 ›

문제 4. ( )이란 유형이든 무형이든 어떤 형태로든 존재하는 중요자산, 그 무언가를 불법적으로 침입하여 획득하려는 대상체로부터 그 가치를 지켜내려는 모든 수단을 총칭한다고 할 수 있다.

정답 ›
설명 ›

문제 5. 산업보안이란, 내부 중요 자산들이 기업 외부에 무조건 유출되지 않는 것이다. (O, X)

정답 ›

설명 ›

제2장

산업보안 및 경영관리 방법론

Ⅰ. 산업보안
Ⅱ. 경영관리
Ⅲ. 핵심기술 유출
Ⅳ. 산업보안시스템 구축전략

제2장 산업보안 및 경영관리 방법론

산업기술은 국력과 경제력의 기반이고, 기술은 개별기업의 성패를 좌우한다. 과학기술의 급속한 발전과 경영 환경이 급변하는 현실에는 정보가 국가와 기업의 경영에 절대적인 요소가 되므로 모든 국가와 기업이 첨단기술의 개발과 보호에 역점을 두고 있다. 그러나 첨단기술개발에는 천문학적인 재정투자, 인력과 시간이 소요되므로 타인이 개발한 기술을 부정한 방법으로 쉽게 취득하려는 강한 유혹에 빠지게 된다. 그러므로 오늘날 국가 간 또는 국내외 기업 간에 기술첩보전은 치열할 수밖에 없고 그 피해는 날로 심각한 문제로 대두되고 있다.

따라서 기술선진국인 우리나라의 기술유출 실태를 파악함으로써 산업기술의 유출방지와 영업비밀보호에 경각심을 주고, 기술유출방지대책을 수립하는 데 기여할 수 있을 것이다.

Ⅰ. 산업보안

1. 보안의 종류와 상호관계

산업기술보호와 관련하여 기업, 연구소 등이 취급할 수 있는 보안은 국가보안과 산업기술보호 및 영업비밀보호와 같은 산업보안 그리고 모든 조직이 가지고 있는 임직원 또는 고객의 개인정보보호가 혼합된 보안을 취급하여야 하는 경우가 대부분일 것이다.

기업인 경우에는 정부기관이 발주하는 국가기밀과 관련된 용역을 수행하거나 방위산업관계 비밀을 취급하는 경우에는 국가보안규정 및 방산보안규정 등을 준수하는 국가보안업무를 수행해야 한다. 또한 대기업은 자체개발 또는 정부의 지원을 받아 수행하는 국가연구개발 사업 및 국가핵심기술의 산업기술보호는 물론 자체기술 및 경영정보를 보호해야 하는 영업비밀 보호업무를 수행해야 한다. 또한, 고객의 수에 따라 기업의 수익이 좌우되므로 고객의 개인정보를 부정하게 유출하여 고가로 거래되는 사건이 계속 문제가 되고 있어 임직원의 개인정보보호뿐만 아니라 고객의 개인정보보호 역시 모든 조직의 당면과제가 되고 있다. 이러한 국가보안과 산업보안 및 개인정보보호는 상호보완적으로 밀접한 관계가 있고, 때로는 그 구분의 경계가 모호하다.

2. 산업기술보호의 목적

(1) 산업기술의 유출방지와 보호의 목적

산업기술의 보호목적은 "산업기술의 부정한 유출을 방지하고 산업기술을 보호함으로써 국내산업의 경쟁력을 강화하고 국가의 안전보장과 국민경제의 발전에 이바지함을 목적으로 한다."고 산업기술보호법 제1조에 규정하고 있다.

정부가 지정한 산업기술은 많은 인력과 재정적인 투자로 개발한 첨단기술이므로 국내외 유출을 방지하고 국가적인 공익을 위하여 대상기관은 이를 보호해야 하는 책무가 있는 것이다. 다만, 영업비밀은 기업이 스스로 비밀을 보호하는 기술 및 경영 정보를 대상으로 하는데 반하여 산업기술은 기업과 국책연구소, 대학 등 보호대상기관이 다양하고 영업비밀이 아닌 기술도 지정되면 보호의 대상이 될 수 있다는 데 차이가 있다.

(2) 국내산업의 경쟁력 강화

산업기술 중 국가핵심기술은 외국으로 유출시 국내산업의 경쟁력에 치명적인 손실을 가져올 수 있기 때문에 기업의 자의적인 수출도 승인 또는 신고하도록 하는 보호조치를 시행하고 있다. 이러한 보호조치는 국내산업의 경쟁력 강화를 주목적으로 하고 있다. 또한 산업기술은 기술수준, 기술의 내용, 경제적인 파급효과, 국가기술의 향상과 대외 경쟁력강화에 이바지하는 기술 및 이러한 기술을 활용하는 기술이므로 산업기술을 보유한 기업에게 정부는 기술보호체제 확립을 지원하고 있다.

(3) 국가의 안전보장과 국민경제의 발전에 이바지

국력의 기반이 경제력이고 경제력의 기반이 산업기술력이므로 국력의 기반인 첨단기술의 유출은 국가안전보장과 밀접한 관계가 있고, 또한 산업기술은 기업의 이익을 보호하는 영업비밀과는 달리 국가의 이익과 공공의 이익을 보호하는 데 기업의 자율을 제한하면서도 국외 유출을 방지하는 데 근본적인 목적이 있다. 산업기술의 발전과 보호는 첨단제품의 해외수출을 증대시키고 산업이 발전하면 취업의 증대와 임금의 증가에 기여하여 국민경제 발전에 이바지하기 때문에 산업기술의 유출방지와 보호는 절실하다.

그러므로 국가핵심기술 중에서 국가가 지원한 기술을 외국에 수출하고자 할 때는 정부의 승인을 받아야 하고, 자체개발한 국가핵심기술이라도 정부에 신고하여 국가안전보장과 국민경제에 미치는 영향을 평가받도록 하고 있다.

3. 산업보안 대상 선정과 유출 경로 선택 이유

지금 우리나라 경제를 받드는 산업은 철강, 조선, 반도체, 자동차, 휴대폰, LCD, 첨단 기술 사업과 디자인, 그리고 유통, 토목 및 건축 등이다. 글로벌 경제로 패러다임이 변경됨에 따라 대기업은 세계적 규모의 경제 단위가 되어야 하며, 기술 또한 첨단으로 나가서 세계 수준이 되지 않으면 세계 시장에서 살아남을 수 없다. 가격 경쟁력 또한 치열하여, 그들은 국내외에 수많은 중소 협력기업들을 거느려야 한다.

대기업들은 바로 이 과정에서 보안 유출 문제가 발생한다고 본다. 대기업들은 거의 완벽한 보안시스템을 갖추었지만, 중소기업들은 규모도 작고, 보안의식이 전혀 없을 뿐만 아니라, 실제로 자기들이 생산과 개발을 위해 부득이하게 건네준 많은 기술 노하우나 자료들이 이들 협력업체를 통해서 제3국 등으로 흘러 보내고 있다고 본다.

그러므로 이들 대기업이 원하는 것은 그들이 생산을 위해서 협력업체에 부득이하게 제공한 기술 노하우나 지적 재산 관련 자료들이 어떤 이유로도 일체 외부로 흘러나갈 수 없도록 완벽한 산업보안시스템을 설치하게 하고 싶지만, 아직 그런 기능의 산업보안 시스템도 보지 못했을 뿐만 아니라, 일부기능을 지원하는 시스템이 있다고 해도, 그 비용이 매우 비싸서 협력업체들이 구매할 여력이 없는 것이 문제이다.

범위가 방대하여 제외시켰으나, 유형의 자산을 보호하기 위한 물리적 검사 장치나 방법, 보안을 유지하기 위한 조직 내의 보안 규칙, 규정, 제도 등의 정보는 많은 매체를 통해 얻을 수 있다.

그러나 대기업이나 협력업체들 같이 생산 현장에서는 그런 이론도 좋지만 실제로 산업보안을 이룰 수 있는, 그것도 자신들의 협력업체들이 무리하지 않고 쉽게 사용할 수 있는 솔루션을 원한다.

만약 해당 솔루션이 있다면, 그 솔루션이 자신과 자신의 협력업체에 잘 맞는지를 검증하려고 할 것이며, 검증이 된 제품을 자신의 협력업체들이 쉽게 구매하여 설치함으로써, 자신들의 기업비밀, 영업비밀, 기술노하우 등이 더 이상 외부로 유출되지 않도록 하는 것을 꿈꾸고 있을 법하다.

4. 산업기술 유출 방지를 위한 보안 수칙

분 류	체크 사항
산업기술 유출 방지를 보안 수칙	- 불요불급하지 않는 문서는 복사하지 않는다. - 비밀이 포함된 문서나 자료 또는 폐지, 휴지는 반드시 폐기하며 단 한 장이라도 함부로 버리지 않는다. - 작은 정보라도 경쟁사에 큰 도움이 될 수 있다는 것을 명심한다. - 업무수행관련 지식이나 노하우는 문서화하여 지적자산으로 등록 후 활용한다. - 통제구역은 알 필요도 없고 갈 필요도 없으며 무단출입하지 않는다. - 3內(작업시 視內, 결재시 手內, 보관시 函內)의 원칙을 항상 지키며 비밀자료가 보관된 문서함은 반드시 잠근다. - 비밀유출의 주된 경로는 항상 내부에 있음을 명심하자. - 퇴근 때나 자리를 잠시 비울 때에는 방치되는 자료가 없도록 항상 정리 정돈한다. - 전출 또는 퇴직 시 보유하고 있는 모든 비밀문서는 반납한다. - 사내 상주 외부인(외국기술고문 및 고용인, 컨설턴트, A/S업체)에 대한 내부정보 제공은 정보유출의 경로가 됨을 명심하자. - 내 주변에 누군가가 기밀을 탐지하고자 기도하고 있을 가능성을 항상 명심하여 보안상의 허점은 없는지 살펴보고 점검한다. - 보안의 취약부분은 항상 보안담당자에게 통보하고 조치하며, 보안사고 발

분 류	체크 사항
산업기술 유출 방지를 보안 수칙	생시 은폐하지 말고 보안관리자에게 즉시 보고하여 대처한다. - 내방객의 사무실 출입을 최대한 억제한다. - 문서류, 디스켓, CD를 승인 없이 무단 반출하지 않는다. - 모든 PC는 반드시 부팅 패스워드를 적용하며, 화면보호기 기능과 암호를 설정한다. - 공유 폴더를 사용하는 경우에는 반드시 암호를 설정한다. - 바이러스 검색 및 예방 소프트웨어를 설치하고 초기 동작시에 작동토록 하며 항상 최신 버전을 유지하도록 자동 업데이트한다. - 시스템을 사용하지 않을 때나 자리를 비울 때는 반드시 로그아웃 한다. - 인터넷 브라우저 보안레벨은 사용업무에 따라 적정한 레벨로 조정 사용한다. - 외부로 메시지(e-mail, FTP 등)를 전송할 때는 반드시 회사에서 지급한 계정만을 사용한다.
해외 출장 시 보안 수칙	- 출발 전 당신이 방문할 국가에 대해 숙지하라(외국 정보기관의 정보수집 위협, 범죄문제, 교통수단 문제 등). - 여행사, 호텔 관계자에게는 당신의 출장목적 등 출장과 관련된 정보 노출을 최소화하라. - 출장 중에는 업무와 관계없는 사람에게 기업의 현안사항, 그리고 회사 내 직책 · 경력 · 담당업무 등 관련 정보를 언급하지 마라. - 당신에게 접근, 의도가 불명확한 질문 또는 추궁하는 듯한 질문을 하는 사람은 무시하고 명확하지 않은 대답으로 일관하라. - 컴퓨터, PDA 등 장비를 휴대하지 못하게 될 경우에는 이동식 저장 장치(플로피 디스크, 외장형 하드 디스크, USB메모리, CD-ROM 등)에 담아 항시 휴대한다. - 대중교통 등 공공장소에서는 업무상 비밀, 영업비밀 또는 민감한 정보에 대해 얘기하지 않는다. - 기업의 민감한 정보 또는 영업비밀에 관해 발설해야 할 경우에는 기업의 자체 보안 가이드라인에 따른다. - 비밀 또는 민감한 정보를 전송할 때는 타국의 컴퓨터, 팩스 또는 전화를 사용하지 않는다. - 의심이 드는 특이한 상황이 발생한 때는 현지 주재 한국공관 또는 기업의 지사 등에 문의한다.

• 기업: 성과보상과 동기부여를 통해 핵심인재를 보호, 유지

① '인재유출은 곧 기술유출'이라는 인식 하에 적절한 보상과 동기부여를 통해 핵심인재를 보호, 유지하는 것이 기술유출 방지의 첫 걸음

② 기술유출의 80% 이상이 전, 현직 직원에 의해 이루어진다는 점을 명심

③ 특허 등 지식재산권의 형태로 기술을 보호할 수도 있겠지만, 대부분의

중요한 기술과 노하우는 사람의 머릿속에 체화

④ 주요 업적에 대한 공정하고 객관적인 보상을 실시하고 전문가로서의 자부심과 명예를 느낄 수 있도록 다양한 동기 부여가 필요

- 정부: 첨단기술 보유기업에 대한 국가 차원의 관리를 강화

① 첨단기술을 보유한 국내 기업에 대한 외국기업의 인수합병을 국가에서 일부 제한할 수 있는 방안까지도 강구할 필요

② 현재 국가 차원의 중요기술을 '국가핵심기술'로 지정하고 해당 기술 수출 시 사전신고 및 승인을 받도록 하고 있으나, 해당 기술을 보유한 기업의 인수합병에 의한 기술유출에 대해서는 규정이 없음

국가핵심기술

- 국내외 시장에서의 기술, 경제적 가치가 높거나 관련 산업의 성장잠재력이 높아 해외로 유출될 경우 국가 안전보장 및 국민경제에 중대한 영향을 줄 우려가 있는 기술로 산업기술보호위원회의 심의를 거쳐 지식경제부 장관이 지정, 고시
  - 현재 전기전자, 자동차, 조선, 철강, 원자력, 정보통신, 우주 등 7개 분야에 40개 기술이 국가핵심기술로 지정
  (예, 80나노급 이하 DRAM 기술, 하이브리드 자동차 설계 기술, Finex 기술, 고부가가치선박 및 해양 시스템 설계 기술, 신형 경수로 원자로 기술 등)

③ 다만, 외국인 투자 관련 법제도를 변경할 경우, 국내 투자환경에 대한 부정적 인식을 키울 수 있기 때문에 외국인 투자가 제한되는 범위를 명확히 하고 정책의 투명성과 일관성이 보장되도록 노력하여야 함

- 미국, 일본 등 선진국도 국가 차원에서 해외 기업의 자국기업 M&A를 거부할 수 있는 제도를 운영하고 있음을 참조

① 미국은 1980년대 들어 자국기업에 대한 일본과 대만의 M&A 시도가 빈발하자 이를 견제하기 위해 1988년 Exon-Florio법을 제정

② 2007년 모든 외국인 직접투자를 외국인 투자 위원회에 신고토록 하는 Foreign Investment and National Security법을 제정

③ 일본은 외환법을 통해 담당장관[1]이 국가안건을 위협할 가능성이 있는 외국자본의 직접투자를 심사하여 투자 변경, 중지를 권고 또는 명령

④ 2007년 중국 국유기업의 일본기업 매수공세를 차단하기 위해 사전 신고 대상을 대폭 확대(탄소 섬유, 공작기계, 전지, 로봇 등 포함)

5. 산업스파이

최근 세계 각국은 자국의 생존권 확보 전략 차원에서 첨단기술 개발에 주력하는 한편, 다른 나라가 보유한 첨단 기술을 입수하기 위해 수단과 방법을 가리지 않는 치열한 경제 전쟁을 전개하고 있어 이제 외국으로부터 우리의 첨단기술을 보호하는 문제는 국가 안보의 중요한 요소로 등장하였다.

최근 세계경제포럼(WEF)은 '2003~2004년 세계 경쟁력 보고서'에서 우리나라의 기술경쟁력이 세계 102개국 가운데 미국, 핀란드, 대만, 스웨덴, 일본에 이어 6위를 기록했다고 밝혀 우리나라가 세계 각국으로부터 첨단 산업기술 유출의 표적지화 될 가능성이 점차 농후해 지고 있는 실정이다.

냉전종식에도 불구하고 외국의 정보수집 활동은 오히려 증가하고 있어 공무원뿐 아니라 비즈니스맨들도 이러한 위협에 직접 노출되어 있는 것이 현실이다. 매년 국내에서도 기업의 영업비밀이 절취되는 사례가 크게 증가하고 있는 가운데 전 세계의 주요 언론들은 첨단 기술을 보유한 국가들 간에 벌어지고 있는 국제 산업 스파이 사건들을 심도 있게 보도하고 있다.

국경 없이 진행되고 있는 산업스파이 전쟁 속에서 국내외 구별 없이 누구나 언제 어디에서든 산업스파이들의 목표가 될 수 있으며, 특히 해외 출장 시에는 출장국가 또는 제3국의 정보활동 대상이 되어 정보를 탈취당할 수 있다.

정보수집활동은 국가정보기관, 연구소, 정부투자기업, 사기업체, 테러조직에의해서도 진행되고 있으며 최근에는 외국정보기관 요원이 단순히 과학자로 위장하여 수집하던 고전적 수법보다는 전문지식으로 무장하여 회의에 참석하는 등 직접 정보수집 활동에도 나서고 있다. 이렇게 전문지식을 바탕으로 할 때 정보수

1) 재무성과 경제산업성이 공동으로 감독.

집 요원들은 각종 회의석상에서 다양한 질의를 통해 더 정확한 정보를 얻을 수 있기 때문이다.

(1) 산업스파이

고대 프랑스어 Espier에서 유래 Espionage, Spy로 변하였다. 스파이는 역사 이래 계속되었으며, 특히 냉전시대 정치, 군사, 외교 등 국가정보를 비합법적인 방법으로 수집하거나 이를 외국에 제공하는 자를 말한다.

산업스파이는 국가 간 또는 기업 간에 치열한 경쟁에서 상대적 또는 절대적인 우위를 확보하거나 기술정보 또는 경영정보를 획득하기 위하여 침해하는 필연적인 현상이다. 모든 국가는 국가기관, 관련단체 기업 등이 협력하여 경쟁국 또는 기업의 정보수집은 이 시대에 피할 수 없는 현실로 변하였다.

(2) 산업스파이의 목적

- 경쟁업체가 내부인력 포섭, 위장취업 등의 방법으로 불법 스파이 활동을 전개
- 해외 업체 관련자가 국내기업에 기술훈련생으로 위장 취업하여 핵심기술을 습득
- 국내 기업에 연구원, 기술고문 등으로 근무하는 외국인이 자국 정부 기관이나 업체의 요청을 받고 기밀을 입수
- 국내 협력업체 직원을 포섭해서 스파이로 활용하는 우회 전략도 사용
- 해킹, 절취 등 불법 행위에 의한 기술 유출도 증가
- 네트워크 전산망을 해킹하여 핵심 기술자료를 유출
- 해외 출장자가 제품설명회 등의 목적으로 휴대한 자료 또는 시제품을 무단 복사하거나 절취
- 컨설팅 회사가 업무수행과 관련 없이 수집한 정보를 영업활동에 불법적으로 사용

1) 정보의 수집

산업스파이의 목적은 경쟁자의 기술과 전략전술을 수집함으로써 경쟁기업의

경영 방향을 예측할 수 있고 이에 대한 대응책을 수립하기 위하여 정보를 수집한다. 또한 정보를 수집함으로써 국내외 경영환경의 변화를 예측하고 이에 대한 대응책을 수립시행하기 위하여 광범한 정보를 수집하고 새로운 사업에 진입 또는 신제품을 개발하고 사양 산업을 조기에 발견하여 퇴출의 기회를 포착할 수 있다. 그리고 정보를 수집분석함으로써 사업의 실패원인을 조기에 발견하여 원인을 제거하고 위기대응능력을 제고할 수 있으며 전후좌우의 경쟁상대에 대한 정보를 수집함으로써 새로운 경쟁자와 잠재경쟁자를 파악할 수 있고 이에 적절한 대응책을 수립할 수 있다.

정보의 수집은 기업자체의 경쟁능력을 객관적으로 판단할 수 있어 기업의 장 · 단점을 조기에 파악하여 대응능력을 제고할 수 있고 기업의 불확실성, 예측불가능성, 위기의 상황을 분석하여 대응체제를 확립할 수 있으며 기업의 경쟁능력과 생존능력의 기초 자료가 되므로 정보의 수집, 분석, 활용은 기업의 필수 경영기법이 되어야 함은 당연한 것이다.

2) 정보의 가치

(가) 정보의 활용가치

- 사업의 성공 확률을 제고한다. 가치 있는 정보는 사업의 실패원인을 조기에 제거할 수 있고 부실을 적기에 수정할 수 있는 데 그 가치가 있다.
- 사업성과를 제고한다. 정보는 새로운 기법의 발견으로 생산성을 제고할 수 있고 사업의 성과를 극대화 할 수 있다.
- 달성시간을 단축할 수 있다. 정보는 사업의 공기, 생산, 노동시간을 단축할 수 있어 생산성을 높일 수 있다.
- 새로운 가치를 창조한다. 새로운 기술과 정보를 개발함으로써 신제품 개발, 신사업 등의 진출을 용이하게 한다.

이러한 정보의 가치로 인하여 산업스파이는 최소투자로 최대효과를 얻기 위하여 많은 재정과 인력을 투자하여 경쟁기업이 개발한 첨단기술과 전략전술을 아무런 투자 없이 부정한 침해(무임승차)로 기술을 획득하는 부정한 유혹을 뿌리칠 수 없기에 산업스파이는 성행하게 되어 있나.

(나) 무형의 지적재산권(정보)의 가치

기업이 개발 또는 수집한 정보는 문서로 작성되면 저작권으로 보호받을 수 있고, 기술 개발과 고안 및 창작은 특허, 실용신안, 디자인, 상표 등 산업재산권으로 등록하여 이를 공개함으로써 일정기간 개발자의 독점배타적인 사용 등 권리를 보호받게 된다. 이 외에도 프로그램 보호, 데이터베이스 등 나날이 새로운 형태의 기술과 경영기법이 나오고 있으나 미처 법적인 보호가 어려운 경우도 있어 영업비밀로 보호하는 경우도 있다.

또한 기존의 지적재산권의 보호방법은 공개 후 일정기간만 보호받기보다 스스로 공개하지 않고 스스로 보호하면서 오래도록 사용하고자 하는 영업비밀보호제도도 있다. 이러한 지적재산권의 내용은 그 존재형태가 문자 또는 도면으로 표현되어 있어 그 자체는 종이 또는 저장매체에 무형으로 체화되어 있다.

(3) 산업스파이의 정보수집 행태

각국의 정보수집 활동은 그 나라의 문화수준, 정치체제, 관습, 자원(시간, 인력, 자본) 및 기술 경쟁력 등과 맞물려 매우 복잡한 방법으로 전개된다. 최소의 비용으로 노출되지 않고 목적을 달성하기 위해 먼저 수집계획을 작성하고 컴퓨터, 소형 전자감시 장비 등 도구를 활용하기도 하며 특수요원 투입, 포섭, 미인계, 협박 등 고전적 정보수집 수법도 여전히 사용하고 있다.

[그림 2-1] 산업스파이의 정보수집 형태

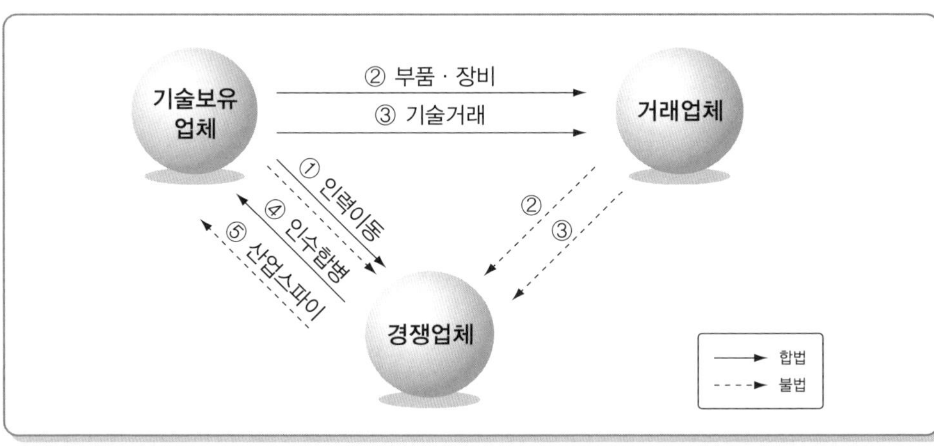

또한 노출되지 않고 은밀히 정보를 획득하기 위해 남의 눈에 띄지 않는 평범한 차림으로 때로는 적극적으로 통제구역 관계자에게 질문을 하거나 호텔에서 소지품을 뒤지고 개인 노트북 컴퓨터를 훔치기도 한다.

- 합법적 방법: 기업합병, 기술연수, 기술이전 등
- 비합법적 방법: 산업스파이를 이용
- 사람에 의한 방법: 위장취업, 절취, 매수
- 과학 장비를 활용: 사진촬영, 복사, 도청, 녹음 등

1) 합법적인 정보의 수집 방법

(가) 신입사원 채용과정에서의 정보수집

신입사원 채용을 위해 면접할 경우에 경쟁회사에 취업중이거나 퇴사한 지원자에 대하여 각별한 관심과 질문을 통하여 정보를 입수하는 방법이다. 이 방법은 취업 희망자가 면접관에게 강한 인상을 심어주기 위해서는 경쟁사의 주요 기업정보를 유출하는 경우가 많기 때문에 정보 수집이 용이한 편이다.

(나) 세미나, 박람회, 협회 등에서의 접촉

많은 기업들이 무역박람회나 세미나 및 협회 등에 보내어 경쟁기업의 기술자를 접촉하게 함으로써 경쟁사의 기업비밀을 탐지하고 있다. 특히 기술자 간의 대화, 자료 및 설명 등을 통하여 기술자 스스로가 자랑하거나, 탁월한 기술에 대한 우월주의에서 오는 자만심에서 기업비밀을 유출하기 쉽다.

(다) 구인광고를 통한 경쟁사 직원간의 면담

경쟁사의 승진, 보수 등에 불만을 가진 사람들의 지원을 통하여 경쟁사의 비밀을 접할 수 있고, 심지어는 구인계획도 없음에도 불구하고 경쟁사의 정보를 얻기 위하여 구인광고를 활용하기도 한다.

(라) 경쟁사에서 퇴직한 기술자의 채용(스카우트)

가장 널리 활용되는 방법 중의 하나로써 경쟁사에서 퇴직한 기술자를 채용하여 정보를 수집하는 방법이다. 경쟁사로부터의 제소 등의 논란이 여지가 있으나

피고 회사가 의도적으로 인재를 고용했다는 사실을 원고 회사가 입증하여야 하는 부담이 있다.

(마) 컨설턴트, 고문, 자문역 등의 활용

경쟁사의 정보 입수를 위하여 경영고문, 자문역 또는 경쟁사에서 컨설팅 경험이 있는 컨설턴트를 적극 활용하여 수집하는 방법이다.

(바) 원료 공급자로부터의 정보 입수

경쟁회사가 제조하는 상품수량 등의 정보를 파악하기 위하여 경쟁사 원료공급자에게 문의하여 확인하는 방법이 있다.

(사) 경쟁사 구인광고의 분석

경쟁사의 구인광고는 사실상의 보도자료라 할 만큼 중요한 정보로 활용할 수 있다.

(아) 전문 대행업체 의뢰

(자) 은행담보용 서류

담보대출시 은행이 대출기업에 관한 사업계획서 등 중요한 자료를 보관하고 있다.

(차) 공장의 견학

고객으로 위장하여 경쟁사의 공장을 견학함으로써 생산량 및 설비 등에 관한 주요 정보를 입수할 수 있다.

(카) 분해분석

경쟁사의 제품을 구입하여 분해 또는 자료를 분석하여 필요한 자료를 수집하는 방법이다.

(타) 항공사진

위치 정보, 시설의 규모와 구조 등을 상업용 항공사진으로 분석하여 필요한 정보를 수집한다.

(파) 경쟁회사의 폐기물 수집

경쟁사의 구내에 들어가 폐기물을 수집하는 것은 위법이지만 쓰레기 운반차에서 폐기물을 획득하여 얻은 정보는 합법적이다.

2) 비합법적인 정보의 수집방법

(가) 수집수단

- **매수**: 인위적인 취약요소로 활용
- **위장침투입**: 고도의 정보 획득
- **절취**: 리스크가 너무 커 감소 현상
- **일반기기**: 녹음기, 카메라, 복사기, 망원경 등
- **전문기기**: 해킹, 특수장비(정밀도청기 등)

(나) 수집방법

가) 영업비밀의 절도와 강도, 협박과 공갈을 통한 수집 방법

- 1996년 1월 연휴에 철통같은 경비의 우리나라 중앙은행에서 노트북 PC 도난
- 미국은 연간 수십만 대의 노트북 PC를 도난당하고 있는데 이는 그 노트북의 정보를 취득하기 위한 것으로 보고 있다.
- 협박 공갈에 의한 부정 취득도 예상되는 수법이다.
- 호텔에 잠입하여 노트북 또는 자료 복사 절취하여 수집하는 일은 흔히 있는 수법이다.
- 비행기 탑승 이용 시 노트북 등 절취, 분실 등도 흔히 있는 일이다.

나) 불법 부정 복사, 촬영 등의 침해

- 복사기의 성능이 우수해졌고 대량 신속 복사가 가능해졌으며, 디스켓, CD, USB, 외장하드 등을 활용한 복사, PC 프린트 등 OA장비의 발달은 비밀보호를 아주 취약하게 하고 있다.
- 촬영장비의 극소형화와 촬영 기술의 발달은 근접촬영, 원거리 촬영, 첨단장비를 이용한 촬영, 급기야 첩보(인공)위성 촬영까지 성행하고 있다. 외국출장 시에 주요서류를 호텔에 두고 출타한 사이 서류를 촬영하는 것은 흔히

있는 일이다.

- 카메라폰은 현대에서 최고의 첩보장비로 둔갑하고 있다.

다) 전화, FAX 도청과 해킹, 바이러스

전화 등 유선 통신망과 무선 통신망은 통신 수단의 발달만큼이나 다양하고 방어대책이 없을 정도로 첨단화되어 있다. 특히 외부통신과 연결된 정보통신에 의한 해킹과 바이러스 침해는 각종 보호대책으로 어느 정도는 방어가 가능하나 완벽한 보호는 불가능하므로 근본적인 대책 강구가 필수적이다. 대체적인 방법으로 외부통신을 분리하거나 인터넷에 연결되지 않는 독립된 PC를 활용하는 방법이 있다.

라) 폐 · 휴지의 유출에 따른 비밀 유출

기업비밀을 생산하기 위하여 무수한 초안과 많은 자료 및 도면을 준비하고, 버리고, 찢곤 한다. 비밀을 생산하는 과정에서 찢고 버린 초안지를 경쟁업체에서는 보물처럼 찾고 있다. 이는 조그마한 단서로 그 기업의 전략과 전술을 알 수 있는 근거가 되기 때문이다.

마) 약점을 이용한 협박과 갈취

기업비밀의 수집방법도 다양하여 상대방의 인격적인 약점 또는 생활의 궁핍, 사생활 문란, 주벽 등을 역이용하거나 친인척, 학연, 지연을 이용하거나 협박, 공갈 등 수단과 방법을 가리지 않고 정보수집방법으로 활용되고 있다. 전문 산업스파이는 계획적으로 접근하므로 자신도 모르게 이용당하거나 협박, 미인계로 인하여 피치 못하게 궁지에 몰려 정보를 유출할 수밖에 없는 경우가 많다.

바) 위장취업, 위장잠입

국내 굴지의 가전업체인 G사의 경쟁회사인 S사 직원이 G사의 기계납품업체인 노드슨사(Nordson Company)의 직원을 위장하기 위하여 노드슨사의 명함까지 소지하고 A/S 요원을 가장하고 방문하여 설비를 염탐한 것은 위장잠입 사건이라 할 수 있다. 호주인 "릭 보튼"이 S기업에 위장 취업하여 주요정보가 저장된 디스켓을 훔쳐간 사건, 기술훈련생으로 입국하여 D단조에 근무하면서 "고압가스 밸브" 생산시설을 파악하고 부품을 절취한 후 사장의 노하우까지 설명듣고는 귀국한 사건 등 모두 위장취업이라 할 수 있다.

사) 기술 인력 스카우트 침해

가장 흔한 기술정보 침해사건으로 우수 인력을 스카웃함으로써 그가 알고 있는 기술을 사용하는 영업비밀 침해 사건의 가장 많은 대표적인 수법이다. 이는 인력 관리를 철저히 하면 방지할 수도 있다.

아) 미인계, 미남계 활용

군사기밀을 유출한 김모 여인 사건이 대표적인 미인계 사건이다. 미모를 이용하여 정치, 정부 및 군의 고위간부와 인연을 맺고 방위산업 정보를 수집하여 유리한 입장에서 군납을 한 사건이라 할 수 있다.

자) 유도신문

- 자연스럽게 일상적인 대화를 하면서 개인신상, 지업, 주변인물 등에 대한 정보를 유출해 낸다.
- 유도심문은 매우 교묘하여 공무원, 기업가들은 쉽게 그 진의를 간파할 수 없다.
- 상대방을 편안하게 만들어 경계심을 없앤다.
- 정보수집을 위해 기술적으로 접근한다는 것을 인식하기 어렵다.
- 상대방이 쉽게 거절할 수 없는 질문도 자연스럽게 한다.

차) 도청

- 대화를 엿듣는다. 자연스럽게 곁에 다가가서 엿듣거나 녹음기, 비디오 등 장비를 활용하기도 하며 공공장소, 대중교통, 식당, 카페, 휴게실뿐 아니라 자기 신상과 업무에 대해 대화하는 사교 모임을 이용하기도 한다.
- 경우에 따라 교통감시, 보행자 감시 카메라 등을 사용한다.

카) 무단 침입

- 서류, 시청각 자료를 절취, 복사하거나 도청장치 설치 등을 목적으로 사무실, 제한구역, 전자장비실에 침입하기도 한다.
- 거주지, 투숙 호텔 등에 대한 무단 침입은 해외출장지 정부, 제3국 정보기

관 또는 외국기업 등에 의해 이루어지며 종종 호텔 종업원들의 협조를 얻기도 한다.

- 또한 몇몇 외국기업은 정보수집 대상 기업의 컴퓨터 망에 침투할 수 있는 해킹장비를 보유하고 있다.

타) 통신 도 · 감청

- 이동통신, PDA와 같은 개인 통신장비에 대한 비합법적, 합법적 도 · 감청 행위가 점차 증가하고 있다.
- 각국의 통신사는 대부분 해당 정부의 통제를 받고 있기 때문에 특히 통신 감청에 취약하며 사무실, 호텔 등의 유무선 전화가 모두 타깃이 된다.
- 대다수 국가들이 상업적으로 이용되는 암호체계를 해독하고 감청할만한 능력을 보유하고 있어 팩스, 이메일 등도 감시 가능하다.

파) 산업스파이 정보수집 매개수단

외부의 산업스파이가 내부자와 연관 없이 침입하여 정보를 빼가는 것은 거의 불가능하다. 그러므로 약점 있는 내부자를 이용하는 것이 보편적인 방법인데 그 매개수단은 아래와 같이 수단과 방법이 다양하다.

하) 접근 시 신분위장

정보를 수집하기 위하여 접근하는 자는 상대방이 신뢰할 수 있는 신분으로 접근하거나 장기간에 걸쳐 친분을 쌓아 정보를 입수한다. 신분을 너무 믿지 말고 항상 주시하는 자세가 필요하다. 산업스파이가 주로 위장하는 신분의 종류는 다음과 같다.

① 컨설턴트

② 국제기구직원

③ 관광 등 방문자

④ 변호사, 회계사

⑤ 기술협력자

⑥ 성직자

⑦ 외국인 직원

⑧ 원어민 학원 강사

⑨ 특파원 기자

⑩ 기술훈련생

⑪ 교포 사업가

⑫ 외교관

⑬ 유학생

⑭ 외국거래자

다음과 같은 사람은 산업스파이로 의심해야 한다.

- 본인의 업무와 관련 없는 다른 직원들의 업무에 대해 수시로 질문하는 사람
- 사진 장비를 지나치게 많이 사용하는 사람
- 본인의 업무와 관련이 없는 다른 부서 사무실을 빈번히 출입하는 사람
- 연구실, 실험실 등 회사기밀이 보관되어 있는 장소에 주어진 임무에 관련 없이 접근을 시도하는 사람
- 평상시와 다르게 동료와의 접촉을 회피하거나 최근 정서변화가 심한 사람
- 주요 부서에서 근무하다가 이유 없이 갑자기 사직을 원하는 사람
- 업무를 빙자하여 주요 기밀 자료를 복사, 개인적으로 보관하는 사람
- 주어진 임무와 관련 없는 D/B에 자주 접근하는 사람
- 사람이 없을 때 동료 컴퓨터에 무단 접근하여 조작하는 사람
- 특별한 사유 없이 일과 후나 공휴일에 빈 사무실에 혼자 남아 있는 사람
- 기술 습득보다 고위 관리자나 핵심 기술자 등과의 친교에 관심이 높은 연수생
- 연구활동보다 연구성과물 확보에 지나치게 집착하는 연구원
- 시찰, 견학을 하면서 지정된 방문 코스 외에 다른 시설에 관심을 갖고 있는 방문객

(다) 각국의 산업기술 정보 수집 실태

- **일본**: 외무부 정보국, 과학기술 정보센터 수립
- **미국**: CIA, NASA, 상무성, 국무성, 국방성, 항공우주국 등
- **러시아**: KGB, 무역대표부, 과학참사관, 항공사 지원 등

- **중국**: 국가안전부, 통일전선공작부 등
- **북한**: 노동당 정보과 신설, 해외 유학생, 조총련, 대사관 직원 등

(4) 선진국의 대응노력

1) 선진기업들의 대응

(가) 상시적인 사내 보안체제를 가동

- 최첨단 보안장비를 활용하여 기술 유출 경로의 다양화에 대응
- X선 검색, 홍채 인식, 해킹 방지용 방화벽 등 보안장비를 설치하여 주요 설비에 대한 접근을 차단
- 카메라폰, 휴대형 저장장치 등 새로운 IT기기를 활용한 정보유출을 차단하는데 고심

(나) 직원들의 실수에 의한 기밀유출을 예방하기 위해 강화된 보안규정을 교육

- 무디스 등 외부인이 민감한 사안에 대해 지속적으로 문의하거나 자료를 요청할 경우, 접촉을 거절하도록 사내교육을 실시

(다) 핵심기술을 블랙박스화하여 경쟁업체의 모방을 방지

- 핵심부품 모듈화를 통해 분해, 제작이 어렵고 막대한 비용이 들도록 하여 역 엔지니어링을 원천봉쇄
- 원료, 부품, 제조장치, 공구 등을 자체 제작하여 제조 프로세스 및 노하우의 유출을 방지

(라) 개별 연구원이 전체 기술을 알지 못하도록 공정별로 관리

(마) 지적재산 관련 조직을 강화하고 보유 기술을 체계적으로 관리

- 사내 지적 재산 관리조직이 특허로 보호할 수 없는 기술에 대해 출원을 포기하고 회사 기밀로 보호할 것인지를 판단

(바) 공격적인 특허 소송을 통해 경쟁업체를 견제

- 모방품에 의한 피해를 줄이기 위해 해외에서의 감시활동과 지적재산 출원을 강화

2) 선진국 정부의 대응

(가) 산업방첩 조직 및 정보보안 체제 강화

- 전통적인 정보, 수사 기관들이 산업 방첩 활동을 강화
- 민간부문의 산업보안협의체 구성을 지원하고 관련 정보를 수시로 제공
- 기밀유출 관련 법령을 정비하고 처벌을 강화
- 각국 정부는 첨단기술뿐 아니라 사업 프로젝트, 판매전략, 거래선 등과 관련된 경영상의 영업비밀 침해행위도 처벌할 수 있도록 법률을 개정
- 개인의 평상시 보안행동 수칙

① 빈손으로 출근, 빈손으로 퇴근한다.

② 불요불급하지 않는 문서는 복사하지 않는다.

③ 비밀이 포함된 문서나 자료 또는 폐지, 휴지는 반드시 폐기하며 단 한 장이라도 함부로 버리지 않는다.

④ 입조심하기를 마치 병마개같이 하여 "말로만의 보안"을 강조하거나, "너만 알고 있어"라며 비밀을 흘리지 않는다.

⑤ 작은 정보라도 경쟁사에 큰 도움이 될 수 있다는 것을 명심한다.

⑥ 업무수행관련 지식이나 노하우는 문서화하여 지적자산으로 등록 후 활용한다.

⑦ 통제구역은 알 필요도 없고 갈 필요도 없으며 무단 출입하지 않는다.

⑧ 비밀자료가 보관된 문서함은 반드시 잠근다.

⑨ 비밀유출의 주된 경로는 항상 내부에 있음을 명심한다.

⑩ 퇴근 때나 자리를 비울 때에는 방치되는 자료가 없도록 항상 정리한다.

⑪ 전출 또는 퇴직시 보유하고 있는 모든 비밀문서는 반납한다.

⑫ 사내 상주 외부인(외국기술고문 및 고용인, 컨설턴트, A/S 업체)에 대한 내부 정보 제공은 정보 유출의 경로가 됨을 명심한다.

⑬ 내 주변에 누군가가 기밀을 탐지하고자 기도하고 있을 가능성을 항상 명심하여 보안상의 허점이 없는지 살펴보고 점검한다.

⑭ 보안의 취약부분은 항상 보안담당자에게 통보하고 조치하며, 보안사고

발생시 은폐하지 말고 보안관리자에게 즉시 보고하여 대처한다.

⑮ 내방객의 사무실 출입을 최대한 억제한다.

⑯ 문서류, 디스켓, CD를 승인 없이 무단 반출하지 않는다.

⑰ 모든 PC는 반드시 부팅 패스워드를 적용하며 화면 보호기 기능과 암호를 설정한다.

⑱ 공유 폴더를 사용하는 경우에는 반드시 암호를 설정한다.

⑲ 바이러스 검색 및 예방 소프트웨어를 설치하고 초기 동작 시에 작동토록

〈표 2-1〉 주요국의 영업비밀 보호법 비교

구 분		영업비밀보호법 (한국)	경제스파이법 (미국)	부정경쟁방지법 (일본)	부정경쟁방지법 (중국)
범죄구성요건	신분범	누구든지	누구든지	누구든지	전, 현직 직원
	목적범	부정이익 또는 기업손해 목적	외국이익 인지 또는 의도	부정이익 또는 기업손해 목적	–
	보호대상	기업의 비밀 (Know–how 포함)	기술 또는 영업상 모든 정보 (Know–how 포함)	기술 또는 영업상 정보	기술상, 경영상의 정보
소추요건		비친고죄	비친고죄	비친고죄	비친고죄
형벌		국외유출 – 7년이하의 징역 또는 재산상 이득액의 2배이상 10배 이하의 벌금 국내유출 – 5년이하의 징역 또는 재산상 이득액의 2배이상 10배이하의 벌금	국외(경제간첩) – 개인: 15년이하의 징역 또는 50만불 이하 벌금 – 법인: 1천만불 이하 벌금 국내(영업비밀절도) – 개인: 10년이하의 징역 또는 50만불 이하 벌금 – 법인: 500만불 이하 벌금	– 개인: 3년이하의 징역 또는 3백만엔 이하 벌금 – 법인: 3억엔이하 벌금	– 영업비밀 침해 시 감독조사기관의 위법행위 정지명령 가능 – 1만위안~20만위안(135만원~2,700만원) 벌금 부과

출처: 국가정보원, 『주요국의 산업기밀 보호관련 법령』, 2004.3.

하며 항상 최신 버전을 유지하도록 자동 업데이트한다.

⑳ 시스템을 사용하지 않을 때나 자리를 비울 때는 반드시 로그아웃한다.

㉑ 인터넷 브라우저 보안레벨은 사용업무에 따라 적정한 레벨로 조정 사용한다.

㉒ 외부로 메시지를 전송할 때는 반드시 회사에서 지급한 계정만을 사용한다.

- 외국 기업들의 특허권 침해, 상표, 의장 도용 등에 대응하기 위해 정부 차원에서 공격적 수단을 동원

(5) 대응방안

1) 국가 차원에서 체계적 대응체제를 구축

- 정부와 기업은 기술유출이 개별기업이 아닌 국가차원의 문제라는 사실을 인식하고 종합적인 대응체제를 구축
- 정부는 핵심기술의 불법유출을 차단할 수 있도록 법적 장치를 정비하고 기업의 보안 역량 강화를 지원

〈표 2-2〉 기술유출 유형별 대응방안

유 형	대응방안	유의사항
① 인력이동	- 비밀유지 서약서 작성 - 핵심인력 관리 및 보상 강화	移職 자유와의 조화
② 부품, 장비	- 기밀유지 관련 조항을 계약서에 삽입 - 협력업체와 相生의 파트너십 형성	해외진출한 협력 업체 감독
③ 기술거래	- 국가별 지적재산 보호 수준에 따라 전략 차별화 - 기술이전 과정에 대한 관리감독 강화	계약 이외의 기술유출 차단
④ 인수합병	- 국가핵심기술을 지정하여 체계적으로 관리	해당 산업에의 영향 고려
⑤ 산업스파이	- 보안체계를 상시적으로 점검하고 보완 - 전체 직원에게 정기적인 보안교육 실시	불법행위 감시

- 기업은 기술을 지키기 위한 자체 노력이 없이는 법의 보호를 받지 못한다는 것을 명심하고 사내 보안체계 확립에 주력

2) 정부는 국가핵심기술 관리 및 중소기업 지원에 주력

- 해외 유출 시 해당 산업에 심각한 영향을 줄 우려가 있는 기술에 대해서는 국가핵심기술로 지정하고 체계적으로 관리
- 국내기업의 해외매각, 해외투자 등과 같이 합법적이지만 국가 핵심기술이 유출될 수 있는 통로에 대해 법적 안전장치를 마련
- 법률 제정시 기업의 정상적인 경영활동을 저해하지 않도록 규제 대상과 범위를 명확하게 설명

3) 보안시스템이 취약한 중소기업의 보안역량을 보강하는 데 주력

- 중소기업의 정보보안 시스템 구축을 지원
- 해외진출 노하우가 부족한 중소기업들에게 표준계약서, 체크리스트 등을 제공하고 국별 유의사항을 숙지시켜야 함

4) 기업 내 상시 기술유출 방지체계를 구축

- 사내 보안체계의 구축이 일회성 행사에 그치지 않도록 시스템과 규정을 지속적으로 개선
- 사내 보안전담조직 구성, 보안시스템 구축 등과 함께 이를 상시적으로 점검하고 보완해야 함
- 대상정보의 공개 범위, 유의 사항 등에 대한 구체적인 교육을 통해 직원들의 실수에 의한 정보유출을 예방
- 성과보상 제도를 개선하여 핵심인력의 직장 및 직무 만족도를 높여야 함
- 신기술 개발, 공정 효율화, 신제품 아이디어 등 주요 업적에 대해 공정하고 객관적인 보상을 실시
- 금적적인 보상과 함께 전문가로서 자부심과 명예를 느낄 수 있도록 다양한 동기부여 수단을 동원

5) 해당 국가의 지적재산권 보호 제도 및 실태를 파악하여 해외진출 전략에 반영

- 자사가 보유한 기술과 노하우를 등급화한 후 진출 형태, 사업범위 등을 선택
- 핵심기술을 블랙박스화 하고 핵심 부품 중 최소 1개 이상은 국내에서 공급

6) 상대국가에 기술정보가 과도하게 이전되지 않도록 유의

- 목적 외 부당사용 금지, 서브 라이센스 금지, 영업비밀의 관리 의무 등을 계약서에 포함시키고 준수 여부를 점검
- 해당국가의 제도 때문에 설계 기준, 위생 안전 등 기술자료를 부득이 제출해야 할 경우, 공신력 있는 국내 대행업체를 통하는 것이 안전

7) 지적재산 보호 활동을 강화하고 지속적으로 신기술을 창출

- 지적재산 관리시스템을 강화하고 침해 사례에 대해서는 강력하게 대응
- 지적재산권 침해 사례를 수집하여 정부가 업계가 공동으로 대응

8) 현재 보유하고 있는 기술을 지속적으로 진부화시켜서, 경쟁사가 모방하더라도 실익이 없도록 해야 함

- 많은 기업들이 도요타 생산방식을 벤치마킹했으나 모방할 수 없었던 것은 도요타가 끊임없이 기술혁신을 해왔기 때문
- 지속적인 기술혁신을 통해 경쟁기업이 습득한 기술을 무용지물로 만드는 것이 기술유출을 막는 근본적인 해결책

Ⅱ. 경영관리

1. 영업비밀보호의 목적

(1) 침입행위의 방지와 보호

영업비밀을 침해하는 행위를 방지하여 건전한 거래질서를 유지함을 목적으로 한다.[2] 영업비밀보호법은 많은 시간과 재정적인 투자로 개발한 창조적인 지적재산인 영업비밀을 독점 사용함으로써 개발자의 이익을 보호함에 있다. 영업비밀

2) 부정경쟁방지 및 영업비밀보호에 관한 법률 제1조 후단.

은 공개되지 않는 비밀을 기업이 독점 사용함으로써 경쟁력을 확보할 수 있는 기술정보는 물론 경영정보를 보호의 대상으로 함으로써 기술정보만 보호하는 산업기술과 다르다.

(2) 건전한 거래질서의 유지

영업비밀은 인력과 시간 및 재정적인 투자로 개발한 기술 및 경영상의 정보를 독점 사용하여 경쟁에 우위를 확보하는 중요한 지적재산이다. 그러므로 아무런 노력 없이 타인의 영업비밀을 부정하게 취득 사용함으로써 경제적 · 시간적으로 많은 투자를 한 타인의 이익을 부정 침해하여 건전한 거래질서의 혼란을 방지함을 목적으로 하고 있다. 영업비밀의 침해행위를 금지시키는 것은 침해행위자가 그러한 침해행위에 의하여 공정한 경쟁자보다 '유리한 출발(headstart)' 내지 '시간절약(lead time)'이라는 우월한 위치에서 부당하게 이익을 취하지 못하도록 하여 공정하고 자유로운 경쟁의 보장 및 인적 신뢰관계의 보호 등의 거래질서를 확립하고, 영업비밀 보유자로 하여금 그러한 침해가 없었더라면 원래 있었을 위치(독점 사용할 수 있는 위치)로 되돌아 갈 수 있게 하는 데에 그 목적이 있다.[3)]

(3) 영업비밀보호의 부수적인 목적

1) 기업의 경쟁력과 생존능력의 확보

연구소와 기업의 경쟁능력은 첨단기술을 개발하여 이를 특허 등 지적재산권으로 보호받거나 영업비밀로 보호하여 독점 사용할 경우에 경쟁의 절대적 우위 또는 상대적 우위를 확보할 수 있다. 경쟁우위를 확보할 수 있는 기술정보가 많을수록 기업이 생존할 수 있는 능력이 강화된다. 비록 특허를 출원하여 지적재산권을 확보하더라도 특허 출원 전의 연구개발의 모든 과정은 영업비밀로 보호되어야 한다. 특허 출원 후에도 상세기술 설계서, 생산 공정기술, 제조기술, 가격산정, 판매 등 중요한 정보는 경쟁업체에 유출되어서는 안 되는 정보이다. 이러한 기술과 노하우가 유출되거나 침해되면 연구개발비의 손실은 물론 연구 개발자의 의욕을 상실하고 기술 유출로 인한 장래의 기대수익의 상실로 기업의 경쟁력과

3) 대법원 판결 1996. 12. 23. 96다16605 (M 볼펜 영업비밀 침해 사건).

생존능력을 위협받게 된다. 따라서 기업경쟁의 핵심역량인 기업의 중요비밀을 보호하여 독점 사용함으로써 장기적인 이익을 창출하고 기업의 경쟁력과 생존능력을 확보하는데 영업비밀보호의 목적이 있는 것이다.

2) 비밀의 가치보존

영업비밀은 그 자체가 대외적으로 공개되지 않도록 보호하여야 하나 만약에 기업 또는 연구소의 과실로 공개되거나 침해로 인하여 공개되면 다른 기업은 아무런 기술 개발의 대가없이 사용할 수 있게 되어 독점 사용할 수 있는 영업비밀로서의 본질적인 가치가 상실되므로 유출이나 침해가 되지 않도록 사전에 보호하는 것이 최선의 방법이다.

유출이나 침해 또는 과실로 공개되면 연구개발비와 장래 기대이익의 막대한 손실은 물론 취득자는 아주 적은 투자로 제품을 생산할 수 있어 부정한 침해자는 가격 면에서 경쟁력을 가지고 많은 투자를 하여 개발자는 경쟁력을 상실하게 된다. 특히 재정적인 손실과 기업이미지 실추 및 개발자의 의욕 상실, 주가의 폭락으로 기업의 가치에도 큰 손실을 입게 되며 때로는 기업의 생존에 치명적인 피해를 볼 수 있다.[4] 따라서 영업비밀보호는 사전보호가 최선의 방법이다.

3) 영업비밀보호는 법적인 보호의 전제조건

영업비밀보호는 기업 스스로 판단하여 보호해야 하는 재량업무이다. 국가비밀보호와 같이 강제적으로 수행할 의무와 보호할 책임을 누구도 묻지 않으며 기업 스스로 결정하고 실천할 의무이다. 그러나 기업과 연구소가 상당한 노력으로 비밀을 보호하고 있음에도 불구하고 제3자가 침해하거나 임직원 및 퇴직자가 영업비밀을 부정 유출한 경우에 피해업체의 청구에 의하여 침해자에게 민사상의 침해행위 금지, 침해행위로 조성된 물건 등의 폐기, 손해배상 책임을 물어 사후적으로 보호해준다. 그리고 제3자의 영업비밀 침해행위나 임직원과 퇴직자에게는 비밀보호의 의무가 있음에도 불구하고 누설한 경우에 형사책임을 물을 수 있다. 따라서 영업비밀보호는 기업이 스스로 보호하고 있음에도, 이를 침해하였을

4) 국내 M텔레콤은 2001년 유럽식 GSM휴대폰을 대당 115불에 50만대를 중국으로 수출계약을 하였으나 임원 한 사람이 기술을 유출하고 유사제품을 생산하여 M사의 계약을 파기하게 하고 대당 58불에 수출함으로써 M사는 퇴출되었다.

때 사후에 법률적인 보호를 받을 수 있는 전제조건이다.

4) 국제질서

Global 시대의 국제질서의 존중 영업비밀보호는 UR(Uruguay Round)협정문 제7장 무역관련 지적재산권 중 영업비밀보호규정(제39조 미공개정보의 보호)을 명시함[5]으로써 영업비밀보호가 국제질서로 자리잡고 있다. 세계경제가 하나의 시장으로 변함으로써 영업비밀보호규정이 국제무역질서로 확립됨에 따라 이 협정에 가입한 국가는 영업비밀보호를 법률에 의하여 보호하고 있다. 특히 수출에 의존하는 우리나라는 물론 무역을 하는 기업들도 국제질서의 존중은 Global 기업으로서의 선택이 아닌 필수이다.

영업비밀보호제도가 확립되어 있으면 기업의 정보유출로 인한 국내외 다른 기업과의 분쟁을 예방할 수 있으므로 기업 간의 분쟁은 물론 외국기업 간 또는 국가 간의 분쟁으로 소송비용의 손실, 장기간에 걸쳐 시간의 낭비와 기업 이미지 실추 등을 방지하여 기업경영에 이바지할 수 있다.[6] 영업비밀의 철저한 보호체제 확립은 정보의 유출방지는 물론 국가 간의 분쟁예방과 국제적으로 상거래 등에 신뢰를 높일 수 있어 첨단기술의 도입 또는 대외적으로나 기업 간의 협력 관계에 큰 도움이 된다.

2. 임원관리

(1) 임원관리의 중요성

정책을 수립하고 컴퓨터를 운영 · 관리하며 보안 조치를 취하는 모든 작업이 사람에 의해 행해지며 해킹, 바이러스 작성 및 부주의로 일어나는 모든 컴퓨터의 피해 또한 사람에 의해 행해진다. 그러므로 하드웨어나 소프트웨어를 포함한 모든 컴퓨터 관련 장비 중에서 인적 요소가 가장 신뢰성이 떨어지는 구성요소이다.

실수와 태만은 데이터와 시스템 무결성의 중요한 위협이다. 이러한 실수는 모든 형태의 사용자에 의해 발생될 수 있다. 가장 정교하게 개발된 프로그램이라

5) 영업비밀보호(미공개정보) 요건은 우리나라 영업비밀보호 요건과 비슷하고 다만 정부에 허가를 받아야 하는 의약품 등의 미공개 실험데이터 등을 정부도 보호해야 하는 규정을 두고 있다.
6) 1989년 우리나라 기업과 미국의 GE사의 영업비밀 침해분쟁으로 4년 이상의 소송 국가 간의 분쟁으로 비화.

할지라도 모든 형태의 입력 실수나 태만을 감지하지는 못한다. 따라서 확고한 보안의식과 체계적인 교육 프로그램은 조직의 실수와 태만의 정도를 감소시키는 데 도움이 될 수 있다.

사용자, 데이터 입력자, 시스템 운영자 및 프로그래머들은 직 · 간접적으로 보안 문제를 일으키는 실수를 자주 저지른다. 이런 경우, 시스템을 다운시키는 데이터 입력 실수나 프로그래밍 실수는 시스템의 취약점과 연결된다. 컴퓨터 보안 자문가이자 컴퓨터 시스템 보안과 프라이버시 자문회의 회원인 Robert Courtney가 조사한 결과에 의하면 컴퓨터 피해의 65%가 실수와 태만에 의한 것이라고 한다. 이 수치는 공공기관과 민간기관 모두에게 비교적 동일하게 해당되는 것이다.

기업비밀을 유지하기 위해 방화벽뿐만 아니라 여러 가지 시스템을 갖추고 있음에도 불구하고 언론을 통해 많은 보안사고를 접하게 되면 더욱 당황할 수밖에 없게 된다. 2009년 초에 국가정보원 산업기밀보호센터에서 발표한 자료에 따르면 2004~2008년까지 5년 동안 산업기술 해외유출 적발 현황에서 전 · 현직 직원이 전체 유출자의 83%를 차지하고 있다. 최근 경제여건이 불안정하면서 평생직장의 개념이 퇴조하고 아울러 개인주의 성향이 강한 세대들이 경제활동의 주체로 서서히 등장하면서 도덕불감증에 황금만능주의식 사고를 갖고 있기 때문에 외부의 유혹에 쉽게 뿌리치지 못하는 경향을 나타내고 있다.

기업유출 내용을 자세히 분석해 보면 외부의 해킹이나 침입에 의한 기술유출은 거의 없다. 이는 외부인에 의한 사실상 유출은 어렵고 기업 내에 중요한 자료가 어디에 보관하고 있는지 외부인이 알 수도 없거니와 전문 산업스파이가 아니고서는 취득하기 어려운 설정이다. 따라서, 기업 비밀을 생성하고 유지관리하는 내부 직원들을 어떻게 관리하느냐가 중요하다.

(2) 신입 채용 인원관리

기업의 신규 인원 채용 시 보안측면을 고려한 검토는 사실상 전무한 실정이라고 해도 과언이 아니다. 회사 직원으로서 실력 있는 직원을 채용하는 것도 중요하지만 기본적으로 갖추어야 할 자질 중에서 충성심과 애사심을 가진 직원이 기업비밀을 보호하는 측면에서 필요하다.

채용과정에서 입사지원서, 자기소개서 등 서류심사, 다양한 면접심사를 통해 장래에 중요기업비밀을 보호할 수 있는 인격적인 결함여부를 파악하고 신뢰성, 도덕성과 애사심에 중점을 두고 확인해야 할 필요가 있다. 왜냐하면 성장과정이 건전하고 범죄에 연루된 사실이 없어야 하며, 인격적으로나 심리적으로 안정되어 있는 사람이 회사 일에 전념할 수 있기 때문이다. 몇몇 회사의 경우 인성검사를 채용단계에 포함하기도 하며 사회성, 창의성 및 대인관계에 대해서 고려하는 경우도 있다. 대인기피증이나 주변상황도 고려 대상이다. 짧은 채용단계에서 모든 것을 파악하기란 사실상 불가능하지만 처음부터 채용단계에서 보안을 고려하느냐 하지 않느냐는 중요한 것이다.

2008년 잡코리아가 국내기업 1,094개 회사를 대상으로 '신입사원 퇴직률'에 대해 조사한 결과, 정규직으로 채용한 신입사원 중에 입사 후 1년 이내에 퇴사한 직원 비율이 약 29%나 된다는 보고가 있었다. 입사와 동시에 보안의무 사항을 교육시켜야 함은 물론 기업비밀 준수를 위한 보안서약서를 징구하여 재직 중 보안의무를 지키도록 해야 한다. 이를 위반할 경우 민사상 · 형사상 책임을 진다는 내용을 포함시켜 보안을 준수토록 해야 한다.

(3) 경력 채용 인원관리

기업에 있어 우수인재 확보를 위해 불가피하게 경력사원을 채용하는 경우가 많지만 보안측면에서 보면 신규인원 채용보다 훨씬 더 고려해야 할 조건이 많다. 경쟁사에서 의도적으로 위장취업을 시켜 기술자료를 유출하거나 개인의 이익만을 내세워 일정기간만 근무할 목적으로 취업하는 등 경력인원 채용은 회사의 채용 목적 외 피해를 입는 사례가 빈번히 발생하고 있기 때문이다. 최근 인도 및 동남아 국가에서 단순 노동자로 국내 기업에 위장 취업하여 기술을 습득한 후 영구 귀국하는 사례뿐만 아니라 국내 경쟁 관계에 있는 동종기업 간에도 부당하게 취업하는 사례가 종종 발생하고 있다.

또한, 경쟁업체에서 전에 근무한 경력자가 영업비밀을 준수해야 할 기간이 경과하지 않은 시점에 채용하여 '부정경쟁방지법'에 의거 법률적으로 문제가 되어 이직이 성립되지 않는 경우도 있다. 예를 들면 2008년 D중공업에서 S중공업으로

13명이 이직을 하려고 하여 D중공업에서 경업금지 가처분 신청을 법원에 제출한 결과, 회사 기밀이 새는 것을 막기 위해 동종 업계 간 임직원의 스카우트를 일정 기간 금지하는 법원 결정이 내려졌다. 다시 말하면 경력자 채용 시에는 전 직장에서 영업비밀을 취급하고 퇴직 시 그 직장의 영업비밀에 대한 유지 의무 계약서 또는 퇴직 시 기업비밀 유지의무 조항을 작성하였는지 확인하여야 한다.

(4) 재직 임직원 인원관리

재직 중인 임직원 관리는 기업 비밀보호의 책임과 의무가 있는 주체이며 또한 대부분의 기술유출 보호관리의 대상이기도 하다. 2009년 산업기술 해외유출 적발 현황 통계에서 알 수 있듯이 기술유출의 83%가 전 · 현직 직원에 의해 침해를 보고 있는 실정을 감안할 때 비밀보호의 핵심이기도 하다. 기업 비밀보호를 위해 기업 내 인사부문과 총무부문에서 보안을 취급하고 있지만 그 실정은 대부뷰 형식적인 관리에 지나지 않는다. 2007년 중소기업처에서 6,504개 기업체를 대상으로 조사한 결과 보안 전담조직을 갖춘 기업이 12%에 불과한 현실에서 체계적인 임직원 보안관리는 어려운 실정이다.

임직원 보안관리를 체계적으로 하려면 가장 먼저 보안 전담조직이 구성되어 보안담당자가 책임을 지고 그 기업의 실정에 맞는 보안시스템을 구축하며 임직원들의 보안의식을 고취시키기 위한 교육 프로그램을 개발하고 발전시켜야 보안의 첫걸음을 내딛었다고 할 수 있다. 그리고 물리적 보안을 기초로 IT 보안을 갖추며 관리적 보안 영역으로 확대해 나가야 한다. 한 걸음 더 나아가 위협요인을 찾아내서 제거하고 예방하는 예방적 보안관리가 갖추어질 때 보안의 성숙 단계라고 본다.

(5) 해외 출장자 관리

글로벌화 시대에 해외 출장은 빈번하고 보편화된 일이며 출장 시에 노트북이나 USB, PDP 등 저장매체를 휴대하는 경우가 대부분이다. 2008년 초에 미국 CNN방송에서 밝힌 내용을 살펴보면 미국 공항 보안당국이 노트북 컴퓨터 내 저장된 정보를 요구하며 이를 검열하는 권한도 가지고 있다고 보도하고, 실제 이같은 검열을 당한 여행자의 말을 인용해 보도했다. 방송은 보안당국이 컴퓨터 안에 든 은행구좌번호나 이메일, 기업관련 비밀정보 등 모든 내용을 검열받을 수 있으며 심지어 필요할 경우 이를 복사해 제출받기도 한다고 전했다. 방송은 다른 사례를 열거하면서 컴퓨터를 그 자리에서 압수당한 채 얼마간 기다리며 내용물을 복사당한 경우도 있음을 지적했다. 따라서 해외출장 시 도난 및 공항 출국 시 보안문제가 발생될 수 있으니 노트북을 휴대하기보다는 전자메일을 통한 자료 전송 수단을 이용하는 방법이 훨씬 안전하다고 권하고 싶다.

다음은 해외출장 시 고려해야 할 보안수칙의 예이다.

- 출발 전 방문국에 관한 정보를 숙지할 것
- 여행사, 호텔관계자 등에 출장과 관련된 정보 노출을 최소화 할 것
- 꼭 필요한 경우가 아니면 회사 로고가 들어간 복장을 피할 것
- 출장 중에는 업무와 관계없는 사람에게 기업의 현안 사항, 회사 내 직책, 경력, 담당업무 등 관련정보를 언급하지 말 것
- 대중교통, 공공장소에서는 업무상 비밀 또는 민감한 정보에 대해 이야기하지 말 것
- 접근 의도가 불명확한 질문 또는 추궁하는 듯한 질문을 하는 사람은 무시하고 명확하지 않은 대답으로 일관할 것
- 컴퓨터 등 장비를 휴대하지 못할 때에는 이동식 저장장치에 담아 항시 휴대할 것
- 민감한 정보를 전송할 때에는 타국의 컴퓨터, 팩스, 전화를 사용하지 말 것
- 호텔 객실 내에 보안문서, 노트북 등을 두고 외출하지 말 것
- 의심이 드는 특이한 상황이 발생한 때에는 한국대사관 등에 문의, 연락할 것

(6) 비서의 보안관리

비서는 업무 성격상 기업과 상사의 기밀사항에 관한 모든 정보를 취급하며 상당한 부분까지도 알고 있다고 해도 과언이 아니다. 비서가 알고 있는 기밀이 누설될 경우에는 조직과 상사에게 막대한 피해를 입힐 수 있으므로 항상 기밀사항에

대해 보안유지를 기울여야 한다. 임원들이 출장 시에는 사무실 문을 기본적으로 잠그고, 임원들이 회의 또는 장시간 자리를 이석할 경우에는 비서가 사적인 업무로 잠시 자리를 비울 경우에도 필요에 따라 사무실 시건을 분명히 하여야 한다.

(7) 퇴직자 관리

퇴직자는 회사의 중요한 비밀내용을 많이 알고 있으며, 회사와 갈등으로 퇴직할 경우 회사에 대한 나쁜 감정으로 인한 비밀의 누설과 회사의 이미지 관리에 중대한 영향을 미친다. 그래서 퇴직자가 재직 중에 지득한 영업비밀을 퇴직 후에 사용하거나 공개 또는 누설하지 아니하고 특히 영업비밀과 관련된 창업이나 경쟁관계에 있는 회사에 취업하지 않을 것을 서약하는 내용과 만일 이 서약을 준수하지 않아 회사에 손해를 끼칠 경우 민형사상 책임은 물론 부정경쟁방지 및 영업비밀보호에 관한 법률에 따라 책임을 지겠다는 내용을 포함하여 서약이 있어야 한다.

(8) 유치과학자 등 외국인 관리

고용계약서를 작성할 때, 계약서상에 보안준수 의무 및 위반시 처벌조항을 명기함은 물론 연구성과물의 소유권이 회사에 있음을 명확히 규정한다. 계약기간 중에는 관리 담당자를 임명하여 연구활동 과정에서의 특이언동, 동향 등을 상세히 파악하고 필요시 관계기관에 통보한다. 그리고 연구목적과 무관한 타 분야의 연구실, 실험실, 자료보관실 등 중요 시설에 무단출입 및 사진촬영 등을 제한한다. 마찬가지로 중요 연구자료와 노트북 등을 외부로 무단반출하는 것을 금지한다.

계약 만료 시에는 연구노트와 성과물 등의 각종 연구자료를 회수하고 개인 PC의 패스워드 및 ID는 즉시 삭제한다. 그리고 반출을 희망하는 자료에 대해서는 보안성을 검토 후 제공하거나 추후에 별도 우송해준다.

(9) 협력업체 등 외부인 관리

1) 협력업체 관련자의 보안관리

- 해당업체의 출입인원에 대한 보안서약서를 작성한다.

- 고정출입 인원을 최소한으로 제한하고, 출입지역도 일정한 범위를 정해 엄격하게 통제한다.
- 연 1회 이상 협력업체를 방문하여 보안점검 및 임직원을 대상으로 보안 교육을 실시한다.

2) 제품 구매자 등의 보안관리

- 제품소개 구매상담 공장견학 등을 위해 회사를 방문하는 인원에 대해서는 견학코스를 지정하고, 기술자료 및 홍보팜플렛 등은 사전 보안성검토 등 영업비밀 누설 방지대책을 마련한다.

3) 컨설턴트, 고문변호사, 회계사 등 외부 자문인력의 관리

- 계약체결 시 비밀유지 의무와 함께 위반 시 손해배상 책임 및 관련법규에 의한 민형사상 처벌규정을 명확하게 기재한다.
- 제공한 자료는 회수하는 것을 원칙으로 하되, 회수가 곤란한 경우에는 관리를 철저히 하도록 지속적으로 교육한다.

(10) 해외 사업장에 근무하는 현지인의 관리

고용계약 체결 시에는 주재국의 지적재산권 보호제도를 면밀히 파악한 후 실정에 맞도록 비밀준수의무 및 손해배상 책임 등을 명확히 규정한다. 또한 보안담당자를 임명하는데 이 경우 지역에 따라 현지인이 보안업무를 총괄하는 해외사업장이 있으나, 가급적이면 본사직원이 분임보안 책임자가 되고 현지인을 보안담당자로 임명하는 것이 좋다. 사정이 여의치 않아 현지인을 분임보안 책임자로 임명한 경우에는 보안담당자는 본사직원으로 임명한다. 그리고 지속적인 보안점검 및 교육을 실시하되, 일반적인 사항은 현지인 분임 보안 담당자가 책임 실시토록 위임한다. 현지인 분임 보안 책임자에 대해서는 인센티브 제공 등을 통해 퇴사시 재직 중에 알게 된 영업비밀의 누설금지 등 보안조치를 취한다. 후견인제도를 적극 활용하여 후견인을 통해 정기적으로 면담을 실시하고 보안취약요인을 사전에 발굴 제거하도록 하는 것이 좋다. 또한 비서, 기사 등 내국인과 접촉이 많은 자 또는 경비, 청소원 등 소외분야 종사자에 대해서도 적절한 보안대책을

마련한다.

(11) 내외부인의 출입 통제

1) 임직원의 출입 통제

- 연구실, 공장, 사무실 등 사내지역 출입시에는 직원임을 표시하는 명찰을 패용하거나 유니폼을 착용하여 외부인과 구별되게 한다.
- 시설별 중요도에 따라 출입인원을 제한할 필요가 있을 경우에는 출입증에 전자칩을 내장하거나 색상을 구분하여 출입자격을 제한한다.

2) 외부인의 출입 통제

- 협력업체 직원이나 전산실 보수 등을 목적으로 정기적으로 출입하는 자는 사전에 신원확인에 필요한 서류 및 보안유지 서약서를 받는다.
- 정기출입증의 색상은 사내 임직원용과 구분되게 하여 정문에서 교부 · 회수하고, 명부를 비치하여 출입시간을 기록한다.
- 임시출입자는 출입대장에 인적사항, 목적, 방문대상 직원 등을 기재하고 면회실에서 업무를 수행하는 것을 원칙으로 하되, 부득이하게 회사 내부에 출입이 필요한 경우에는 임시출입증을 패용하게 한 후 직원의 안내를 받아 출입토록 조치한다.

3) 출입차량의 통제

- 임직원이나 협력업체 직원 등 내외부인을 막론하고 사전 인가된 차량 외에는 사업장내 출입을 엄격히 제한하고, 외부인의 출입차량은 주차 구역을 별도로 지정하여 운영한다.
- 임시출입 차량에 대해서는 임시출입증을 교부하고 차량내부 및 적재물에 대한 보안검색을 실시하고 탑승자의 신원을 반드시 확인한다.

3. 인적 보안 관리

인적 보안에 관련된 사항을 관리하기 위해서는 중요한 업무 수행의 임무 분리 및 단독직인 작업 수행 금지, 근무순환제, 접근 권한의 적절성 등을 고려해야 하며, 보안감사를 통하여 문제점의 적시적인 발견과 적절한 조치를 강구해야 한다.

(1) 업무 분담

보안에 관련된 업무를 여러 직원에게 분담하는 업무 분담을 실시한다. 만약 한 명이 보안에 관련된 모든 업무를 담당한다면 이러한 점을 악용할 가능성이 많아지기 때문이다. 작은 규모의 조직에서는 대개 시스템 관리자 혼자서 시스템 보안 관련 기능 및 업무를 수행하며, 사용자는 보안에 관련된 업무를 전혀 수행할 수 없도록 되어 있다. 그러나 한 명이 보안에 관련된 전반적인 사항을 모두 다 감당할 수가 없을 뿐 아니라 이러한 체제가 오랜 기간 동안 유지된다면 취약점을 악용할 수 있는 기회를 제공하게 된다. 그러므로 이러한 체제는 보안에 유익한 방법이라고 할 수 없다.

(2) 담당자

높은 수준의 보안을 요구하는 시스템에서는 주로 시스템 관리자, 보안 관리자 및 운영자 등이 보안에 관련된 업무를 수행하며 최근에는 데이터베이스, 네트워크 및 여러 분야의 관리자들도 보안에 관련된 업무를 수행한다. 이는 여러 명이 시스템 보안 관련 업무를 담당하게 함으로써 직원 간의 상호 견제 효과를 유지하여 범죄를 일으킬 수 있는 기회를 줄이는 것이다. 또한 여러 명이 나누어 작업을 할 수 있으므로 전문가로서의 맡은 바 임무를 수행할 수 있다.

(3) 단독 작업을 금지

직원이 민감한 정보를 다루어야 하는 경우 두 명 이상이 위치하고 있는 장소에서만 정보를 열람하고 사용하게 함으로써 정보 유출을 최대한으로 줄일 수 있다. 위에서 언급한 바와 같이 혼자서는 모든 업무를 수행할 수 없도록 하기 위함이다. 이러한 방법은 실생활에서도 많이 볼 수 있다. 은행을 예로 든다면 수표를 신청하는 사람과 이를 허가하는 사람이 따로 있는가 하면 공수표를 관리하는 사람과 이를 사용하는 사람이 분류되어 있는 점을 들 수 있다.

(4) 근무 순환

보안 관련 직책은 순환보직제가 효율적이다. 보안 관련 보직과 같은 전문 직책에 직원을 임용하고자 한다면 교육에 많은 시간과 노력을 투자하여야 한다. 하지만 보안 관련 직책에 장기간 근무할 경우 그 직책에 영구적이라고 믿고 있으며 시스템이나 시스템에 저장되어 있는 정보를 악용한다 하더라도 아무도 이를 찾아낼 수 없다는 생각을 할 수 있다. 그러므로 보안 관련 직책에 근무하는 직원은 일정한 기간 후 순환시켜야 한다.

(5) 접근 통제

조직은 사업의 성패를 좌우할 수 있는 많은 민감한 정보를 보유하고 있으며 이는 정보화 시대를 맞이하여 정보시스템에 저장되어 있다. 그러므로 컴퓨터에 저장된 정보를 보호하기 위해서는 누가, 어느 정보에 접근할 수 있는가를 판단하여야 한다. 조직의 모든 사람에 대해 어느 정도 수준의 데이터까지 접근할 수 있어야 맡은 바 업무를 원활히 수행할 수 있는가를 판단하여야 한다. 너무 많은 권한을 부여할 경우 자원의 낭비는 물론이고 필요 이상의 데이터에 접근하게 되어 보안이 취약해진다. 또한 너무 적은 접근 권한을 부여하였을 경우에는 업무를 제대로 처리할 수 없는 상황이 발생할 수 있다. 이러한 상황을 고려하여 직원의 접근 권한을 올바르게 책정하는 데에는 많은 어려움이 있다.

(6) 내부감사와 외부감사

감사는 내부 인원으로 실시되는 내부 감사와 외부 인원으로 실시하는 외부 감사로 구분하여 실시한다. 감사는 그 동안 시스템의 사용자 계정을 적절히 관리해왔는가를 감사하는 것으로부터 직원이 근무하는데 필요한 권한만을 부여받았는지와 이를 잘 지켜왔는지 등을 검토한다. 더불어 모든 직원이 보안 교육을 받았으며 교육이 실시되었는가를 점검한다. 또한 특정 직원이 데이터에 접근할 수 있는 권한이 실제로 필요한 것인지를 검토하여 접근 권한 목록을 갱신한다.

4. 정보보안 마인드 강화

결국 정보보안의 핵심은 사람이다. 21세기를 살아감에 있어 정보보안 마인드는 경쟁력이자 생존수단으로 필수불가결한 요소가 되었다. 또한 각자 자기 위치에서 윤리의식에 바탕을 두어 더욱 확실하고, 확고한 정보보안 마인드가 필요하다. 그러기 위해서 정보보호에 관한 제대로 된 교육이 필요하다.

Ⅲ. 핵심기술 유출

반도체, 휴대폰 등 IT 분야를 중심으로 외국기업에 의한 기술유출 시도가 급증하고 있다. 하지만 일부 대기업을 제외한 대부분의 국내기업들은 보안의식 및 대응 능력이 취약한 실정이다.

핵심기술의 유출경로는 ① 인력이동, ② 부품, 장비 등에 체화된 노하우의 이전, ③ 기술거래, ④ 인수합병, ⑤ 산업스파이 활동 등 5가지로 분류할 수 있다. 최근에는 기술거래, 인수합병 등 합법적인 방법을 통한 기술유출 비중이 높아지는 중이며, 국내 업체들의 해외진출에 따른 기술유출 사례도 늘어나고 있다. 선진 기업들은 사내 보안체제를 강화하고 핵심기술을 블랙박스화 하는 등의 기술유출 방지 노력을 강화하고 있다. 특히 선진국 정부들은 범부처적 산업 방첩 및 정보보안 체제를 구축하고 민간 기업과의 공조에 주력하고 있다.

핵심기술 유출 방지를 위해서는 정부는 핵심기술을 국가차원에서 관리할 수 있도록 법률을 정비하고 기업이 보안역량을 강화하도록 지원해야 한다. 기업은 보안역량이 강화되도록 적극 노력해야 한다. 또한 사내 보안체계를 확립하고 핵심인력에 대한 관리 및 보상을 강화할 필요가 있다. 그러나 기술유출을 막는 가장 근본적인 대책은 끊임없이 기술 혁신을 통해 경쟁기업이 확보한 기술을 무용지물로 만드는 것이다.

1. 핵심기술 유출에 대한 대응

(1) 핵심기술의 해외유출 피해가 급증

- 최근 외국기업에 의한 불법적인 기술유출 시도가 급격히 증가
- 중국 등 후발국은 물론 선진국의 경쟁업체들까지 국내 기업들의 핵심기술을 빼내려고 시도하고 있음
- 기술유출을 시도하다가 적발된 사례는 빙산의 일각이며 국내 업계의 실제 피해액은 집계가 불가능
- 기술유출 사건은 주로 제보에 의해 수사가 개시되는데, 기업들은 주가 및 신인도 하락을 우려하여 외부 공개를 하지 않고 자체 해결을 시도
- 부품, 장비 공급, 기술이전 계약, 기업 인수합병 등 합법적인 경로를 통한 기술유출도 상당수 발생
- 국내 IT 기술 발전, 기술인력 이직이 주된 원인
- IT 분야에서 국내 기업들의 위상이 높아지면서 세계 각국이 국내 기술에 주목
- 국내 IT 인프라가 잘 구축되어 있는 것이 기술유출 수단의 다양화, 피해 규모의 대형화를 초래하는 원인이 됨
- 인터넷, 카메라 폰, 휴대형 메모리 등 다양한 저장매체를 통해 언제 어디서 누구든지 정보를 빼내어 갈 수 있게 됨
- 설계도면 등 각종 문서들이 디지털화됨으로써 과거와는 달리 한 번에 대량의 정보가 유출
- 직원들의 충성심이 약화되고 인력 유동성이 커지면서 핵심기술 유출의 가능성이 그만큼 증대
- 경영난에 직면한 벤처기업들이 기술유출의 사각지대

(2) 국가 차원의 대책마련이 시급

- 일부 대기업을 제외하고는 기술유출 시도에 대해 거의 무방비 상태
- 대학들은 연구실 컴퓨터의 해킹 등에 대한 대비가 미흡하고 연구원들의 보안의식이 취약

- 기술유출은 개별 기업을 넘어 국가산업 전체의 성쇠를 좌우하는 중대 사안으로서 국가 차원에서 대응책을 마련해야 함
- 경쟁국 기업으로 기술이 유출될 경우 자칫 동종업계 전체의 기반이 무너지게 됨

2. 핵심기술 유출의 경로 및 특징

(1) 인력이동

- 해외 경쟁업체가 국내에 지사를 설치하고 고액연봉과 각종 인센티브를 조건으로 핵심인력을 스카우트
- 국내에 지사를 설립하여 경쟁사 직원을 유인하거나, 제품 시연 등을 위해 해외출장 중인 국내 엔지니어를 매수
- 선진국 경쟁업체들은 국내 연구원들이 미국, 유럽 등에 거주하고 싶어하는 심리를 이용
- 인력관리가 상대적으로 어려운 해외 현지법인 종업원에 의한 유출이 증가
- 국내에서 연수를 받은 해외법인 근무 외국인 직원이 현지의 경쟁사로 전직하는 사례가 많음
- 현지 종업원이 직접 창업하여 모방제품을 저렴한 가격에 판매하는 사례도 빈번하게 발생

(2) 부품, 장비에 체화된 노하우 이전

- 협력업체가 부품, 장비를 수출하는 과정에서 기술 및 노하우가 경쟁업체로 유출
- 국내 협력업체가 외국기업에게 핵심 부품, 장비를 납품한 후에 국산 제품과 유사한 제품이 해외에서 출시됨
- 협력업체가 자사의 외국 거래업체에게 도움을 주기 위해 국내 완제품, 설비업체 등의 기술정보를 수집하여 제공하는 경우도 있음
- 해외공장이 현지 부품, 장비 업체들과 거래하는 과정에서 노하우 유출

- 장비 보수, 금형 제작 등을 의뢰받은 현지 업체가 위탁기업의 노하우를 경쟁업체에게 제공
- 국내기업이 해외업체에게 생산을 위탁하면서 설비를 제공하기도 하는데, 하청업체가 현지 기계업체에게 관련 정보를 넘겨 장비를 복제

(3) 기술거래

- 지적재산 보호가 엉성한 국가의 기업에게 기술을 이전하는 경우, 계약을 위반하거나 일방적으로 파기
- 기술을 이전받은 해외 업체가 무단으로 다른 기업에게 기술을 공유하거나 제3국 기업과 라이센스 계약을 체결
- 지분 일부를 기술로 출자하여 합작회사를 설립했을 때 현지업체가 기술이전 교육만 받고 계약을 일방적으로 파기
- 기술거래 교섭 또는 이전 단계에서 당초 예상한 범위 이상의 기술이 유출
- 교섭 업체 직원이 방문하거나 공장을 견학하는 과정에서 생산프로세스와 공장 배치 등의 노하우가 유출
- 기술이전을 위해 파견된 직원이 계약된 범위 이상의 노하우를 전수

(4) 인수합병

외국기업이 국내기업 인수를 통해 기술을 획득하는 것은 합법적인데, 국가 차원에서 보면 중대한 기술이 유출되는 경우가 있음

››› 사례 연구개발기술 및 결과의 산업기밀유출

반도체나 각종 첨단 디지털 기기에 활용되는 레이저 장비를 생산하는 A사의 창업 멤버 중 한 사람이었던 B는 임원진과의 불화가 심해지자 퇴사를 결심하고 동일업종의 회사를 창업함.

이후 B는 A사의 각 파트별 핵심 연구원을 한두 명씩 스카우트해가는 방법으로 7명의 연구원을 자신의 회사로 데려가, E사의 핵심기술이자 원천기술인 레이저 마킹 기술을 활용하여 제품을 생산함.

- 기업유형: 기계소재
- 유출대상: 회사 창업 당시의 원천기술
- 유출배경: 회사 대표이사와 연구소장 간의 불협화음이 오랫동안 계속되었고, 이에 불만을 품은 연구소장이 퇴사하면서 동료 연구원들을 스카우트함
- 피해규모: 회사 창업의 근간이었던 기술이 유출되어 초기 회사가 안정화되는데 큰 타격이 되었음
- 유출인지: 회사 관계자가 고객사에 제품을 납품하러 갔다가 우연히 타 회사의 제품견적서를 발견하면서 핵심기술 유출사실을 인지
- 조치사항
  - 유출사실 확인 후 뒤늦게 특허출원을 추진했으나, 상대방 업체에서 이미 공개된 기술이라고 주장하면서 반박함. 이러한 과정이 반복되면서 출원된 특허 중 반려된 건수가 절반이 넘음
  - 사건 후 모든 개발기술에 대한 특허출원을 추진함
  - 경쟁업체 취업금지, 보안유지각서, 비밀유지각서 등 보안관련 서약서를 징구함
  - 회사 내부에 DRM(Digital Rights Management), CCTV, 카드키 등 보안시스템 구축

Ⅳ. 산업보안시스템 구축전략

1. 관리보안 측면

(1) A Type

- 중소기업으로 보안정책 및 규정이 아예 없거나, 있지만 사규 내에 일부분 포함된 정도로 미비한 수준의 기업
- 보안 전담 조직 또는 전담인력이 없고, 지원 부서에서 겸직을 하고 있는 기업

1) 보안 정책, 규정 수립

- 기업 환경과 수준에 적합한 보안정책 및 보안 규정 수립
- 전체 임직원을 대상으로 보안정책 및 보안규정을 지속적으로 공지, 홍보
- 연 1회 이상 정기적으로 내부 감사, 점검을 실시하여 보안규정 준수 여부

확인

- 보안정책 및 보안규정은 지속적으로 수정, 보완, 개선
- 자산을 분류하고 책임자 지정을 통해 관리

2) 보안업무 분장

- 중소기업의 경우 보안전담조직이나 보안전담인력 운영은 현실적으로 어려움이 있으므로, 담당자를 지정하여 보안업무 겸직
- 각 부서 및 팀별 보안업무 분장 규정

3) 보안 감사 및 점검

- 연 1회 이상 정기적으로 보안감사 실시
- 보안규정 위반사항 적발 시 개인에게 통보
- 지적사항에 대한 이행여부 확인

4) 유출 시 대응방안 마련

- 기밀유출 사고 발생 시 관계기관에 도움 요청

5) 내부인원 관리

- 채용 시 신원을 확인하고, 경력직원의 경우 '경력증명서' 확인
- 입사 시 '근로계약서'와 별도로 '보안서약서'를 징구하고, 보안정책, 보안규정, 위반 시 징계조치, 관련 법률 등에 대해 보안교육 실시
- 임직원이 신규 프로젝트 참여 시 보안서약서를 추가로 징구
- 임직원 보안교육은 전체를 대상으로 연 1회 이상 실시
- 외국인 직원은 특별한 경우를 제외하고는 핵심 프로젝트 참여 및 중요시설 출입을 제한하는 등 별도로 관리
- 핵심인원의 동향은 별도로 관리하고, 프로젝트 참여시 '보안서약서'를 추가로 징구하고 보안 유의사항을 주지시킴

6) 외부인원 관리

- 방문객은 내부 출입절차에 따라 출입 확인, 관리
- 협력업체를 대상으로 '보안서약서'를 징구하고, 특별한 경우를 제외하고는

중요시설 출입, 중요 정보 접근 제한

- 퇴직자의 경우 퇴사시 '보안서약서', '인수인계서'를 징구하고, 확인과 동시에 아이디(ID), 패스워드(PW)를 삭제하고 모든 시설과 정보의 접근권한을 삭제
- 퇴사 의사를 인지함과 동시에 해당 직원의 업무 및 접근 정보 등에 대한 이력을 관리하고, 일정 기간 동안 유지
- 퇴직자에 기밀이 유출되고 있다는 징후 발견 시 상대 기업에 '확인통지서' 발송

(2) B Type

- 중견기업으로 보안정책을 실시하고 있고, 정기적으로 보안교육을 실시하는 등 일정부분 보안에 투자하고 있는 기업
- 보안전담조직은 없지만 전사차원의 보안책임자와 보안담당자가 있는 기업

1) 보안 정책, 규정 수립

- 기업 환경과 수준에 적합한 보안정책 및 보안규정 수립
- 전체 임직원을 대상으로 보안정책 및 보안규정을 지속적으로 공지, 홍보
- 연 2회 이상 정기적으로 내부 감사, 점검을 실시하여, 보안규정 위반사항 적발 시 개인에게 통보하고 경고, 징계 등의 조치를 취한 후 보안규정 준수 여부 확인
- 보안정책 및 보안규정은 지속적으로 수정, 보완, 개선
- 기업의 보안수준 제고를 위해 보안컨설팅 등 전문기관에 도움 요청

2) 보안 업무 분장

- 중견기업의 경우 보안전담조직을 운영하기에는 현실적으로 부담이 있으므로, 전사 차원의 보안책임자와 보안담당자를 두어 보안업무 추진
- 각 부서 및 팀별로도 보안 책임자와 보안담당자를 지정하여 보안업무 분장 규정
- 부서별 보안책임자 및 담당자는 되도록 직급을 통일하여 전사적으로 담당

자간 협조가 원활하도록 유도

3) 보안 감사 및 점검

- 연 2회 이상 정기적으로 보안감사 실시
- 보안규정 위반사항 적발 시 개인에게 통보하고, 경고, 징계 조치 실시
- 지적사항에 대한 이행여부 확인

4) 유출 시 대응방안 마련

- 기밀유출 사고 발생 시 대응 매뉴얼 수립
- 기밀유출 사고 발생 시 관계기관에 도움 요청

5) 내부인원 관리

- 신규 채용인원은 채용 전에 신원을 확인
- 경력 직원의 경우 이력서와 자기소개서를 면밀히 검토하고, 전직 회사에 대한 영업비밀 취급여부를 서면으로 확인
- 입사 시 '근로계약서'와 별도로 '보안서약서'를 징구하고, 보안정책, 보안규정, 위반 시 징계조치, 관련 법률 등에 대해 보안교육 실시
- 임직원이 신규 프로젝트 참여시 보안서약서를 추가로 징구
- 임직원이 보안교육은 전체를 대상으로 연 2회 이상 실시
- 외국인 직원은 특별한 경우를 제외하고는 핵심프로젝트 참여 및 중요시설 출입을 제한하는 등 별도로 관리
- 핵심인원은 인사과와 별도로 전사 보안담당자가 관리하며, 프로젝트 참여 시 '보안서약서', '겸업 금지계약서'를 추가로 징구하고 보안유의사항을 주지시킴
- 주요 임직원에 한해 동향 및 향후 진로 등을 수시로 파악
- 출장자에게는 출장 전, 출장 시 보안관련 유의사항을 주지시킴

6) 외부인원 관리

- 방문객은 내부 출입절차에 따라 출입 확인, 관리
- 협력업체에 대해서는 대표이사와 일정기간 상주인력, 수시 출입 인력을 대상으로 '보안서약서'를 징구하고, 특별한 경우를 제외하고는 중요시설 출

입, 중요 정보 접근 제한

- 최근 외국인 기술고문, 컨설팅, 자문 등의 고용과 M&A, 기술계약, 합작투자 등과 같은 외국회사와의 교류가 빈번해 짐에 따라 외국 회사와의 협력 시 보다 많은 보안 사항이 고려되어야 함
  ① 공동사업 제의 시 상대방의 의도 파악
  ② 계약 시 공증을 통한 비밀보호서약서 첨부
  ③ 협의 시 건넨 기술자료 등은 반드시 반환받고 확인
  ④ 참여 인원에 대해서는 모두 비밀보호서약서 징구
  ⑤ 결과물에 대한 소유권은 서면으로 분명히 명시
  ⑥ 문제 발생 시 책임소재 및 처리방안 등을 분명히 명시
- 퇴직자의 경우 퇴사 시 '보안서약서', '인수인계서'를 징구하고, 확인과 동시에 ID, PW를 삭제하고 모든 시설과 정보의 접근권한을 삭제
- 퇴사 의사를 인지함과 동시에 해당 직원의 업무 및 접근 정보 등에 대한 이력을 관리하고, 일정 기간 동안 유지

(3) C Type

- 대기업으로 보안정책, 보안규정을 실시하고 있고, 상당부분 보안에 투자하고 있는 기업
- 보안전담조직을 갖추고 있는 기업

C Type의 기업은 전사 차원에서 보안에 대해 관심을 가지고 시행되고 있다. 보안정책과 규정이 수립되어 실시되고 있으며, 보안전담 조직을 운영하고 있어 전사적으로 보안관리가 이루어지고 있고, 상당부분 보안시스템에도 투자되고 있다. 관리적 측면과 물리적 측면, 시스템적 측면이 모두 시행되고 있다고 본다. 그러나 아쉬운 점이 있다면, 이 세 가지 요소가 잘 갖춰져 있으나, 이것들이 얼마나 효율적으로 적용되고 있고, 얼마나 잘 지켜지고 있는가 하는 점이다. 다시 말해 보안전담부서의 보다 활발한 활동과 보안전담인력의 전문성이 요구되며, 더불어 전체 임직원의 자율적인 보안규정 준수 유도가 중요시 된다.

대기업의 경우 보안전담조직이 있긴 하나, 전사를 관리하기에는 분명 한계가 있으므로 효율적인 보안관리를 위해서는 전사 차원의 보안책임자가 임원급 이상이어야 하며, 보안전담 조직의 활동이 보장되어야 한다. 더불어 기밀유출의 수단이 날로 지능화되고 있어 보안담당자들의 전문성이 요구된다. 대기업의 보안담당자는 국내 현실을 반영해 볼 때 상당 수준의 보안지식과 경험을 가지고 있으나, 글로벌 경쟁 시대에 발맞춰 해외 선진기업의 보안관리 방법 등을 섭렵할 필요가 있다. 이에 대기업에서는 보안담당자에 대한 지속적인 투자가 필요하겠다.

마지막으로 대기업의 보안관리는 시스템에 의존해 획일적으로 시행될 우려가 크다. 이는 일정부분 보안관리가 이루어지겠지만, 보다 효율적인 보안관리를 위해서는 전 직원의 보안규정 준수 참여가 자율적으로 이루어질 수 있도록 하는 유인요소가 필요하다. 현재 여러 기업에서 실시하는 '보안캠페인'과 '보안의 날' 행사는 좋은 예이며, 이를 통해 보안점검과 함께 보안준수 우수직원에 대한 포상은 분명 효과적이다. 기업에서는 이러한 유인요소를 보다 활성화시켜 보안준수가 당연한 기업의 문화로 자리잡을 수 있도록 해야 한다. 대기업의 경우 많은 협력사가 있는데, 최근 협력사에 의한 기밀유출이 상당하므로 협력사에 대한 보안관리가 함께 이루어져야 한다.

2. 물리보안 측면

(1) A Type

- 별도의 보안관리 정책과 규정이 없는 기업
- 외부인의 출입통제가 필요한 기업
- 경비인력이 없는 기업
- 현재 기본 출입통제만 시행하고 있는 기업

1) 무인기계경비시스템

- 경비구역 내 경비요원의 상주가 필요 없는 통합 보안 서비스
- 침입 및 화재 등의 이상신호를 감지하게 되면 통합 주장치를 이용하여 종합상황실로 신호를 전송하고 상황실에서 상황을 파악하여 긴급 대기 요원에

게 출동을 지령하는 시스템

- 자산 및 보유정보의 폐기 규정과 절차 마련

2) 로컬경비시스템

- 경비구역 내 상주 경비요원의 대처하는 보안 서비스
- 경비대상 시설물에 출입통제시스템, 영상감시시스템 등을 설치하여 이상이 발생할 경우 동일 건물 내에 설치된 자체관제센터에서 신호를 수신하여 상주경비원이 대처하는 시스템

3) 출입통제 시스템

- 출입문마다 열쇠를 가지고 있는 자만이 문을 열거나, 열려 있는 문으로 외부인의 제한 없이 출입하던 것과 달리 카드 또는 지문인증을 이용하여 통합 관리할 수 있을 뿐만 아니라 원격제어가 가능하며 출입자 현황 파악 및 외부인을 통제할 수 있는 시스템. 최근 개인용으로 사용이 증가하고 있는 디지털 도어 락을 예로 들 수 있으며 좀 더 전문적인 보안시스템이라 할 수 있음

4) 영상출입제어 시스템

- PC를 이용해 얼굴을 확인하고, 전화를 통해 용건을 확인한 후 PC 또는 전화기의 버튼을 이용하여 출입문을 개방할 수 있는 시스템

5) 주차 입/출구 관리시스템

- 부스 안의 사람이 차량을 판단하여 수동으로 차단기를 통제하는 시스템

6) CCTV를 이용한 영상감지 시스템

- 각종 카메라를 통하여 건물의 내/외부 감시 및 녹화
- 종합 상황실 구축하여 여러 사업장을 통합관리가 가능하며, PC, 모바일 서비스를 이용한 원격 모니터링 가능
- 무인기계경비와 연동하여 통합 경비 시스템 구축

(2) B Type

- 별도의 보안관리 정책과 규정을 가지고 있고 시행하고 있는 기업

- 기본적인 출입통제시스템만 갖추고 있는 기업
- 전문 보안시스템 구축을 통해 보안의 전문성을 재고해야 하는 기업

1) 생체 인식 시스템

- 중요시설에 보안을 강화하고자 하는 경우, 분실 또는 복제가 불가능한 얼굴, 홍채, 음성, 지문 등의 생체를 이용한 시스템 구축

2) 장거리 RF 카드+CCTV를 이용한 주차 관리

- 무인 차량 출입통제로 중앙통제실에 미리 등록한 RF 카드를 출입가능 차량에 부착하여 등록된 차량만이 출입할 수 있도록 제어하는 시스템으로 출입차량 통제, 입/출 차량 관리, 만차 관리, CCTV를 이용한 사고처리 등 통합관리할 수 있는 시스템

(3) C Type

- 회사 전체의 통합보안관리를 원하는 기업
- 다른 기업보다 더 높은 수준의 보안을 요하는 기업
- 선진 보안시스템 구축을 추구하는 기업

1) 지능형 출입통제 및 영상 추적 시스템

- 유비쿼터스 개념이 적극적으로 도입되면서 단순한 출입통제, 전력 및 차량 관리의 자동화를 넘어, 개방형 네트워크를 통하여 빌딩 전체의 시스템 정보의 통합과 제어/관리를 가능하게 하는 지능형 빌딩 자동화 시스템

2) 지능형 영상 추적 시스템

- 지정한 구역의 이상물체의 출현이나 움직임을 감지하면 알람을 상황실에 알리고 물체를 자동으로 추적/녹화되며, SMS 서비스 등으로 가입자에게 알릴 수 있다.

3) 차량번호 인식시스템 적용 및 주차 입출 입구

- 장거리 RF 카드를 사용하지 않고 IP MEGA FIXCEL 카메라를 적용하여 차량 진/출입 시 진입하는 차량의 화상 및 차량번호를 인식하여 사전에 출입이 허

용된 차량은 DATA 저장과 동시에 차단기가 개방되며 통합관리가 된다.

4) 건물 내부 중요실 생체 인식 적용 출입통제 시스템과 통합서비스

- 지문이나 얼굴, 음성, 눈의 홍채 등으로 개인을 식별하는 생체 측정 기술. 유전자에 따라 모습이 개인마다 특색이 있는 것에 착안하여 한계에 이른 개인의 패스워드를 대체하려는 인식에서 시작된 시스템. 분실 위험이 없고 정확도가 높아 고도의 보안이 필요한 곳에 쓰일 시스템으로 각광받고 있다.

5) 얼굴인식 시스템

- 얼굴의 주요 요소(눈, 코, 입 등)의 특징을 추출하여 등록한 뒤 얼굴 인식 D/B와 연동하여 데이터 일치 시 출입 승인

6) 홍채 인식 시스템

- 홍채 영역 특징(동공, 홍채, 눈썹, 눈꺼풀 등)을 추출하여 등록한 뒤 출입홍채 인식 D/B와 연동하여 데이터 일치 시 출입 승인

7) 건물 Information Speed Gate 시스템 적용

- 출입관리 시스템에 사전 등록된 등록자는 출입이 가능하지만, 등록되지 않은 출입자는 안내데스크에서 신분 확인 후 출입이 가능하여 외부인 출입통제가 용이하다.

8) 건물 내부 중요실 생체 인식 적용 출입통제 시스템과 통합서비스

- 영상 추적 카메라(오토 트래킹) 적용: 지정한 구역의 이상물체의 출현이나 움직임을 감지하면 알람을 상황실에 알리고 물체가 자동으로 추적/녹화되며, SMS 서비스 등으로 가입자에게 알릴 수 있다.

9) 종합상황실 구축 및 IT 보안 장비 적용

- 토탈 보안 시스템은 기본적으로 출입통제/CCTV 시스템뿐만 아니라 전력제어, 차량관리 시스템 등 건물의 내/외적인 관리서비스를 제공하며, 이는 IT 보안 시스템을 적용한 PC를 통하여 중앙 종합상황실에서 모니터링이 가능하다.

3. 정보보안 측면

(1) A Type

- 일반 회선(xDSL, 광랜, Cable 모뎀 등)을 사용하며 내부는 공유기를 사용하여 인터넷을 사용하는 기업
- 업무용 서버(파일서버, 인사, 회계관리 서버 등)만을 운영하고 있는 기업
- 보안 솔루션의 구축이 전혀 안되어 있는 기업

1) 1단계 보안 대책

- PC/서버 보안
  - 정품 백신 설치(실시간 감시 활성화, 업데이트 설정, 주기적인 검사시행)
  - MS OS를 사용하는 경우 MS 업데이트 설정으로 최신 보안 패치에 대한 업데이트 시행

- 네트워크 보안
  - 공유기에서 제공하고 있는 보안 설정 최대한 활용
  - 유무선 공유기로 무선을 사용하는 경우에는 암호화(WAP 등) 설정으로 외부에서의 무선 접근을 차단
  - 기업의 규모가 작고 특별히 보안솔루션을 구비할 필요가 없는 기업이라 하더라도, 기업 내 PC가 웜이나 악성코드에 감염되어 좀비 PC의 피해를 입는다면 그 PC로 인해 다른 사용자들이 피해를 볼 수 있기 때문에 보안이 꼭 필요함

2) 2단계 보안 대책

- 서버 보안
  - 데이터 유실, 하드웨어 파괴 등으로 인한 서버 데이터의 보호를 위한 데이터 백업 솔루션 구축

(2) B Type

- 전용 회선을 사용하고 공인 IP를 통해 외부(지사, 공자, 지점)에서 내부 업무

용 서버로 연결하여 사용하는 기업

- 사내에 메일 서버 및 파일 서버 등을 구축하여 운영하는 기업
- 서버 데이터가 중요한 자료를 포함하고 있는 기업
- 기업 자체 연구소를 가지고 있으며 자체 연구 개발 진행 중인 기업

1) 1단계 보안 대책

- PC/서버 보안
  ① 정품 백신 설치(실시간 감시 활성화, 업데이트 설정, 주기적인 검사 시행)
  ② MS OS를 사용하는 경우 MS 업데이트 설정으로 최신 보안 패치에 대한 업데이트 시행

- 네트워크 보안
  ① 외부 접속이 필요한 서버 구간과 내부 네트워크 구간 분리(외부 공격으로 인한 피해를 줄임)
  ② 내부 네트워크 구간은 사설 IP 대역으로 변경
  ③ 공인 IP를 통해 지사 및 외부에서 편리하게 접속할 수 있으나 외부에 IP 노출 시 공격 또는 외부인 접속을 차단하고 관리할 수 있는 방안이 없음

- 보안정책 수립
  ① 각 기업은 기업 수준에 맞는 보안 정책을 세우고, 정책을 실행하기 위한 지침 마련
  ② 수립한 보안 정책과 지침을 지속적으로 공지하고, 보안이 업무에 포함된다는 것을 임직원들에게 이해시킴

2) 2단계 보안 대책

- **서버보안**: 데이터 유실, 하드웨어 파괴 등으로 인한 서버 데이터의 보호를 위한 데이터 백업 솔루션 구축
- **네트워크**: 통신 데이터 보호 및 외부 침입방지를 위한 네트워크 보안 솔루션 구축
- **스팸 필터**: 스팸, 바이러스 메일 방지 솔루션 구축

3) 3단계 보안 대책

- 정보유출방지 솔루션
  ① 정보유출 방지를 위한 솔루션 구축
  ② 정보유출 솔루션을 도입하기 위한 기준은 기업의 환경에 따라 다양하게 나타나므로 각 제품이 가지고 있는 기능을 잘 살펴 구축해야 함

(3) C Type

- 전용 회선을 사용하고 공인 IP를 통해 외부(지사, 공자, 지점)에서 내부 업무용 서버로 연결하여 사용하는 기업
- 사내에 메일 서버 및 파일 서버 등을 구축하여 운영하는 기업
- 서버 데이터가 중요한 자료를 포함하고 있는 기업
- 기업 자체 연구소를 가지고 있으며 자체 연구 개발 진행 중인 기업
- 특히, 특허나 핵심기술을 보유하고 사내 전산팀을 운영하고 있는 기업

1) 1단계 보안 대책

- PC/서버보안
  ① 정품 백신 설치(실시간 감시 활성화, 업데이트 설정, 주기적인 검사 시행)
  ② MS OS를 사용하는 경우 MS 업데이트 설정으로 최신 보안 패치에 대한 업데이트 시행

- 네트워크 보안
  ① 외부 접속이 필요한 서버 구간과 내부 네트워크 구간 분리(외부 공격으로 인한 피해를 줄임)
  ② 내부 네트워크 구간은 사설 IP 대역으로 변경
  ③ 공인 IP를 통해 지사 및 외부에서 편리하게 접속할 수 있으나 외부에 IP 노출 시 공격 또는 외부인 접속을 차단하고 관리할 수 있는 방안이 없음

- 보안정책 수립
  ① 각 기업은 기업 수준에 맞는 보안 정책을 세우고, 정책을 실행하기 위한

지침 마련

② 수립한 보안 정책과 지침을 지속적으로 공지하고, 보안이 업무에 포함된다는 것을 임직원들에게 이해시킴

2) 2단계 보안대책

- 서버보안: 데이터 유실, 하드웨어 파괴 등으로 인한 서버 데이터의 보호를 위한 데이터 백업 솔루션 구축
- 네트워크: 통신 데이터 보호 및 외부 침입방지를 위한 네트워크 보안 솔루션 구축
- 스팸 필터: 스팸, 바이러스 메일 방지 솔루션 구축

3) 3단계 보안대책

- 정보유출방지 솔루션
  ① 정보유출 방지를 위한 솔루션 구축
  ② 정보유출 솔루션을 도입하기 위한 기준은 기업의 환경에 따라 다양하게 나타나므로 각 제품이 가지고 있는 기능을 잘 살펴 구축해야 함
- WEB 보안: 웹 서버를 외부의 공격으로부터 보호하기 위한 솔루션 구축

››› 사례　김태환 "산업기술 유출 사전적발 5년간 188조원"

최근 5년간 산업기술을 해외로 유출하려다 사전에 적발된 손실 예방 금액이 188조원에 이르는 것으로 나타나 산업기술의 해외유출 대책이 제대로 된 효과를 발휘하지 못하고 있는 것으로 분석됐다.

국회 지식경제위원회 소속 김태환 한나라당 의원이 24일 산업자원부로부터 보고받은 국정감사 자료에 따르면 2003년 이후부터 지난해까지 산업기술 해외유출 적발건수는 모두 124건으로 금액으로는 187조5,500억원에 이르는 것으로 나타났다.

연도별 피해 예방금액을 보면 2003년 13조9,000억원, 2004년과 2005년에는 각각 33조원, 36조원으로 증가하다 2006년에는 13조5,730억원으로 급격히 줄었다. 하지만 지난해 91조6,500억원으로 급증하면서 2006년 대비 6.6배나 늘어난 것으로 집계됐다.

적발 건수도 2003년 6건에 불과했던 것이 이후 매년 30건 내외를 유지했고 유출혐의자도 2003년 29명에서 최근에는 100명을 훌쩍 넘는 수준으로 증가했다. 특히 적발건

수는 매년 30건 전후로 비슷한 수준인데 반해 피해금액은 2006년 14조원 대비 2007년에는 6.6배가량 급증해 고부가 첨단기술의 해외유출 문제가 심각한 것으로 분석됐다.

김 의원은 "적발되지 않아 모르는 피해액은 더욱 엄청날 것"이라며 "매년 40억여 원의 예방예산을 집행하고 있지만 피해액이 폭증하고 적발건수와 유출혐의자가 줄지 않는 것은 관리감독 체계가 허술하기 때문"이라고 말했다.

출처: 머니투데이

연습문제

1. 산업기술 유출 방지를 위한 보안 수칙을 작성하시오.
(학습 내용 중 실제 오프라인에서 직접 실천해 보고 체크할 수 있는 양식 제공)

분 류	체크 사항
산업기술 유출 방지를 보안 수칙	
해외 출장 시 보안 수칙	

2. 다음 문제의 답과 간략한 설명을 하시오.

문제 1. 다음 문장을 읽고 맞으면 O, 틀리면 X를 선택하세요.

기업의 정보보호가 문제가 되어 핵심기술 정보가 유출될 경우, 피해는 유출 당사자와 해당 업체만으로 한정된다.

정답 ›

설명 ›

문제 2. 기업의 대부분의 보안사고는 무엇에 기인하는가?

① 화재나 자연재해 ② 부정직한 마음
③ 외부의 해킹 ④ 무관심에 의한 실수

정답 ›

설명 ›

문제 3. 다음 문장을 읽고 맞으면 O, 틀리면 X를 선택하세요.

개발 중인 시제품 또는 시제품의 성능 실험, 기계장치의 시운전 데이터는 정보자산으로 볼 수 없다.

정답 ›

설명 ›

문제 4. 기업의 정보자산이 보호되기 위하여 갖추어야 할 항목이 아닌 것은?

① 가용성 ② 객관성
③ 무결성 ④ 기밀성

정답 ›

설명 ›

문제 5. 다음 중 정보화 역기능 현상이 아닌 것은?

① 해킹 ② 산업스파이

③ 음란물유포 ④ 업무의 효율성

정답 ›

설명 ›

제3장

산업자산

Ⅰ. 보유자산의 분류
Ⅱ. 정보자산의 분류

제3장 산업자산

Ⅰ. 보유자산의 분류

산업기술의 유출 및 보호대상은 산업기술이고, 이를 방지하기 위한 관련인원, 문서, 시설과 장비, 집기 등이다. 지침은 국제정보보호 표준규격(ISO/IEC 27001)을 준용하여 보호대상 자산 분류한 것이라 기술보호와 거리가 있는 책상의자와 경영정보인사기록, 송장 등이 포함되어 있다.

〈표 3-1〉 지식경제부 지침 내용

구 분	대 상	세부내용
정보자산	대상기관이 보유 관리하는 모든 종류의 정보	금융정보, 업무관련정보, 세일즈 마케팅 정보, 개인정보, 조직정보, DB정보
문서자산	대상기관이 보유, 관리하고 있는 모든 출력문서	정책, 지침, 인사기록, 업무관련 문서, 송장 등
소프트웨어 자산	정보시스템에 사용하는 프로그램	운영 프로그램, 통신 프로그램 등, 어플리케이션 프로그램
물리적 자산 인력 자산	업무에 활용되는 하드웨어 대상기관에 속해 있는 모든 인원	서버, 책상, 의자 등 내부직원, 제3자(외주업체, 컨설턴트 등), 퇴직자, 아웃소싱 직원, 고객 등
대외기관 제공서비스	대외기관에서 제공되는 서비스	정보서비스, 통신서비스, 전기, 수도, 사무실 등

산업기술보호는 지정된 산업기술과 이를 보호하기위한 관련된 자산의 보호를 주목적으로 한 것이므로 IT기반으로 한 정보자산보호와는 차이가 있고 공개되지 아니한 산업기술보호를 전제로 하므로 대상기관의 실정에 맞는 분류가 필요하다.

◈ 〈표 3-2〉 자산 유형

분 류			상세분류	자산 샘플 목록
I	정보자산	I.E	전자 정보	금융 정보, 개인 정보, 조직 기록, 증거 자료, 소스코드 등 업무 지침 및 절차 등 계약서, 소프트웨어 문서, 시스템 문서, 운영 절차, 교육 자료 등
		I.P	출력물, 인쇄물, 종이	
S	S/W 자산	S.O	운영체제	벤더별 운영체제(Sun, HP, Microsoft 등)
		S.A	사무자동화	그룹웨어, 오피스 군 등
		S.B	업무 애플리케이션	업무정보시스템, ERP, KMS 등
		S.S	보안 및 통신 소프트웨어	방화벽, IDS, IPS, VPN, ESM 등
		S.E	기타 지원 소프트웨어(개발, 관리,지원 등)	개발 유틸리티, 유지보수 지원 소프트웨어 등
H	H/W 자산	H.C	컴퓨터 및 컴퓨팅 지원	서버, PC, 중요 컴퓨팅 자원 등
		H.B	백업장비	SAN, NAS 등
		H.N	접속 및 통신 장비	라우터, 스위치, 허브, 모뎀, RAS 등
		H.S	보안 장비	방화벽, IDS, IPS, VPN, ESM 등
E	부대설비 자산	E.E	전기 공급 장치	UPS, 발전기 등
		E.H	항온항습 및 조명, 냉난방(HVAC)	항온항습장치, 제습장치 등
		E.O	기타 부대설비 자산	방재, 누수 탐지 등

Ⅱ. 정보자산의 분류

효과적인 정보보호와 지속적인 위험분석을 위하여 정보자산에 대하여 관련 자산들을 식별 및 분류하여 기록, 관리하여야 한다. 정보자산은 다음 각 호와 같이 분류될 수 있다.

- 정보/문서: 각종 업무용 DATA, 운용프로그램, 업무관련 파일(계약서, 운용 지침서 등)이나 계약서 등의 문서 자산
- 정보시스템: 서비스에 사용되는 각종 서버 및 워크스테이션, PC, 저장장치

등의 자산

- 네트워크 자산: 스위치, 라우터 등의 네트워크를 구성하기 위한 구성장비
- 보안시스템 자산: 침입차단시스템, 침입탐지시스템 등 보안 아키텍처를 이루고 있는 시스템
- 물리시설 자산: 물리적 환경을 구성하고 있는 시설 및 장비

››› 사례 산업재산권 산업기밀 유출

제조업의 방수(Water-Proof)제지 기술을 건축자재에 적용시킨 ○○ 기술을 새롭게 개발하여 특허출원에 성공한 D사는 협력업체였던 하청제조사에 제품 생산을 맡기고 기다리고 있던 중 시장에 D사의 것과 유사한 제품이 유통되고 있다는 사실을 알게 됨. 이를 수상히 여긴 D사는 상황파악에 나섰고, 하청업체 사장이 D사의 경쟁업체와 모의하여 신제품 관련 기술을 경쟁업체에 넘기고 유사한 제품을 만들어 유통시킨 사실을 확인함

- 기업유형: 건설엔지니어링
- 유출대상: 회사 핵심기술
- 유출배경: D사의 제품을 생산하던 협력하청업체에서는 평소 D사 이외에도 여러 경쟁회사들의 제품을 함께 취급했기 때문에 각 회사별로 기술정보를 파악하는 것이 용이했음
- 피해규모: 약 10억원
- 유출인지: 시장에 유사제품이 유통되고 있는 사실을 확인함으로써 인지
- 조치사항
  - 변호사를 선임하여 소송을 준비했으나 구체적인 증거가 부족하여 상대방을 처벌하지는 못하고, 공문을 보내 경고하는 차원에서 사건을 마무리함
  - 상대방보다 한 발 앞서 계약을 체결하고, 가격경쟁에서 우위를 점하는 방식 등을 이용하여 자체적으로 피해를 줄이려 노력함

분류된 정보자산을 분류된 정보자산을 [별첨1] 안에 “정보자산에 대한 기밀성, 무결성, 가용성 등급기준”에 따라 자산중요도(기밀성, 무결성, 가용성)를 평가하고 평가 값의 합을 구하고 평균값을 산정하여 [별첨2] “정보자산에 대한 등급기준”에 따라 5등급으로 나누고 이 결과를 위험분석 반영을 위한 기초자료 활용한다.

분류한 정보자산에 대한 정보자산 책임자, 정보자산 운영자, 정보자산 이용자를 [별첨1] “자산목록대장”에 기입하여 책임소재를 명확히 하여야 한다.

“자산목록대장”은 대외비로 관리되어야 하며 “자산목록관리절차”에 따라 변경 및 유지관리가 이루어져야 한다.

◈ [그림 3-1] 정보자산목록 관리절차

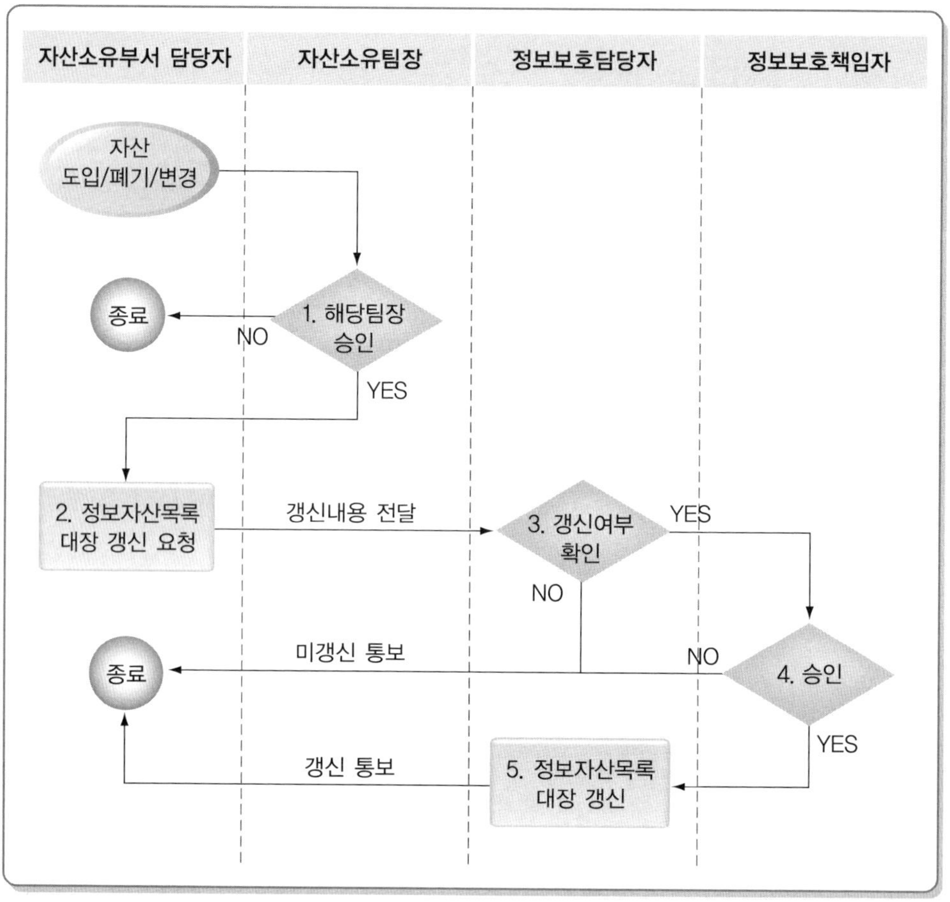

제8조(정보자산의 분류) ① 정보자산은 유형에 따라 다음 각 호와 같이 분류하여 관리한다.

1. 전자정보: 전자적인 형태로 저장되는 자산으로 데이터베이스나 데이터 파일 내의 업무 관련정보, 인사정보, 통계자료, 전자형태의 각종 문서, 매뉴얼 등 서버 및 데이터베이스 내의 각종 자료
2. 시스템 자산: 통계청에서 제공하는 IT 관련 서비스 및 관련 업무를 위해 사용되는 서버 등의 하드웨어와 관련된 OS로 유닉스 서버, 윈도우 서버 등을 포함
3. 네트워크 자산: 네트워크와 관련된 장비로 라우터, 스위치 등을 포함
4. 보안시스템: 침입차단시스템과 침입탐지시스템 그리고 취약점 분석도구와 같은 정보자산을 보호하기 위한 각종 소프트웨어, 하드웨어 등을 포함

② 정보에 보호등급이 부여된 경우, 이를 포함하는 정보시스템(서버, 애플리케이션, 네트워크 등)은 기본적으로 해당 정보의 보호등급을 그대로 이어받는 것을 원칙으로 한다.

연습문제

1. 학습자들이 학습 내용을 토대로 서로 의견을 나누고 해당 문제에 대한 의견을 작성해 주세요.

[문제] 사무보안과 문서보안을 비교해 보시오.
[답안]

2. 사무보안 수준 향상을 위한 체크리스트를 작성하시오.

(학습 내용 중 실제 오프라인에서 직접 실천해 보고 체크할 수 있는 양식 제공)

◆ 사무보안 수준 향상을 위한 체크리스트

체크 항목	Y	N
(1) 휴지통에 버려진 문서 중 일부는 보안이 필요한 자료로, 확실히 파기가 되어 있는가?		
(2) 프린트 출력물 수령이 즉시 이루어지지 않고 일부 장시간 방치되어 있는가?		
(3) 사무실 출입문 통제가 제대로 이루어지고 있는가?		
(4) 명찰 혹은 사원증 미패용이 일부 있는가?		
(5) PC 부팅 암호(CMOS 암호설정)가 설정되어 있는가?		
(6) 윈도우 로그인 암호를 주기적으로 관리하고 있는가?		
(7) 주요 도면 또는 주요 문서를 사용 후 지정된 보관함에 잘 반납하고 있는가?		
(8) 중요 도면(문서포함)의 사본이 담당자 외의 책상에도 놓여져 있는가?		
(9) 캐비넷 및 개인 책상 서랍의 잠금 장치가 잘 되어 있는가?		
(10) 외부인 출입 시 정문까지 배웅하는가?		
(11) 일부 PC에서 윈도우 보안패치 주기적인 업데이트를 진행하고 있는가?		

3.

문제 1. 전자문서 관리 시 유의사항이 아닌 것은?

① 손님(Guest) 계정은 안전하기 때문에 사용을 활성화해야 한다.
② 하나의 랜(LAN)으로 묶는 서비스를 이용하는 경우 디렉터리나 폴더를 공유하지 않는다.
③ 파일시스템을 보안에 최대한 이용하기 위하여 NTFS 파일시스템을 사용을 권장한다.
④ 암호화 파일시스템을 이용하여 중요한 파일은 암호화하여 관리하고 기업비밀의 유출에 대비한다.

정답 ›

설명 ›

문제 2. 전자문서의 정보 유출 경로가 아닌 것은?

① 출력매체 ② 전화팩스
③ 저장매체 ④ 전자메일

정답 ›
설명 ›

문제 3. 극비 및 대외비 문서 관리사항 중 거리가 먼 것은?

① 극비, 대외비등 등급별 분류를 반드시 표기해야 한다
② 대표적으로 표지에만 우측상단에 분류등급을 표기해야 한다.
③ 보관함은 항상 시건장치가 되어 있어야 하며 열쇠는 보안관리자 또는 보안담당자가 관리해야 한다.
④ 관리번호, 원본 및 사본번호, 비문의 보호기간 등을 표기한다.

정답 ›
설명 ›

문제 4. 다음 문장을 읽고 맞으면 O, 틀리면 X를 선택하세요.

회사에서 문서를 팩스로 전송할 때는 문서가 대외적으로 보안문서인지 판단은 본인 당사자가 항상 결정한다.

정답 ›
설명 ›

문제 5. 다음 빈 칸에 알맞은 단어를 쓰세요.

사무보안 메커니즘은 (①)이고, 문서보안 메커니즘은 (②)이다.

정답 ›
설명 ›

제4장

산업자산의 식별 및 평가

Ⅰ. 정보자산 식별 및 가치 평가
Ⅱ. 자산가치 분석
Ⅲ. 자산분석절차
Ⅳ. 자산분석(평가)

제4장 산업자산의 식별 및 평가

Ⅰ. 정보자산 식별 및 가치 평가

정보시스템을 구성하고 있는 자산을 식별하고, 해당 자산의 기밀성, 무결성, 가용성 정도를 평가하여, 이로부터 자산의 가치를 산정한다. 자산 목록의 작성은 제시된 기준에 의해 각 담당자가 작성하고 최종 책임자에 의해 확인 및 수정한다.

1. 자산식별

① 무엇을 식별: 정보자산 그리고 정보자산과 관련 있는 모든 자산(전자정보, 종이 문서, 소프트웨어, 하드웨어, 부대설비 등)

② 누가 식별: 자산 보호의 궁극적인 책임이 있는 자산 소유자(정보자산 소유자, 시스템 관리자, 네트워크 운영자, 부대설비 관리자). 또한, 자산은 그 수나 종류가 다양하기 때문에, 적절한 분류 기준을 정의하고 이에 따라 구분하여 파악하게 함으로써, 자산의 중복이나 누락 등의 문제를 최소화해야 함

2. 자산평가

자산을 식별했으면 다음의 3가지 측면을 고려하여 평가를 한다.

① 기밀성(Confidentiality): 인가된 사용자만이 정보의 내용을 알 수 있어야 함

② 무결성(Integrity): 정보의 내용이 변조되지 않아야 함

③ 가용성(Availability): 정보의 내용이 요구되는 시점에서 제공되어야 함

3. 자산분류

위험관리의 자산분석단계에서 작성하는 자산목록을 통상적으로 조직의 자산을 관리하기 위한 자산목록과 별도로 구분할 필요는 없다.

자산의 식별은 적절한 정보보호대책을 선택하기 위한 것이므로, 위험분석을 위한 자산의 분석과정에서 보안특성과 중요도가 동일한 같은 종류의 자산은 하나의 그룹으로 묶을 수 있다. 자산의 존재가 누락되어 적절한 보호를 하지 못할 위험이 있을 수 있으므로 가능하다면 완전한 자산목록을 사용한다. 자산목록에는 자산 유형, 자산 또는 자산 그룹을 식별하기 위한 식별번호, 자산 명, 자산의 설명, 소유자(책임자), 관리자, 기밀성, 무결성, 가용성 요구사항이 명시되어야 한다.

[그림 4-1] 자산분류목록

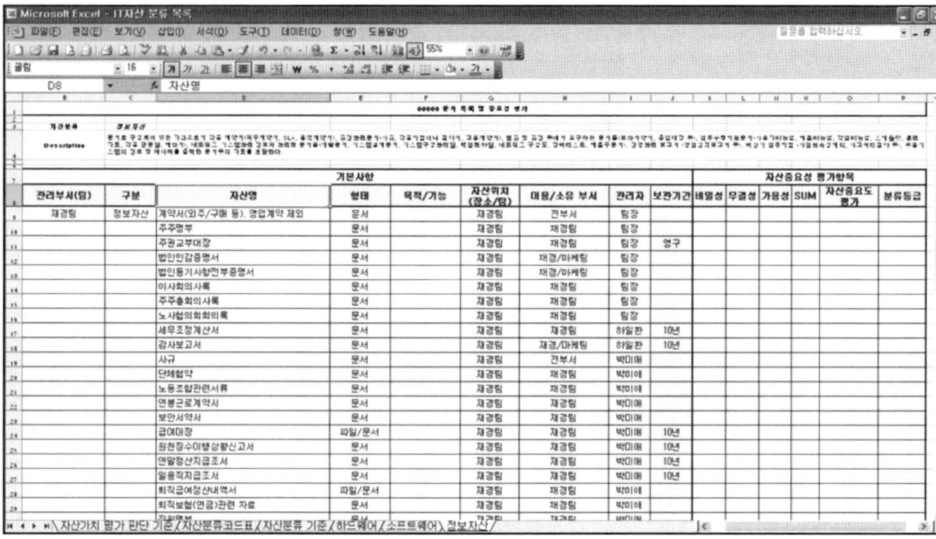

관리부서(팀)	구분	자산명	형태	목적/기능	자산위치 (장소/팀)	이용/소유 부서	관리자	보관기간	비밀성	무결성	가용성	SUM	자산중요도 평가	분류등급
재경팀	정보자산	계약서(외주/구매 등), 영업계약 제외	문서		재경팀	전부서	팀장							
		주주명부	문서		재경팀	재경팀	팀장							
		주권교부대장	문서		재경팀	재경팀	팀장	영구						
		법인인감증명서	문서		재경팀	재경/마케팅	팀장							
		법인등기사항전부증명서	문서		재경팀	재경/마케팅	팀장							
		이사회의사록	문서		재경팀	재경팀	팀장							
		주주총회의사록	문서		재경팀	재경팀	팀장							
		노사협의회회의록	문서		재경팀	재경팀	팀장							
		세무조정계산서	문서		재경팀	재경팀	하일환	10년						
		감사보고서	문서		재경팀	재경/마케팅	하일환	10년						
		사규	문서		재경팀	전부서	박미애							
		단체협약	문서		재경팀	재경팀	박미애							
		노동조합관련서류	문서		재경팀	재경팀	박미애							
		연봉근로계약서	문서		재경팀	재경팀	박미애							
		보안서약서	문서		재경팀	재경팀	박미애							
		급여대장	파일/문서		재경팀	재경팀	박미애	10년						
		원천징수이행상황신고서	문서		재경팀	재경팀	박미애	10년						
		연말정산지급조서	문서		재경팀	재경팀	박미애	10년						
		일용직지급조서	문서		재경팀	재경팀	박미애	10년						
		퇴직급여정산내역서	파일/문서		재경팀	재경팀	박미애							
		퇴직보험(연금)관련 자료	문서		재경팀	재경팀	박미애							

분류기준은 다음과 같이 10개 내외의 구분을 하는 것이 일반적이다.

〈표 4-1〉 자산분류 예

자산 분류	설 명	해당 예
정보/데이터	유형, 무형의 정보 또는 데이터	고객정보, 인사정보, 인사정보
하드웨어	시스템 하드웨어	서버, 네트워크 장비PC, 네트워크 장비, 저장장치
소프트웨어	패키지소프트웨어, 응용소프트웨어	OS, 패키지 S/W, 개발응용 S/W
서 류	문서 형태의 출력물	계약서, 기획서, 사용자 매뉴얼

자산 분류	설 명	해당 예
물리적 자산	시스템 하드웨어를 제외한 물리적 자산	UPS, 항온항습기, 팩스, 프린터, 복사기
인 력	정보시스템 사용, 운영 및 관리를 담당하는 인력	서버 운영자, 네트워크 운영자
기 타	무형의 이미지	회사의 이미지, 평판 및 브랜드

정보자산은 H/W, S/W, 설비, 데이터, 문서, 인적자원 등 6개 그룹 다음과 같이 분류한다.

◈ 〈표 4-2〉 자산분류의 예

자산 유형	설 명	해당 항목
H/W	시스템 H/W	서버, PC, 네트워크 장비
S/W	패키지, 응용소프트웨어	구입 OA, 패키지 S/W
설 비	시스템 H/W를 제외한 물리적 자산	프린터, 출입통제장치 등의 설비
데이터	유형, 무형의 정보 또는 데이터	업무 데이터, 파일, DB
문 서	문서 형태의 출력물	지침, 사용자 매뉴얼 등
인적자원	직원	시스템을 다루는 직원

Ⅱ. 자산가치 분석

1. 자산가치 평가

자산을 식별했으면 기밀성, 무결성, 가용성 3가지 측면에서의 중요도를 고려하여 평가를 해준다.

- 기밀성(Confidentiality: C): 인가된 사용자만이 정보의 내용을 알 수 있어야 한다.
- 무결성(Integrity: I): 정보의 내용이 변조되지 않아야 한다.
- 가용성(Availability: A): 정보의 내용이 요구되는 시점에서 제공되어야 한다.

◈ 〈표 4-3〉 기밀성 평가

정도	질문 사례	수준 해설
High (상)	유출시에 기업, 고객, 종업원에게 손상을 줄 민감한 데이터인가? 급여데이터, 임원메일, 법적정보, 마케팅 전략, 개발 및 특허 정보 등이 이 영역에 포함됨	조직 내부에서도 높은 비밀등급의 부여가 요구되며, 일반에게 공개되는 경우 개인이나 조직의 안전 및 프라이버시에 심각한 영향을 초래할 수 있고 조직의 사업진행에 치명적인 피해를 줄 수 있는 수준이다.
	누출시 개인의 프라이버시를 손상시키는가?	
	누출시 기업의 경쟁력을 감소시키는가?	
	누출시 기업에 손상을 주는가?	
	이 정보는 기업의 전략, R&D의 방향, 기술의 발전 등에 대한 정보에 포함되는가?	
Medium (중)	특정부서의 종업원들만의 사용을 위한 정보인가?	조직 내부에서만 공유되어야 하며, 일반에게 공개되는 경우 개인이나 조직의 안전 및 프라이버시에 상당한 영향을 초래할 수 있고 조직의 사업 진행에 상당한 문제를 발생시킬 수 있는 수준이다.
	외부부서나 조직외부에 누출시 기업에 부정적인 영향을 초래하는가?	
	조직의 정책, 표준, 절차, 운영보고서, 내부 공지사항, 벤더 가격, 고객의 정보들에 속하는가?	
Low (하)	공개가능한 정보이며, 공개시 사업적/법적 고려를 필요로 하지 않는 정보인가?	일반에게 공개되어도 개인이나 조직의 안전 및 프라이버시에 영향이 크지 않고 조직의 사업 진행에 대한 피해가 무시할 수 있는 수준이다.
	공적 공지사항, 특별한 문제가 없는 내부의 의사소통 등을 포함하는가?	
	웹사이트나 마케팅 material me를 통해 공개적으로 가용한 정보인가?	

◈ 〈표 4-4〉 무결성 평가

정도	질문 사례	수준 해설
High (상)	이 애플리케이션으로부터의 정보/output에 근거하여 핵심적인 사업결정이 이루어지는가?	
	데이터의 에러는 다른 연계된 시스템에 전파되는가?	
	손상된 데이터는 매출, 고객서비스, 운영에 심각한 영향을 미치는가?	
	이 데이터에 대한 무결성 문제는 실제 금전적 손실에 상당한 영향을 미치는가?	

정 도	질문 사례	수준 해설
High (상)	이 시스템/정보는 전역적으로 중요한가?	고의나 사고에 의해 변조되거나 일부 오류가 발생하는 경우 조직의 사업진행에 치명적인 피해를 줄 수 있고, 이로 인한 손실의 크기가 막대하다.
	이 시스템에 대한 변경은 자주 일어나며 이 시스템과 연관된 정보의 사용은 상당히 증가하며 점점 중요해지는가?	
	이 시스템은 여러 다른 시스템들과 통합되어 있거나 다른 여러 플랫폼과 인터페이스가 이루어지는가?	
	이 정보/시스템에 대한 확인과 백업이 거의 없고 문서화도 거의 존재하지 않는가?	
	대부분의 데이터 요소가 확인되고 소스문서 또는 다른 애플리케이션시스템과 비교되는가?	
Medium (중)	데이터 에러가 다른 시스템을 파손시킬 확률이 보통인가?	고의나 사고에 의해 변조되거나 일부 오류가 발생하는 경우 조직의 일부 사업진행에 상당한 문제를 발생시킬 수 있고, 이로 인한 손실의 크기가 크다.
	기업의 의사결정이나 운영이 이 정보에 의존하는가? 이 데이터에 대한 무결성 문제가 금전적 손실에 영향을 미칠 수 있는가?	
	이 시스템/프로세스/애플리케이션은 몇몇 특정부서에만 한정되는가?	
	이 시스템은 자주 변경이 이루어지지 않으며, 이 시스템과 연관된 정보에 대한 사용은 보통인가?	
	이 시스템은 다른 몇몇의 시스템과만 통합되어있고 상대적으로 적은 인터페이스만 가지고 있는가?	
Low (하)	여가의 데이터는 정보의 2차적 소스로 사용되고 신뢰성이 그다지 강하게 요구되지 않는가?	고의나 사고에 의해 변조/조작되는 경우 조직의 사업진행에 피해가 거의 없고, 이로 인한 손실의 크기가 크지 않다.
	기업의 의사결정이나 운영이 이 애플리케이션의 정보에 그다지 의존하지 않는가?	
	무결성 문제가 금전적 손실에 거의 영향을 미치지 않는가?	
	이 시스템은 stand-alone이며 단일한 부서에만 사용되는가?	
	이 시스템은 상대적으로 안정적이고 변경이 거의 없는가?	

◈ 〈표 4-5〉 가용성 평가

정 도	질문 사례	수준 해설
High (상)	기업의 주요한 사업기능을 수행하기 위해 데이터가 매일 요구되는가? 데이터가 가용하지 않을 경우 기업의 매출, 이익, 고객의 복지 등에 상당한 금전적 손실을 가져오는가? 시스템의 연속성에 대한 법적 요구가 존재하는가?	접근 또는 서비스가 중단되는 경우 조직의 사업진행을 중단하게 하는 치명적인 수준이며, 이로 인한 손실의 크기가 막대하다.
Medium (중)	데이터가 가용하지 않을 경우 종업원의 생산성의 급격한 감소를 가져오는가? 데이터가 가용하지 않을 경우 기업의 생산성 및 손실의 약간의 감소를 가져오는가? 가용성 문제발생시 직원들이 약간의 기간 동안 수작업 등으로 효율성 감소로서 작업을 지속할 수 있는가?	접근 또는 서비스가 중단되는 경우 사업진행에 상당한 지장을 줄 수 있는 수준이며, 이로 인한 손실의 크기가 크다.
Low (하)	주요한 관련 기능을 수행하기 위해 즉각적인 데이터의 접근이 요구되지 않는가? 수작업이 어느 정도의 기간 동안 작업을 지속하기 위해 수행될 수 있는가?	접근 또는 서비스가 중단되는 경우 사업진행에 대한 지장이 무시할 수 있는 수준이며, 이로 인한 손실의 크기가 크지 않다.

등급은 위의 예시처럼 3등급이 적정할 것이나, 기업의 특성상 더 자세한 기준을 적용하는 것이 필요하면, 4등급 또는 5등급으로 세분화하는 것도 가능하다. 또한, 첨단정보를 취급하는 기업에서는 기밀성만 고려해서 위험분석 작업을 진행해도 전체적으로 의미 있는 결과를 얻을 수 있으므로, 그런 경우는 아래의 예에서 기밀성에 관해 언급된 부분만을 발췌하여 적용하면 되겠다.

2. 자산그룹핑

조사된 자산을 기밀성, 무결성, 가용성 평가 결과에 기초하여 자산 유형, 보안 특성, 중요도가 같은 것들을 묶어서 공통 자산 그룹으로 명시하며, 관련 위협 및 취약점 평가와 위험평가를 수행할 때 3가지 특성에 근거하여 결과가 달라지므로 같은 결과가 나오는 자산에 대하여 동일한 작업을 여러 번 반복하지 않기 위함이다. 자산의 수가 적고 결과가 다양하여 이후의 분석에 걸리는 시간 차이가 크지 않다면 굳이 그룹핑을 하지 않아도 된다.

◈ [그림 4-2] 자산 그룹핑 예

Category	Information	Paper	Software	Physical	People	Image	Service
	Financial information	Contract details	Operating system software	Computing resources	Managers	Confidence factor (in organisation)	Information services
	Patented IPR/copyrighted material	Guidelines	Standard application programs	Networks	Computer personnel	Confidence factor (in services offered by the organisation)	Communication services
	Sales/marketing information	Company documentation	Applications developed for special purposes	Computer	Network personnel	Image and reputation of the organisation	Service level agreements
	Work related information and files	Documents containing important business results	Development tools and utilities	CPUs, memory	Communications personnel	Brand names	Air conditioning
	Corporate information	HR records	System utilities and support	IC, chips, etc.	Developers	Trademarks	Power
	Personnel information	Purchase documents	Test programs	Card devices	Security personnel	Adverse publicity	Water
	Organisational records	Invoices	Communications software	I&A devices	Administrators	Failure to deliver	Heating/Lighting
	Customer details			Laptops	Cleaning personnel		Offices
	Payment details			Palmtops, PDAs and organisers	Temporary personnel		Computer rooms
	Product information			Printers	Third party staff		Operations centre
	Databases			Terminals	Teleworking arrangements		Network management centre
	Test data			Magnetic card readers	Outsourcing arrangements		UPS
	Ability to provide evidence			Monitors, displays	Other employees (specify in description)		Standby generator
	Backup procedures			Other hardware (specify in description)	Customers		Auxiliary power
	Business continuity plans			Discs			Computing
소분류	Fallback arrangements			CD-ROMs			Gas
	Incident handling procedures			Programmable ROMs			Intruder alarms
	Software documents			DVDs			Fire control
	System documentation			Tapes			Other technical services
	User manuals			Cables			Other Accomodation
	Operational documents (manuals, schedules)			Switches			
	Training material			Firewalls			
	Other information			Routers			
	Data files			Hubs			
				Modems			
				Telephones			
				Fax machines			
				Mobile (cellular) phones			
				Servers			
				Communication equipment			
				Cabinets			
				Safes			
				Furniture			
				UPS			
				Standby generator			
				Auxiliary power			
참조	ISP, Masterplan, Groupware 등	계약서, SLA 등	ERP 內 자산리스트 (License 보유 S/W)	ERP 內 자산리스트	Groupware 內 인력현황	해당 사항 없음	계약서, SLA 등
순자산가치	하	중	중	상	하	하	중
정보가치	상	상	중	중	상	상	상

Ⅲ. 자산분석절차

◈ [그림 4-3] 자산분석절차

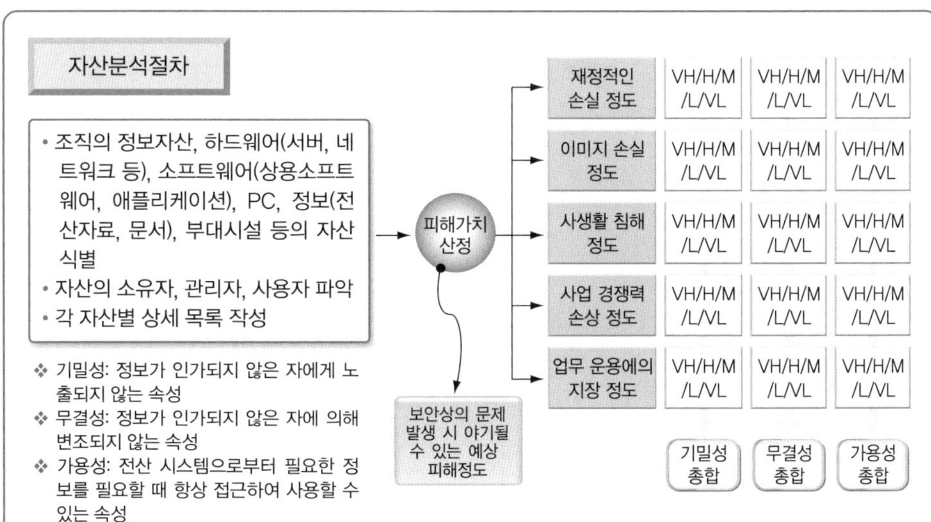

주) 피해가치 산정 기준항목은 미국 표준 기술연구소(NIST)의 "Mapping Types of Information and Information Systems to Security Categories"에서 분류한 운용(Operations), 재정(Assets), 사생활(Individuals) 측면 항목과 MS(Microcoft)이 "보안 위험관리가이드"에서 분류한 경쟁우위, 법률/규제, 운용가용성, 시장평판 항목을 기반으로 하여 국내의 정보자산 분석 및 평가 기준에 적합한 항목으로 도출하였음.

Ⅳ. 자산분석(평가)

자산분석을 통하여 조직의 자산을 파악하고, 자산의 가치 및 중요도를 산출하며, IT 자산과 업무처리와의 관계도 알아낼 수 있다. 자산분석은 위험분석 결과의 정확도를 결정하는 매우 중요한 과정이다. 특히 자산분석은 자동화 도구를 100% 활용할 수 없는 과정이기도 하다. 물론 네트워크에 연결되어 있는 시스템들은 자동화 도구를 이용하여 파악이 가능하지만 이는 파악에 그칠 뿐 실질적인 가치산정이나 중요도를 평가하는 데는 도움을 주지 못한다. 뿐만 아니라 자산분석을 통하여 업무처리와 자산 간의 관계를 점검함으로써 위험관리와 다른 경영관리 체계와의 연계를 손쉽게 할 수 있다. 결국 위험분석의 목적이 업무처리를 안전하고 사고 없이 운영하기 위한 것이므로 업무처리를 반영한 위험 분석이 조직에 실질적인 도움을 줄 수 있다. 자산분석 과정은 크게 자산조사와 자산가치산정의 두 가지로 나눌 수 있으며, 자산조사 과정에서는 조사할 자산의 범위를 설

◈ [그림 4-4] 자산분석 과정

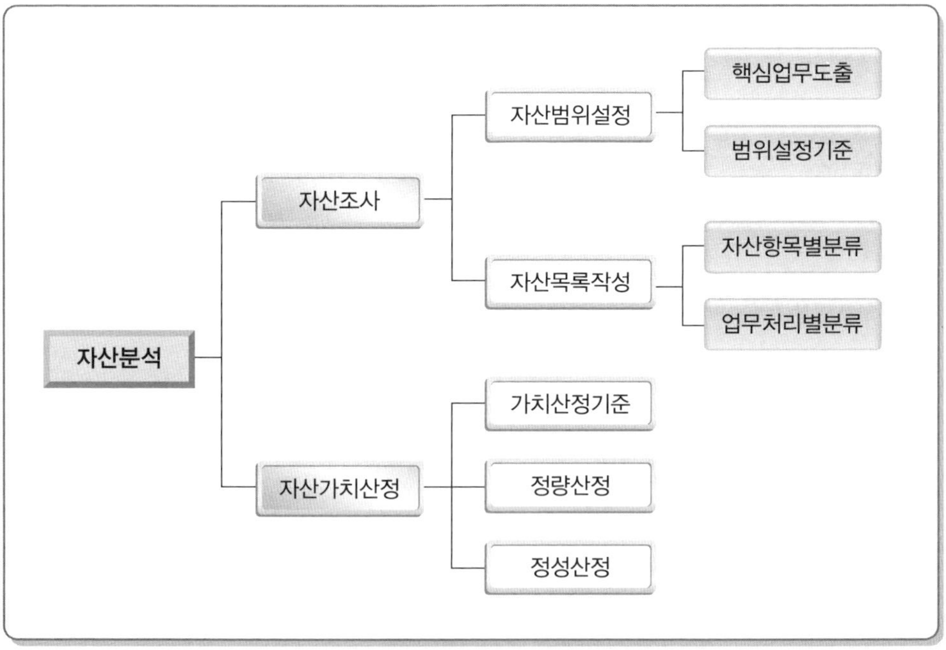

정하고, 자산목록을 작성한다. 자산가치산정 과정에서는 자산을 정량적 또는 정성적으로 산출하는 기준과 절차를 정의한다.

1. 자산조사

자산조사는 조직의 운영/경영에 중요한 영향을 미치는 다양한 IT 자산을 식별하고, 분류하는 작업으로서, IT 자산에 관한 적절한 관리는 조직의 자산을 적절하게 보호하는데 있어서 필수적인 과정이다. 정확한 자산조사만으로도 기본적인 위험관리가 가능할 만큼 자산조사는 매우 중요하다. 자산조사 수행에는 많은 시간, 노력, 인력, 정보가 필요하고, 따라서 조직에서 요구하는 보안수준(일반적으로 보안정책에 기술)과 업무처리(Business Process)에 맞는 조사가 필요하다.

자산조사 방법은 크게 자산범위설정과 자산목록작성으로 나뉜다.

(1) 자산범위설정

자산범위 설정 시에는 반드시 업무적인 측면을 고려해야 한다. 즉, ① 조직의 운영/경영 측면의 검토 ② 핵심 업무처리(Business Process) 도출 ③ 범위 설정 기준 도출의 과정을 거쳐 범위설정을 해야 한다. 핵심 업무처리 도출은 조직의 목표와 업무의 중요도 등을 고려하여 도출하고, 도출된 핵심 업무처리를 IT 보안 측면에서 타당한지 검토한다. 예를 들면 어느 조직의 경우 배송업무가 핵심 업무가 될 수 있지만 정보시스템 보안이란 측면에서는 제외될 수 있다.

자산조사 범위 선정 기준 도출은 자산조사 범위를 조직의 IT 환경과 업무목적에 맞게 설정함으로써 위험분석의 정확도를 높이고 불필요한 작업을 사전에 예방하고자 하는 것이다. 최종적인 범위 선정 기준은 보안정책(General Security Policy)에 기술된 보안 요구 수준과 조직의 경영측면에서 핵심 업무처리를 고려하여 보안이 필요한 자산 범위 파악 및 경영진의 요구 사항과 보안예산 범위 등을 고려하여 조직의 환경에 맞는 선정 기준을 도출하도록 한다. 이 과정을 통해 나올 수 있는 최종 결과물로는 핵심 업무처리, 범위 선정기준 및 우선순위, 최종 선정기준 등이다.

(2) 자산목록작성

자산목록작성은 자산 범위 설정을 통하여 파악된 조직의 규모와 운영목적 및 환경을 바탕으로 위험분석 대상 자산의 실질적인 파악 작업이다. 자산범위 선정 기준을 통하여 파악된 핵심 업무처리와 기타 선정기준의 범위 내에서 작성한다. 경영진의 요구나 보안예산의 제약으로 인하여 분석으로 제외된 자산(인적, 물적 자산 포함)은 위험분석 과정을 통하여 중요성이 인식될 경우 분석 결과에 따라 재고될 수 있다. 자산목록 작성은 자산범위(Boundary of Asset)에서 정의된 기준에 따라 가능한 모든 IT자산을 나열할 수 있어야 한다. 자산 목록 작성 시 고려해야 될 사항은 아래와 같다.

- 자산항목별 분류 및 자산범위에 따른 선별
- 업무처리를 고려한 자산조사
- 조직을 고려한 자산조사
- 업무처리와 자산 간의 관계 정립
- 자산항목별 분류 및 조사

자산목록은 크게 자산항목별 분류 및 조사와 업무처리별 분류 및 조사의 2가지 관점에서 작성이 가능하다.

1) 자산항목별 분류 및 조사

자산을 항목별로 분류하여 조사하는 방법은 IT 관점에서 자산을 체계적으로 파악하고 관리하기에 용이하다. 그러나 업무처리를 파악하는 데는 어려움이 많다. 자산항목별 분류 및 조사는 자산의 유형과 성질을 바탕으로 다음과 같이 크게 7개의 대분류로 나누고, 이를 다시 세분화해서 분류한 뒤 목록을 작성할 수 있다.

- 하드웨어(H/W)
- 운영체제(O/S)
- 응용소프트웨어(Application)
- 네트워크(Network)

- 데이터(Data)
- 사용자(Users)
- 환경(Environment)

(가) 하드웨어(H/W)

전산 시스템에서 기계적, 전자적, 전기회로적인 물리적 특성을 갖는 자산을 말하며, 데이터를 각종 방식(연산, 저장, 출력 등)으로 처리할 수 있는 능력을 가진 자산을 말한다.

- 세부항목
  ① 시스템 본체, 하드디스크(내장), 하드디스크(외장), Tape Cartridge, CD ROM, System terminal, 광파일서버, Disk Array, Juke Box, 프린터, 프린터서버

(나) 운영체제(O.S)

운영체제는 컴퓨터 H/W를 효율적으로 운영하기 위한 일종의 소프트웨어로서 자원의 균형 있는 사용 및 처리 능력의 자동화를 통해 운영의 능률과 신뢰성을 높이는 역할을 한다.

- 세부항목: UNIX, DOS, Win95, WindowNT, LINUX, MVS, Window3.1

(다) 네트워크(Network)

네트워크는 데이터를 서로 다른 시스템 간에 공유할 수 있는 기능을 제공할 수 있는 하드웨어 및 소프트웨어를 말한다.

- 세부항목: Network OS, OS Application, DSU, HUB, Router, Repeater, Bridge, Gateway, ESS(교환기), Modem, Interface Card, Cabling, Protocol Types, LAN Types, WAN Types, Firewall, Access Control S/W

(라) 데이터(Data)

데이터는 전산 시스템에 저장, 처리, 연산될 수 있는 전자 정보를 말한다.

• 세부항목: User's Data, Employee Data, Financial Data, Contract Data, Project Data, System Data

(마) 응용소프트웨어(Application S/W)

응용 소프트웨어는 컴퓨터 시스템을 문서편집, 급여계산, 정보처리, 계산 등 사용자가 필요한 특정 분야에 사용하기 위하여 작성된 소프트웨어를 말한다.

• 세부항목: Word Processing, Security S/W(Encription) 등

(바) 사용자(User)

사용자는 정보시스템을 사용하는 운영자, 개발자, 분석가, 이용자 등의 모든 인력을 말한다.

• 세부항목: System Administrator, Risk Analyst, Risk Manager, Security Manager, System Operator, Application Programmer, Project Manager, IS Auditor, Product Vendor, System Programmer, Data Base Administrator

(사) 환경(Environment)

환경은 정보 시스템과 간접적 관계를 가지고 있는 유형, 무형 자산을 통칭한다.

• 세부항목: Security Controller for external device(Robot), 무정전전원장치(UPS), CO_2 화재통제 시스템, 항온항습기, 차폐벽, Fax machine 등

2) 업무처리(Business Process)별 자산 분류 및 조사

일반적으로 IT 위험분석 수행 시 자산을 중심으로 분석해 왔으나 이는 대상조직에 잠재하고 있는 위험(Risk)의 실체를 파악하는 데 부족하다. 위험의 피해(Impact)는 IT 자산 각각에 가해지기도 하지만 궁극적으로는 IT 자산이 조합되어 수행되어지는 업무처리에 대해 가해지는 것이다. 업무처리와 자산 간의 관계를 정립함으로써 각 자산의 가치와 중요도를 더욱 정확하게 파악할 수 있다. 비용효과분석이나 대응책분석에 업무처리를 고려할 경우, 보다 정확하고 효과적인 결과를 얻을 수 있다. 업무처리별 자산 분류 및 조사는 자산 범위 설정 시 작성되었

던 업무처리에 조사된 7가지 항목별 자산들을 해당 업무에 맞게 분류하여 작성한다.

2. 자산가치 산정

자산가치 산정은 자산의 중요도를 파악하고 위협(Threat)이 발생할 경우 있을 수 있는 피해(영향: Impact)를 측정하기 위한 정보를 얻기 위해 위험분석 대상 자산의 가치(Value)를 정량 또는 정성적인 방법으로 평가하는 과정이다. 자산의 가치를 측정하는 과정은 위험분석에서 가장 어려운 과정 중의 하나이다. 이는 IT 자산이 금융자산과는 달리 자산 자체가 화폐가 아니기 때문에 화폐 단위로 환산하는 과정을 거쳐야 하기 때문이다. IT 자산은 속성상 화폐 단위로 환산하기가 매우 어렵다. 위험분석 중 정량분석은 자산의 화폐가치에 기반을 두고 위험을 측정하기 때문에 자산의 가치가 분석의 정확도를 결정하는 데 중요한 역할을 하게 된다.

◈ [그림 4-5] 자산가치 적용 Flow 예(1)

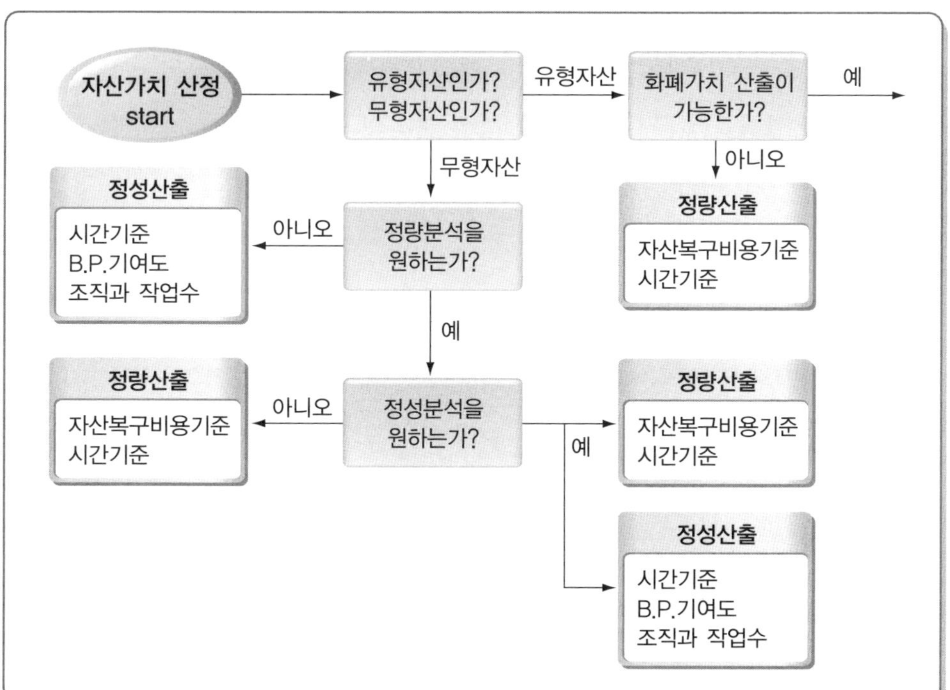

[그림 4-6] 자산가치 적용 Flow 예(2)

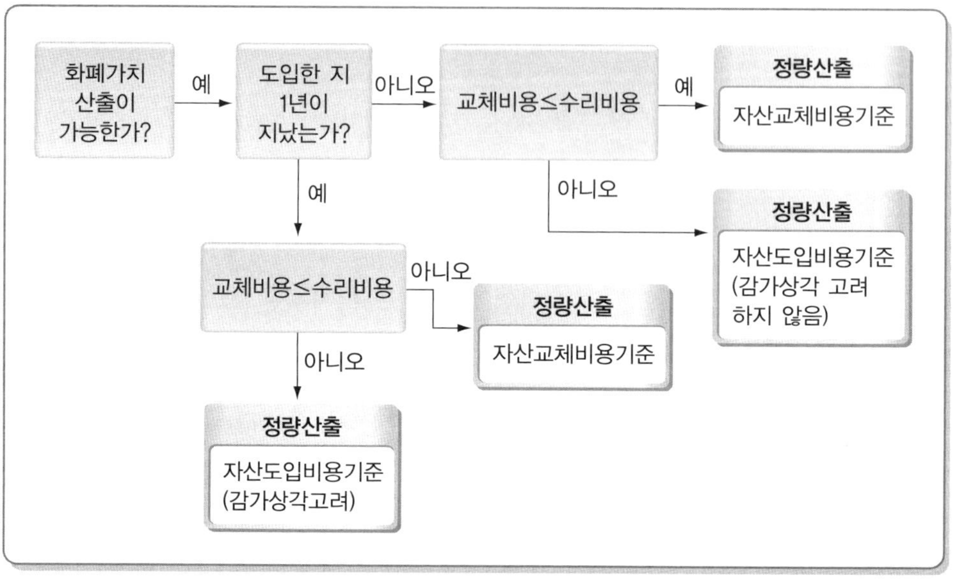

자산가치를 산정하는 방법에는 크게 정량적 방법과 정성적 방법 두 가지가 있다. 자산의 특성에 따라 정량적인 수치로 산정이 가능한 것도 있으나, 그렇지 못한 경우도 많으므로 정확한 자산가치를 산정하기 위해서는 두 가지 방법을 모두 혼용하여 사용한다. 전체적으로 정량/정성 분석의 가치기준을 적용하는 flow를 예로서 [그림 4-5], [그림 4-6]과 같이 나타낼 수 있다.

››› 사례 영업비밀 또는 노하우, 산업기밀유출 사례

A사의 연구소에서 국책과제를 준비 중이었던 연구원 B, C가 한달 간격으로 회사를 그만두고, 얼마 후 팀장 D까지도 개인 신상문제를 이유로 퇴사함.

몇 개월 뒤 국책과제 입찰을 위해 사업제안서를 발표하는 장소에서 퇴사한 B, C, D가 경쟁업체 대표로 나와 A사의 콘텐츠를 가지고 프레젠테이션을 하고 있는 것을 목격함.

- 기업유형: 정보통신
- 유출대상: A사가 준비중이던 온라인 교육콘텐츠 사업 기술제안서, 노하우, 관련 DB 등 영업비밀 일체

- 유출배경: 업계 전반적으로 새로운 아이디어와 노하우가 거의 고갈된 상태여서 새로운 콘텐츠 개발이 절실한 상황임
- 피해규모: 약 10억원 규모의 국책과제 입찰에서 탈락하고 사업권은 경쟁업체로 넘어감
  - 경쟁업체는 유출기업의 콘텐츠뿐만 아니라 기술제안서, 인적네트워크 등을 이용하여 다수의 유사계약을 체결함
- 유출인지: 사업제안서 발표 장소에서 마주침
- 조치사항
  - 과제관리 기관에 항의해 보았으나 별 소득이 없었음
  - 혐의에 대한 입증사유가 부족하여 특별한 대응을 하지 못함

연습문제

1. 산업보안의 관리와 보안시행의 두 가지 측면에서 바람직한 산업보안체계를 수립해 나가기 위해 가장 중요한 점은 무엇일까요? 전문가의 의견을 작성하시오.

[답안]

2. 외부인 출입보안관리를 위한 체크리스트를 작성하시오.
(학습 내용 중 실제 오프라인에서 직접 실천해 보고 체크할 수 있는 양식 제공)

외부인 출입보안관리를 위한 체크리스트

분 류	Y	N
내방객에게 임시출입증 패용 후 동행하여 출입하도록 했는가?		
정기출입자의 경우 출입증 색상은 임직원과 구분되도록 하여 정문에서 교부/회수하고, 명부를 비치하여 관리하고 있는가?		
임시출입자는 대장에 인적사항, 목적, 방문대상 직원 등을 기재하고 면회실을 이용했는가?		
협력업체 직원, 전산실 보수 등 목적으로 정기 출입자에게는 신원확인에 필요한 서류 및 보안유지서약서를 요구했는가?		

3.

문제 1. 다음 문장이 맞으면 O, 틀리면 X를 선택하세요.
출입보안에서 외부인 중 상시 출입자의 출입증은 임직원의 출입증과 같아야 한다.

정답 ›

설명 ›

문제 2. 반출입 물품을 통제할 수 있는 감시장치가 아닌 것은?

① X-레이 투시기
② CCTV
③ 문형탐지기(EAS)
④ 슬라이딩 게이트

정답 ›

설명 ›

문제 3. 다음 중 내방객 보안관리 중 적절하지 않은 설명은?

① 전산실 보수 등 목적으로 정기 출입하는 자는 신원확인에 필요한 서류만 확보하며 보안유지 서약서는 요구하지 않는다.
② 회사 내로 휴대해서 들어가지 못하는 품목(예: 카메라 등)이 명시되고 점검되어야 한다.
③ 방명록은 반드시 방문자 본인이 쓸 수 있도록 리셉셔니스트가 안내해야 한다.
④ 리셉션 통제를 받은 후에도 출입통제시스템을 통해 한 번 더 통제받고 사내로 들어갈 수 있도록 하는 체계를 갖추어야 한다.

정답 ›

설명 ›

문제 4. 출입통제방식 중 적절치 못한 것은?

① 인터컴　　② 보안요원에 의한 육안 통제
③ CCTV　　④ 출입허가 서류

정답 ›

설명 ›

문제 5. 협력업체 출입보안의 세부 규정 중 적절하지 않은 것은?

① 개인정보유출방지를 위한 정보보호서약서를 징구한다.
② 분기 2회 이상 해당 협력업체의 관련 문서 및 시스템 보안 상태를 점검한다.
③ 사내에 상주 근무하는 협력업체의 책임자를 대상으로 반기 1회 이상 보안교육을 실시한다.
④ 사내의 협력업체 출입자에 대해서 최초 출입 시 정보보호서약서를 한 번만 징구하면 된다.

정답 ›

설명 ›

제5장

자산의 위험평가

Ⅰ. 위험관리 필요성
Ⅱ. 위험관리 역사
Ⅲ. 위험관리란?
Ⅳ. 위험관리 방법론
Ⅴ. 위험분석
Ⅵ. 위험분석 방법론 모델
Ⅶ. 위험평가 활동
Ⅷ. 위협분석(평가)
Ⅸ. 대응책 분석(평가)
Ⅹ. 위험 시나리오(자산-취약성-위협-대응책 맵핑)
Ⅺ. 위험산출 및 평가
Ⅻ. 위험처리절차
XIII. 역할과 책임
XIV. IT 위험관리 시스템 구축 방안
XV. 위험관리 국내외 사례 조사

제5장 자산의 위험평가

Ⅰ. 위험관리 필요성

최근 기업의 경영활동이 글로벌화되면서 이를 둘러싸고 있는 경영환경도 급변하게 되었다. 이로 인하여 기업이 처한 위험의 유형도 더욱 더 다양해지고, 그 빈도도 증가하게 되었다. 또한 IT가 모든 비즈니스의 중추적인 역할로 자리매김하고 있으며, 비즈니스의 중심이 되는 데이터가 모여 있는 데이터 센터 장애, 데이터 손상, 보안 침해 등에 의한 심각한 데이터 손실은 기업에게 치명적 상처를 가져올 수 있다. 이러한 비즈니스 위협을 관리하기 위하여 위험의 측정, 여러 위험의 평가, 그리고 활동의 계획 및 실행은 성공을 위하여 필수적인 것들이다. 위험관리는 광범위한 분야이며, 또한 위험을 관리하는 프로세스를 논의할 경우에는 산업별 비즈니스 환경에 처해 있는 각각의 위험들을 확실히 정의되어야만 한다. 위험에 관해서 실제 관련 전문가들이나 실무자들이 가장 고심하게 되는 것은 위험이라는 단어가 실제로 무엇을 의미하는가를 정의하는 것이다. 위험들은 다양한 모양과 크기로 나타난다. 특히, 위험에 대한 많은 정의 혹은 위험에 대한 해석들이 있다.

IT에서 위험관리는 수많은 다양한 형태들을 지니고 있다. IT 위험관리의 어려운 요소는 비즈니스 프로세스들 및 관련 기술에 내재되어 있는 위험 영역의 폭넓은 점뿐만 아니라 해당 비즈니스의 핵심 부문, 즉 IT를 관리하는데 따른 위험들에게 있다. IT 위험관리는 과거부터 오늘날까지 계속해서 진화하고 있다. IT 위험관리의 성숙화라는 이러한 진행은 초기에 보안을 중심으로 시작하여 오늘날에는 IT 위험만이 아니라 조직들이 직면하고 있는 과도한 법규 및 업계의 요구사항들을 대상으로 하여 정교하면서도 글로벌한 위험관리 프로그램들을 만들고 있다.

우리의 기업이 경영활동이 세계화되고 글로벌 경영기업으로 탈바꿈하면서 이를 둘러싼 경영적 요소 및 환경도 급변하게 되어 기업이 처한 리스크의 유형이나 빈도가 더욱 증가하게 되었다. 특히, 인터넷 환경하의 정보시스템은 기업 경영의 효율성을 증가시키는 반면 이에 따른 위험의 발생 정도와 그 파급 효과를 더욱 증가시키고 있다. 위험을 인식하고 이를 분석하고 평가하여 관리하는 능력이 뛰어난 기업은 위험에 따른 피해의 확산을 조기에 차단하고 오히려 이를 기회로 이용할 수 있다.

- **자산**: 조직이 보호해야 할 대상으로 정보, 하드웨어, 소프트웨어, 시설 등을 말한다.
- **위험**: 원치 않는 사건이 발생하여 손실 또는 부정적인 영향을 미칠 가능성
- **취약성**: 위협에 의한 손실 발생의 가능성이 있는 정보자산 및 정보시스템의 약점
- **위협**: 자산에 손실을 초래할 수 있는, 원치 않는 사건의 잠재적인 원인이나 행위자

위험관리는 경제적인 범위에서 위험을 최소화하는 통제대책을 수립하는 데 필요한 정보를 제공하는 것으로 보안대책을 수립할 때 근거를 제공하며 정보자산이 지니는 취약성 및 위협요소를 정보보호 대상별로 총체적으로 분석하고, 이에 대한 능동적인 정보보호 체계를 설계하기 위해 필요하다. 위험분석을 실시하지 않고 임의로 어떤 보안대책을 도입하여 구축하였다고 한다면 비용 대비 효과 측면에서 최적한 것이 아닐 수 있다. 예를 들면 PC에 저장된 자료를 보호한다고 모든 PC에 보안솔루션을 설치한다거나, 어떤 통제에 의해 확실하게 위험이 감소된다고 하더라고 그 위험의 감소를 훨씬 초과하는 비용이 소요되는 대책을 도입했을 경우 결과적으로 본다면 보안대책의 도입으로 말미암아 기업의 이익을 감소시키게 되는 것이다. 그러므로 적절한 의사결정을 하기 위해서는 충분한 정보가 필요하다.

정보시스템에 관련된 투자가 대형화되고 관련된 자산의 특성 및 취약점, 각종 위협의 형태와 대책들이 지속적으로 변화하고 있으며, 위험관리 과정을 조직관리 과정의 일부로 정착시키는 것이 더욱 중요해지고 있다. 또한, 불필요하거나 과도한 투자가 발생되어 위험이 증대되고 있으며, 보호대책을 수립하였음에도

불구하고 위협에 대처하지 못하는 경우가 발생하고 있다. 따라서, 기업은 위험수준을 지속적으로 유지하기 위해서는 지속적이고 반복적인 위험관리가 필요하다.

초기의 위험분석은 화재, 사고 등의 물리적 위협이 적용되어 위협의 발생 가능성에 따른 잠재적인 손실을 계산하거나, 보험산업에서 이러한 분석방법을 채택하여 위험의 개념을 정립하였고 이 개념이 정보처리 분야에 적용되었다. 이를 바탕으로, 최근에는 이러한 위험분석이 각종의 분야에 적용되어 재무위험, 사업위험, 감사위험 등을 평가하는 데 사용하고 있다.

위험관리 세부과정은 아래와 같다.

- 정보자산의 식별
- 위험 분석
- 위헌 평가
- 정보보호대책 선정
- 정보보호계획 수립

[그림 5-1] 위험관리 프로세스

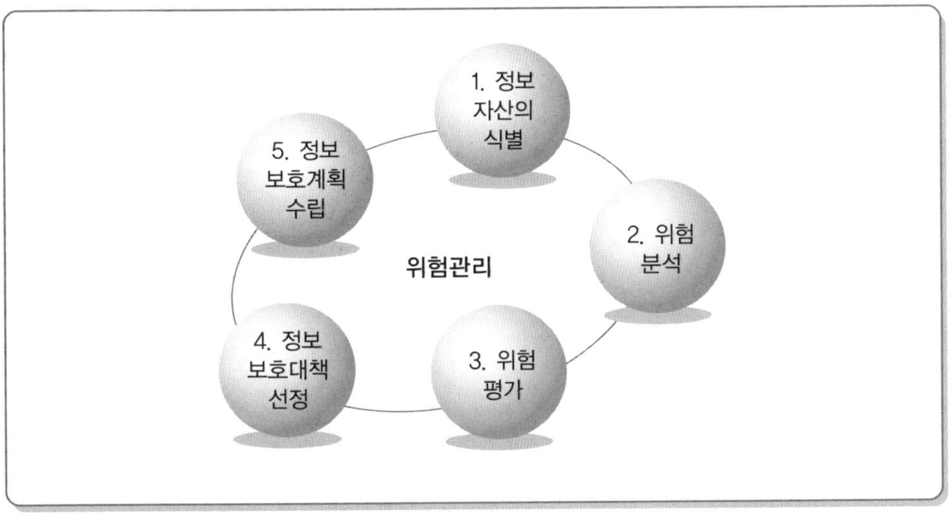

위험 분석 전략은 크게 베이스라인, 비정형, 상세, 복합으로 4가지로 나눈다.

- **베이스라인 접근법**: 모든 시스템에 대하여 표준화된 보호대책의 세트를 체크리스트 형태로 제공
- **비정형 접근법**: 구조적인 방법론에 기반하지 않고, 경험자의 지식을 사용하여 위험분석 수행
- **상세 위험분석**: 자산분석, 위협분석, 취약성 분석의 각 단계를 수행하여 위험 평가
- **복합 접근법**: 고위험 영역을 식별하여 상세 위험분석을 수행하고 그 외의 다른 영역은 베이스 라인 접근을 사용하는 방식

Ⅱ. 위험관리 역사

1973년 미국 상무성 산하 NIST(National Institute of Standards and Technology)에서 발간한 'FIPS Pub(Federal Information Processing Standard Publication) 65; Guideline for Automatic Data Processing Risk Assessment'에서 ALE(Annual Loss Exposure)를 근거로 자료처리에서의 위험에 대해 기술했다. 1990년에 미국 법무성의 보안 및 비상기획 8국에서 준비한 위험분석지침으로서 'SRAG(Simplified Risk Analysis Guideline)'는 NIST에서 다른 기관에서도 활용할 수 있도록 공표했다.

1993년 EC(European Communities)에 '위험분석'이라는 보고서가 발행됐다. 여기서는 기존 66개 위험분서방법들을 분석하여 유럽전체에서 공동으로 활용될 수 있는 분석방법을 개발하기 위해서 '요구구조(Claim Structure)'라는 도구를 개발하여 유럽표준뿐만 아니라 국제표준으로 발전시키려 하였다. 1994년 국제 표준화기구(ISO: International Organization for Standardization)의 ISO/IEC(International Electrotechnical Commission) JTC1/SC27에서 '정보기술관리지침(GMITS: Guidelines for the Management of IT Security)'으로 위험분석에 관한 표준화를 진행시키고 있다.

현재 국제표준 정보보호경영시스템인 ISO/IEC 2700X의 'ISO/IEC 27005: Information technology - Security techniques - Information risk management'도 표준화가 진행되고 있다. 위험분석 및 관리는 학자들에 따라, 위험분석, 위험평가, 위험관리, 리스크 관리 등 용어 및 정의에 약간씩 차이가 있으나, 이 혼란을 방지하기 위해 국제 표준화기구에서 'ISO/IEC Guide 73: Risk management-Vocabulary-Guidelines for in standard'라는 국제 표준문서가 만들어졌다(그림 5-2 참조). 국내에서도 이 문서를 기반으로 국내표준(KS A ISO/IEC Guide 73 리스크 관리-용어 -규격에 사용하기 위한 지침)을 제정했다.

[그림 5-2] 위험관리(Risk Management)

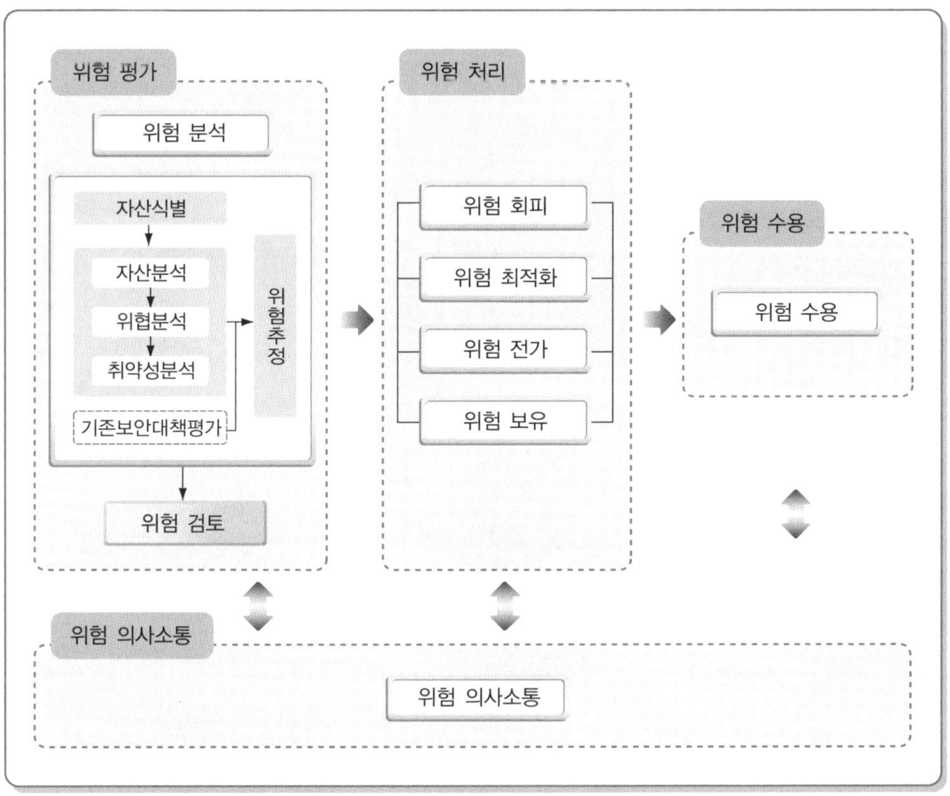

1. 미국 NIST의 위험관리(SRAG)

1990년에 미국 법무성의 보안 및 비상기획 8국에서 준비한 위험분석지침으로서 'SRAG (Simplified Risk Analysis Guideline)'는 NIST에서 다른 기관에서도 활용할 수 있도록 공표한 지침이다

[그림 5-3] Simplified Risk Analysis Guideline

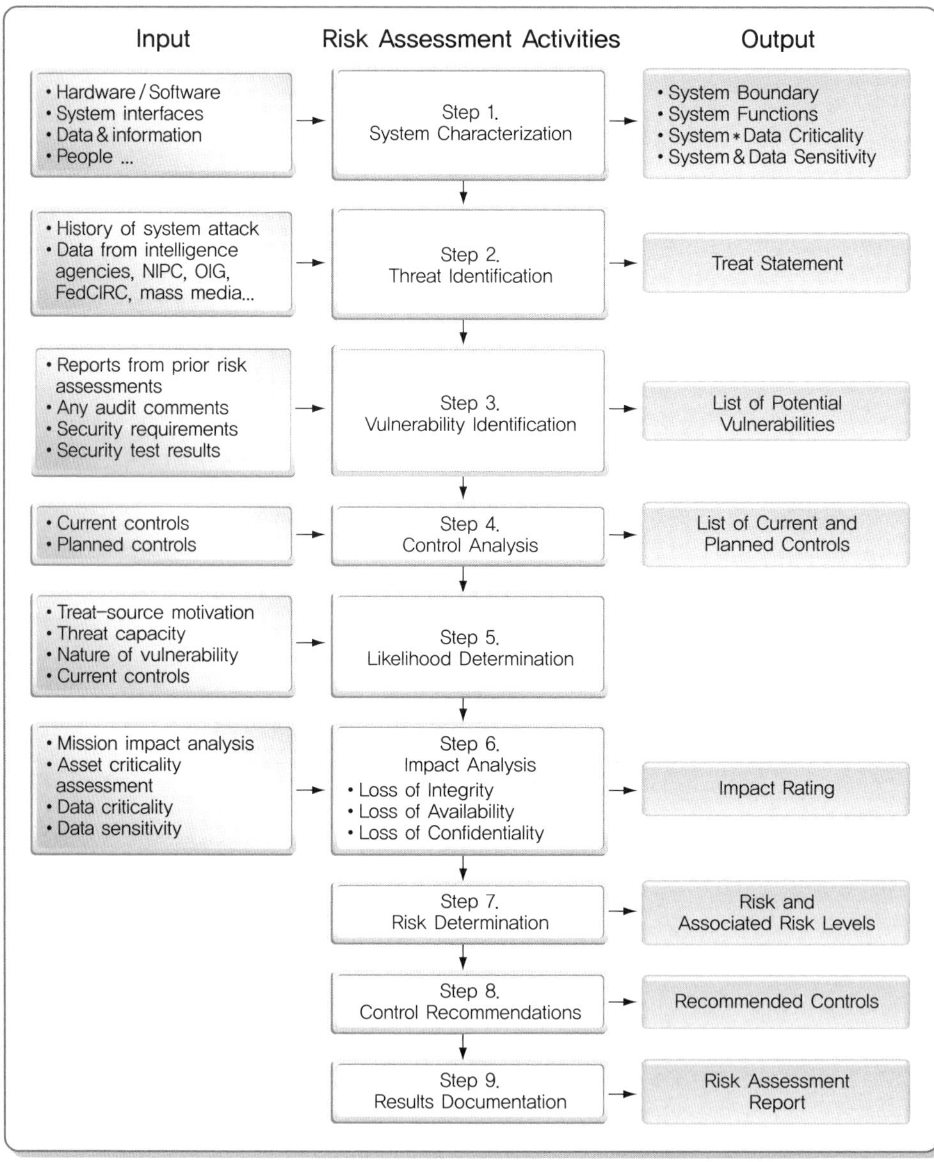

2. 영국 CCTA의 위험관리(CRAMM)

영국의 CCTA(Central Computer and Telecommunications Agency) CRAMM (CCTA's Risk Analysis and Management Methodology)을 보안 관리를 위한 표준적인 접근방법으로 공인하고 있다. CRAMM은 17개의 본원적 위협(generic threats)을 이용해서 각 자산집단에 대해서 위협 및 취약성 질문을 32개까지 선택적으로 발생시킬 수 있고, 또한 자산집단, 위험수준, 기존 통제방법을 근거로 900개의 보안대책을 제시할 수 있는 소프트웨어이다. Moses(1992)는 CRAMM에서의 위협들을 편의상 31개의 형태로 분류했다.

◈ [그림 5-4] CCTA Risk Management Methodology

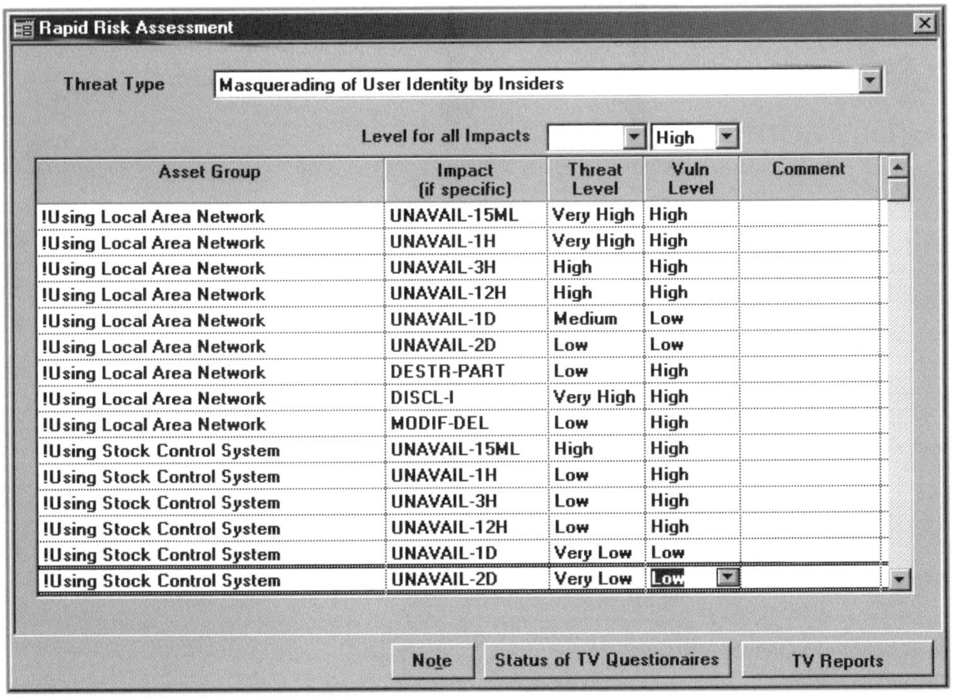

Asset Group	Impact (if specific)	Threat Level	Vuln Level	Comment
!Using Local Area Network	UNAVAIL-15ML	Very High	High	
!Using Local Area Network	UNAVAIL-1H	Very High	High	
!Using Local Area Network	UNAVAIL-3H	High	High	
!Using Local Area Network	UNAVAIL-12H	High	High	
!Using Local Area Network	UNAVAIL-1D	Medium	Low	
!Using Local Area Network	UNAVAIL-2D	Low	Low	
!Using Local Area Network	DESTR-PART	Low	High	
!Using Local Area Network	DISCL-I	Very High	High	
!Using Local Area Network	MODIF-DEL	Low	High	
!Using Stock Control System	UNAVAIL-15ML	High	High	
!Using Stock Control System	UNAVAIL-1H	Low	High	
!Using Stock Control System	UNAVAIL-3H	Low	High	
!Using Stock Control System	UNAVAIL-12H	Low	High	
!Using Stock Control System	UNAVAIL-1D	Very Low	Low	
!Using Stock Control System	UNAVAIL-2D	Very Low	Low	

Ⅲ. 위험관리란?

위험관리는 위험과 관련하여 조직을 관리하고 통제하기 위한 조정된 활동의 집합이다. 이는 위험평가와 위험처리로 구분되어 평가된 위험의 결과를 토대로 조직의 위험에 대한 처리를 수행하는 것이다. 이를 통하여 경영층과 담당자간의 원활한 소통을 할 수 있다.

[그림 5-5]는 위험관리 전체를 부문별로 구별하여 도식화 한 것이다.

[그림 5-5] 위험관리 프로그램

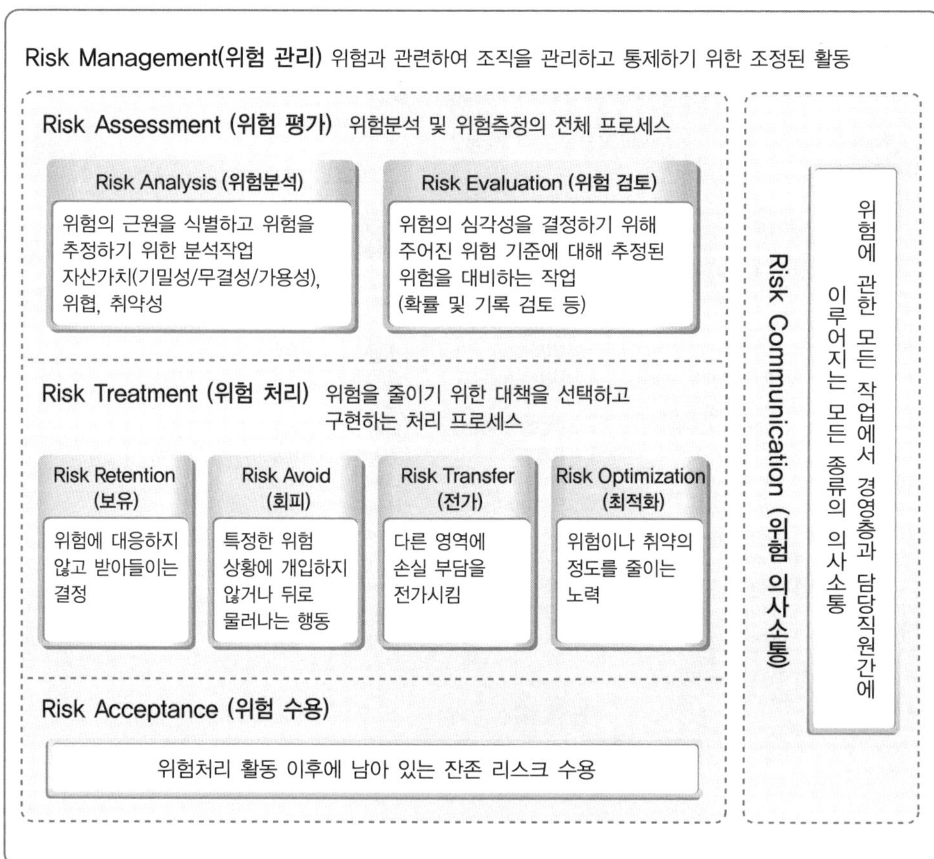

1. 위험의 정의

위험관리에 대해 알아보기 전에 위험이란 무엇인지 알아야 한다. 위험은 원하지 않는 사건이 발생하여 손실 또는 부정적인 영향을 미칠 가능성을 말한다. 위험의 유형과 규모를 확인하기 위해서는 위험에 관련된 모든 요소들과 그들이 어떻게 위험의 규모에 영향을 미치는지를 분석해야 한다. 위험 공식은 발생가능성과 그 손실의 정도에 따라 위험의 크기가 다르게 발생한다. 아래는 위험을 수치화하는 일반적 공식이다.

〈표 5-1〉 위험 공식

위험 공식: 위험 = 발생가능성 × 손실의 정도 함수 정의: 위험 = f (자산, 위협, 취약점)

2. 위험의 구성요소

위험의 구성요소는 자산, 위협, 취약점, 정보보호대책으로 구성된다.

[그림 5-6] 위험의 구성요소

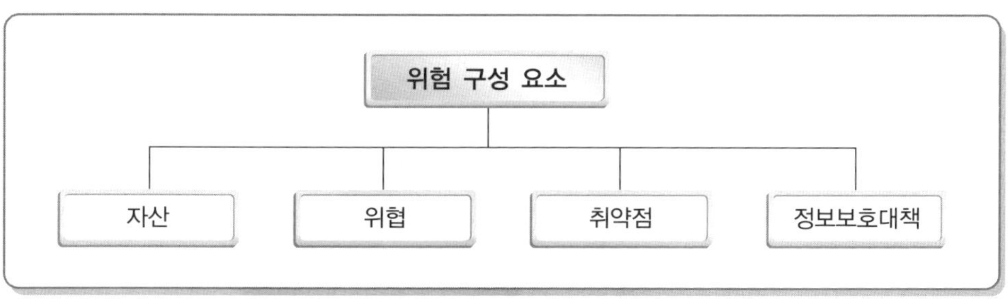

- **자산(Asset)**: 조직이 보호해야 할 대상으로서 정보, 하드웨어, 소프트웨어, 시설 등을 말하며 관련 인력, 기업 이미지 등의 무형자산 포함
- **위협(Threats)**: 자산에 손실을 초래할 수 있는, 원치 않는 사건의 잠재적 원인(source)이나 행위자(agent)로 정의

- **취약점**(Vulnerability): 자산의 잠재적 속성으로서 위협의 이용 대상으로 정의하나, 때로는 정보보호대책의 미비로 정의
- **정보보호대책**(Safeguard, Countermeasure): 위험을 줄이기 위한 대책, 위협에 대응하여 자산을 보호하기 위한 관리적, 물리적, 기술적 대책으로 정의

3. 구성요소들 간의 관계

위협은 취약점을 공격하여 이용하게 되며 취약점은 자산을 노출시키며, 자산은 가치를 보유하는데 이러한 위협, 취약점, 자산, 가치는 모두 위험을 증가시킨다. 이는 위험을 파악함으로써 보안 요구사항을 파악할 수 있고 보안 요구사항을 만족시키는 정보보호대책을 선정하여 구현함으로써 위협을 방어할 수 있다. 이는 위협을 방어함으로써 위험을 감소시킨다. 위험관리 관련 업무에 관련된 모든 요소간의 관계성을 개념도로 살펴보면 [그림 5-7]과 같다.

[그림 5-7] 위험과 구성요소 간의 관계

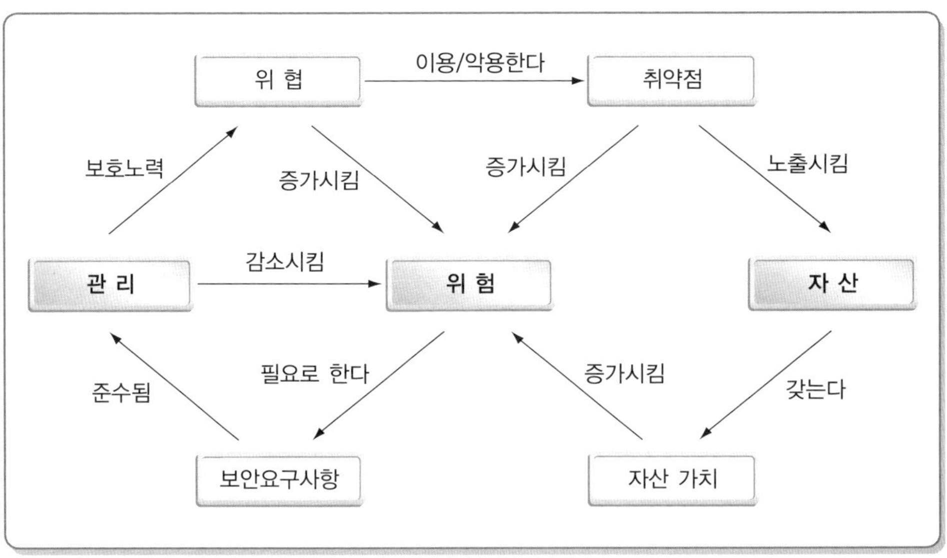

Ⅳ. 위험관리 방법론

먼저 위험을 관리하기 위해서는 전사적으로 통용될 수 있는 위험관리 프레임워크를 채택하여야 한다. 그리고 이 프레임워크는 반드시 교육하고 전파하여야 한다. 관련 담당자들은 기업이 이러한 체계를 갖추도록, 현실적이고 적용 가능한 정책과 프로세스와 기법들을 제시해야 하고, 주요 책임자와 경영층에게 그 중요성을 부각시켜 그 체계를 수립하고 지속적으로 적용해 나갈 수 있도록 설득해야 한다.

1. 위험관리 전략 수립

위험평가를 위한 업무부서와 IT부서가 결합된 효과적인 조직이 구성되어야 한다. 그러나 이 조직이 별도의 조직일 필요는 없으나 대형 기업일수록 더욱 독립 조직을 운영하는 것이 필수적이다. 그러나 위험평가 및 관리만을 위한 별도의 조직구성은 현실적으로 불가능할 것이고 전사적인 위험관리의 프레임워크를 유지하고 적용하는 관점에서 구성되는 것이 현실적일 것이다. 내부적으로 위험에 대한 측정이 훈련되지 않았다면 위험평가를 위해서 가능한 단순한 방법을 채택하는 것이 필요하다. 처음에는 가장 단순해 보이는 정성적 방법을 채택해야 한다. 이 경우 위험을 평가하기 위해 필요한 양식을 서너 가지로 최소화하는 것이 필요하다.

이를 통해 위험을 측정해 보고 객관화해 보고 정량해 보는 훈련을 조금씩 수행하여 어느 정도 적응이 된다면 조금 더 복잡한 측정방법을 채택하는 것이 바람직하다. 처음부터 복잡하고 정교한 방법을 선택하거나 무조건 툴을 구입하는 것은 파산의 지름길이다. 위험평가는 처음에는 거시적에서 미시적으로 접근하고 시간이 지날수록 미시적에서 거시적으로 접근하는 것이 효과적이다.

위험평가의 프로세스의 효과성에 대해서 측정이 필요하다. 위험평가를 통해 얼마나 위험들이 감소되었는지 측정이 필요하다. 이를 통해 위험평가의 유효성을 더욱 제시할 수 있다. 이는 위험평가의 결과와 위험의 사후관리와의 연계를 통해 위험요소의 생명주기를 tracking함으로써 수행할 수 있다. 또한 대책 이행의 우선순위도 적절히 선택하며, 이로 인해 기업의 전반적인 보안위험이 어떻게 감소하는지 시뮬레이션하고 실행의 결과와 비교해 볼 필요가 있다. 그리고 위험분석 및 관리와 관련되어 기업들은 간략 접근, 최소 기준선 접근, 위험분석 접근, 혼합형 접근 등 4가지 접근방법 중 하나를 취할 수 있다.

(1) 간략접근 (Informal approach)

요구되는 보안대책이 너무나 분명하거나 또는 보안인식이 낮아 위험분석을 하지 않거나 혹은 극히 제한적으로 실시하여 의사결정을 내리는 것을 의미한다. 예를 들면, 네트워크 보안을 위하여 도입/설치하는 것, 혹은 내 PC에 안티바이러스 프로그램을 설치하는 것이 이 경우에 해당될 수 있다.

(2) 최소 기준선 접근 (Baseline approach)

기업에서 위험분석을 실시하지 않고 무조건 회사에서 욕구하는 최소한의 보안수준 또는 기능을 갖추는 것이다. 예를 들면, 우리 회사의 보안규정에 의하면 "새로운 PC가 도입되면 무조건 안티바이러스 소프트웨어, 개인방화벽, 스팸메일 방지 소프트웨어 3가지는 무조건 설치해야 한다." 라는 것이다.

(3) 위험 분석 접근 (Detailed risk analysis approach)

단계적이고 체계적인 위험분석을 실시하여 적절한 보안 수준 또는 기능을 갖추는 것이다. 예를 들면, 우리 부서에서 사용하고 있는 PC에는 어떠한 정보자산이 있는지를 먼저 조사해 보니, A직원의 PC에는 중장기 전략계획서, 신상품 마케팅계획서 등 민감한 정보가 대부분이었으며, B직원의 PC에는 극히 일부만이 민감한 정보가 있고(그러나 이 민감한 자료도 지난번 A직원의 PC고장으로 인하여 임시로 작업하기 위해 잠시 옮겨놓았던 자료들이며) 대부분은 민감하지 않은 자료들만 있는 것으로 파악되었다. 이에 따라 A직원의 PC에서 중요문서는 별도의 폴더에 보관하게 하고 이 폴더는 암호화 소프트웨어를 설치하여 보호하게 하며, B직원의 PC에는 민감한 자료는 모두 삭제토록 하고 로그인시 사용자인증만을 거치도록 하는 것이다.

(4) 혼합 접근 (Combined approach)

최소 기준선 접근과 위험분석 접근을 혼합하여 사용하는 것을 의미하며, 많은 선진기업들이 이 접근방법을 사용하고 있다. 예를 들면, 어떤 기준을 정하여 이 기준이하의 경우에는 최소 보안 요구수준 또는 기능을 갖추는 것이며, 이 기준을 넘는 경우에는 반드시 위험분석을 실시하여 적절한 보안 수준 또는 기능을 갖추는 것이다.

일반적으로 기준으로 사용되는 요소들로는 2~3가지 정도가 있다. 첫 번째는 프로젝트의 규모로서, 예를 들면 5억 이상의 프로젝트는 최소 기준선 접근을 하고, 5억 이상의 프로젝트는 위험분석을 하게 할 수 있다. 두 번째로는 정보자산만을 먼저 파악하게 하고 정보자산의 등급을 5등급으로 나누어 1, 2등급의 정보자산이 처리되는 시스템이라면 반드시 위험분석을 통하여 보안대책을 선정하게 하고 3~5등급의 정보는 최소 기준선에서 요구하는 보안 기능만을 갖추게 하는 것이다.

[그림 5-8] 위험 분석

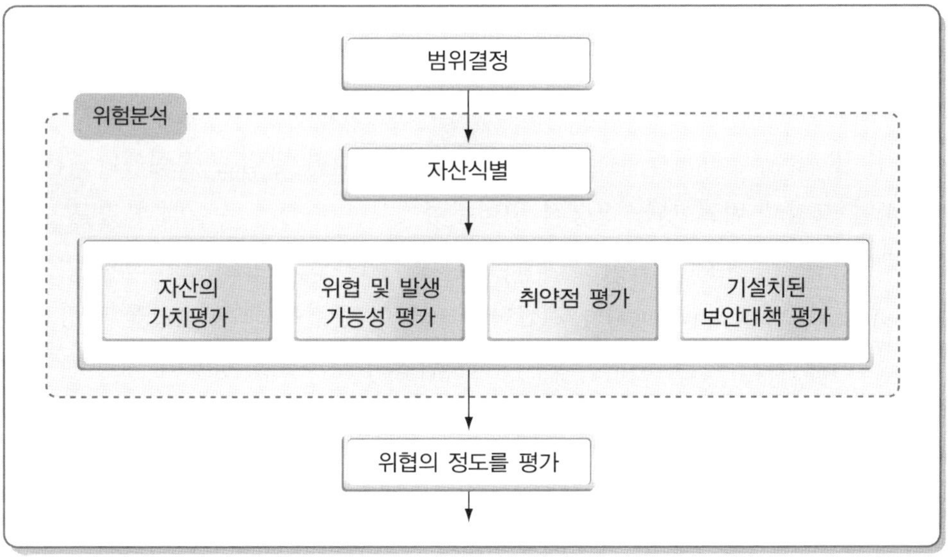

출처: KISA ISMS 관리과정

2. 위험평가 방법

(1) 정성적 위험평가

위험을 어떤 상황에 대한 설명(Descriptive variable)으로 묘사하는 평가방식이며, '네트워크 호스트의 기술적 장애'라든가, '외부인에 의한 사용자 ID 도용'과 같은 표현으로 위험을 분류가 가능하다. 그 정도는 '매우 높음(Very High)', '높음(High)', '중간(Medium)', '낮음(Low)' 등으로 표현한다. 5점 척도, 10점 척도의 점수화가 사용된다.

- 장점: 금액으로 평가하기 어려운 정보의 평가가 가능하고, 분석시간이 상대적으로 짧고 이해가 쉽다.
- 단점: 표현이 주관적이어서, 사람에 따라 그 이해가 달라질 수 있다.

〈표 5-2〉 정성적 위험평가

발생가능성 \ 피해의 크기	낮 음	중 간	높 음	매우 높음
낮 음	낮음	낮음	중간	낮음
중 간	낮음	중간	높음	매우 높음
높 음	중간	높음	매우 높음	매우 높음

(2) 정량적 위험평가

손실 및 위험의 크기를 금액으로 나타내며, 정성적 방법은 손실이나 위험을 개략적인 크기로 비교한다. 정량적 위험분석에서는 위험을 손실액과 같은 숫자값으로 표현하며, 주로 미국에서 사용하고 있는 이러한 방식은 연간 예상 손실액(ALE: Annual Loss Expectancy)을 계산하기 위하여 관련된 모든 값들을 정량화시켜 표현 가능하다. 연간 기대 손실은 어떤 위협이 성공했을 경우의 예상 손실액(Single Loss Expectancy)에 그 위협의 연간 발생률(Annual Rate of Occurrence)을 곱한 값이다.

$$ALE(t) = SLE(t) \times ARO(t)$$

V. 위험분석

1. 개 요

위험분석은 보안관리(IT Security Management)를 수행하기 위한 필수적인 과정으로 시스템의 위험을 평가하고, 비용효과적인 대응책을 제시하여 시스템 보안 정책과 보안대응책 구현 계획을 수립하는 위험관리의 핵심이 역할을 담당한다. 위험분석의 목적은 보호되어야 할 대상 정보시스템과 조직의 위험을 측정하고, 이 측정된 위험이 허용가능한 수준인지 아닌지 판단할 수 있는 근거를 제공하는 것이다. 일반적으로 보안관리 > 위험관리 > 위험분석의 상호관계에 대한 설명은 위험분석 표준의 첫 번째 표준인 개념과 모델에서 이미 잘 설명하고 있으므로, 이 표준에서는 다루지 않기로 한다.

2. 위험분석 모델

위험분석을 효과적으로 수행하기 위해서는 수행하기 전에 우선 조직의 정보시스템의 중요도를 파악하여 위험분석 실시 범위와 깊이를 결정해야 한다. 위험분석은 수준에 따라서 수행 절차가 복잡하고, 시간과 인력 소모가 크므로, 시스템 환경에 맞는 위험분석 수준을 선택하는 것은 중요하다. 본격적인 위험분석 수행에 앞서 사전 위험분석을 통하여 위험분석의 수준을 결정한다. 수준이 결정되면 위험분석을 기본통제 방식으로 할 것인지, 상세 위험분석으로 할 것인지를 알 수 있다.

[그림 5-9] 위험분석 모델

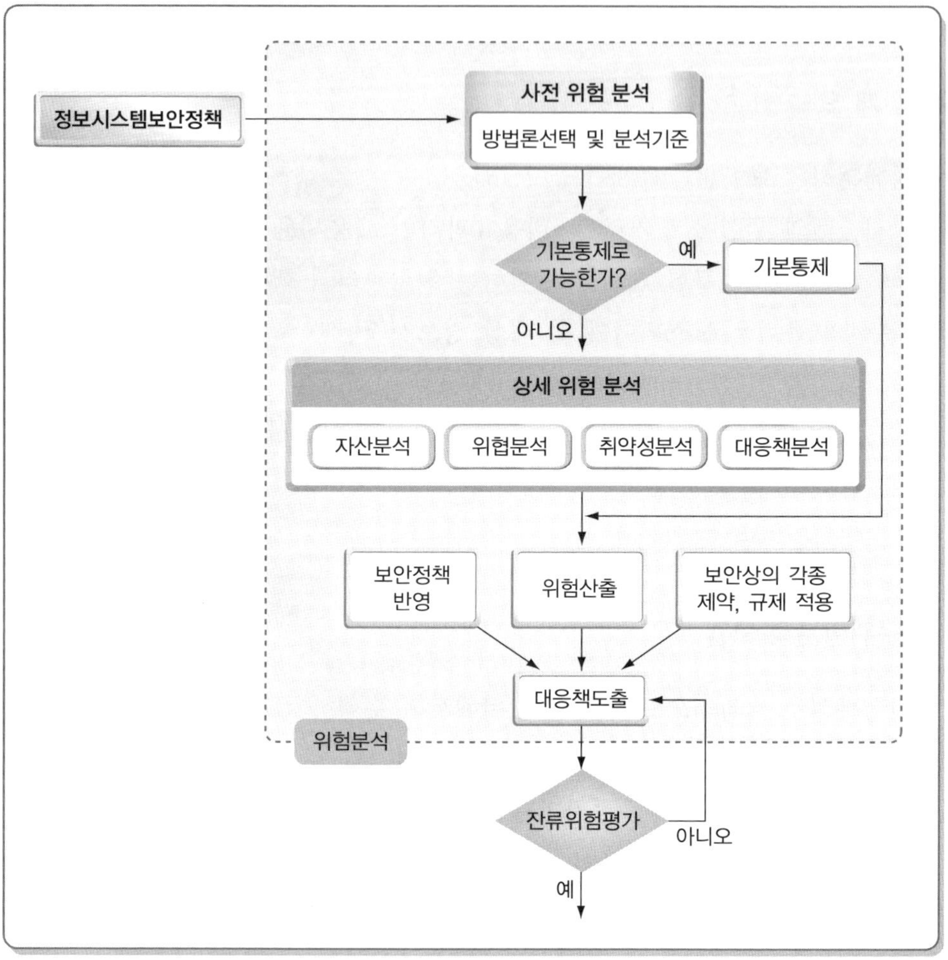

3. 사전(상위수준) 위험분석

사전 위험분석의 목적은 효과적인 위험분석을 수행하기 위해 현재 조직의 정보시스템 환경에 적합한 위험분석 수준을 결정하기 위함이다. 사전 위험분석에서 고려해야 할 사항은 분석대상 정보시스템의 업무상 중요도와 대상 시스템의 보안성 결여로 인한 문제 발생 시 조직에 미치는 위험을 고려해야 한다.

세부적으로 분석대상 정보시스템에 대하여 다음과 같은 요소를 고려해야 한다.

- 정보시스템의 사용 목적
- 정보시스템에 대한 업무의 의존도
  ① 시스템에 대한 조직의 업무상 필수적이거나 업무를 효율적으로 처리하는 데 필요한 기능의 의존도
  ② 시스템에서 처리하는 정보의 비밀성, 무결성, 가용성에 대한 의존도
- 개발, 유지보수, 대체의 관점에서 시스템에 대한 투자 정도
- 시스템의 자산 가치

위의 사항들을 평가하면 위험분석 수준이 결정된다. 예를 들어 시스템이 조직의 업무상 중요하고 대체비용이 크거나 자산가치가 클 경우 상세 위험분석을 선택하여 수행하는 것이 바람직하다. 일반적으로 시스템의 보안이 부족하여 조직에 큰 피해나 손해를 줄 경우라면 상세 위험분석을 수행함이 바람직하며, 그 외의 경우는 기본통제만으로도 충분하다.

[그림 5-10] 위험분석 수준

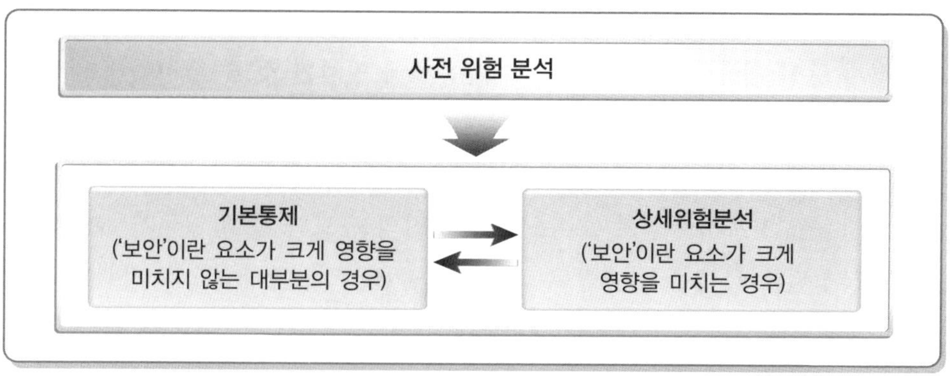

4. 기본통제

기본통제 방식의 목적은 정보시스템에 대한 최소의 보안대책 수립이다. 이 방식은 적은 비용으로 전 조직의 기본적인 보안수준을 수립할 수 있으며, 경우에 따라 업무상 중요도가 크거나 위험이 큰 시스템은 추가적으로 상세 위험분석을

실시할 수도 있다. 이 방식은 장점은 위험분석 실시에 드는 자원과 비용이 거의 없으며, 보안 대책 실시에 드는 시간과 노력이 최소화된다는 것이다. 단점은 기본통제의 수준을 어느 정도로 하느냐에 따라 수준이 너무 높으면 지나치게 높은 수준의 보안 요구로 인해 과다 비용이 들 수 있고, 반대로 너무 낮으면 필요한 보안 요구를 간과하여 취약성을 그대로 노출시킬 수 있다는 것이다. 그러므로, 기본통제 방식은 조직의 요구사항을 반영하여 적절한 수준으로 조정되어야 한다.

일반적으로 기본통제의 요구사항은 가장 일반화된 위협에 대한 대응책으로부터 도출될 수 있다. 대부분의 기본통제는 적정 수준의 보안이 달성되어 있는지 점검하는 일종의 질문서 형태로 구성되며, 자산의 종류와 부서 등의 중요 요소에 따라 질문요소들이 구분되어 있고, 담당자는 이러한 기본통제 질문사항들이 수행되고 있는지 체크하여 평가를 한다. 평가방법은 여러 가지가 있을 수 있지만 일반적으로 각 질문에 점수를 부여하여 합산하는 방식이 널리 쓰이고 있다. 이러한 기본통제에서는 대응책만 고려하므로 취약성, 위협, 위험 요소들에 대한 분석은 필요하지 않다. 기본통제 방식을 적용하기 위해선 우선 대상 시스템이 기본통제 방식에서 고려하고 있는 시스템 유형에 해당하는지를 검토해야 하고, 다음에 현재 실시 중인 대응책을 파악한 후, 기본통제에 명시된 것 중 실시하지 않는 대응책들을 구현해야 한다.

기본통제를 위한 대응책은 국내외 표준기관이나, 산업계 표준기관에서 발행하는 문서들을 참조하여 도출할 수 있고, 조직의 규모와 수행 업무가 유사한 기관에서 작성된 자료들을 이용할 수도 있다. 물론 조직 자체적으로 자산의 업무 환경에 맞는 기본통제를 도출해 낼 수 도 있다.

- 기본통제 작성 방법

① 조직의 보안정책을 참조하여 세부 통제 사항을 작성한다.

② 공공기관의 경우 정부부처 및 공공기관에서 요구하는 보안요구 사항을 참조하여 반영한다.

③ ISO, KICS 등 국내/외 표준을 참조하여 반영한다.

④ 외국의 보안 컨설팅 기관에서 작성한 기본통제를 참조한다.

⑤ 정보감리 등을 통하여 얻은 결과를 반영한다.

⑥ 기본통제가 작성되면 이를 다시 보안정책과 비교하여 검토한 후 업무에 반영한다.

5. 상세 위험분석

상세 위험분석 방식은 정보시스템이 조직의 업무상 중요도가 높거나 자산 가치가 클 경우 적용하게 된다. 위험분석 모델에서 방법론 선택 및 분석기준 이후의 자산 분석, 위협 분석, 취약성 분석, 대응책 분석, 위험산출의 일련의 과정을 상세 위험분석이라고 한다. 일반적으로 위험분석을 수행한다고 하는 것은 상세 위험분석을 수행함을 말한다.

6. 자동화 도구

위험분석 자동화 도구는 상세 위험분석 시 소요되는 시간과 비용을 줄이고 분석과정에서의 오차를 줄일 수 있다. 자동화 도구는 수작업을 통한 위험분석과 마찬가지로 입력된 자료를 바탕으로 결과를 분석하고 산출해낸다. 따라서 정확한 자료의 입력이 매우 중요하다. 정확한 자료의 입력을 위해 각 보안분야별로 자동화 점검도구를 활용하여 그 분석결과를 입력할 수 있다. 자동화 도구를 가장 적절히 활용하기 위해서는 다음 사항을 고려하고 준수해야 한다.

- 입력데이터의 정확성
- 사용자에 대한 교육
- 수작업의 병행
- 분야별 전문적인 점검도구 활용(예: 네트워크 취약성 분석 도구 등)
- 관리층의 폭 넓은 지원

Ⅵ. 위험분석 방법론 모델

1. 개 요

위험분석 방법론은 보안관리를 수행함에 있어 IT 자산, 위험, 취약성, 대응책을 중심으로 대상조직 IT 환경의 위험을 세부적으로 측정 분석하는 절차와 기술을 말한다. 전 세계적으로 수백여 개의 위험분석 방법론이 존재한다. 위험을 알아내고 측정하려는 노력을 과학적이고 정형적인 과정(process)으로 정리한 것이 방법론이다. 따라서 위험분석을 적용하고자 하는 조직과 환경에 따라 다양한 방법론이 도출될 수 있으며 가장 적절한 방법론을 선택하는 것이 매우 중요하다. 이 표준에서는 다양한 위험분석 방법론들이 공통으로 갖추어야 할 기본 구성요소와 절차를 명시한 가장 일반적이고 기본적인 방법론 모델을 제시하고자 한다. 이 표준에서 제시하는 위험분석 방법론 모델은 사전위험분석을 거친 후 상세위험분석을 수행하는 기본적이며 일반적인 과정을 방법론으로 도출해낸 것이다. 본 위험분석 방법론 모델의 특징은 크게 다음과 같이 나누어 살펴 볼 수 있다.

(1) 내용상 신뢰도

국외에서 널리 사용되고 있는 방법론(Rand, BDSS, BS7799, EDI, CRAMM, LAVA)을 참조하였으며, 국내외 표준을 반영하였다.

(2) 기술상 특징

위험을 분석하여 산출하는 방법엔 정량적인 수치(1~100)로 나타내는 정량분석과 위험의 정도를 기술변수(상, 중, 하 또는 높음, 보통, 낮음 등)로 나타내는 정성분석이 있는데, 위 두 가지 방법을 모두 활용할 수 있도록 하였으며, 신뢰성이 있는 정성분석에 좀 더 비중을 두었다. 가치산정이 어려운 자산의 경우 정량분석과 정성분석을 함께 고려할 수 있는 절차를 도출하여 부록에 제시하여 참조할 수 있도록 하였다. 위험 시나리오를 구성할 수 있는 방법을 자산-취약성-위협-대응책이 상호 연관관계를 바탕으로 제시하여 참조할 수 있도록 하였다.

(3) 적용상 특성

국외 표준과 방법론을 참조로 하되, 학문적 이론에서 탈피하여, 국내 정보시스템 환경에 맞게 적용할 수 있도록 실용적인 방법론 모델을 제시하였다. 또한 정보시스템 환경에 업무(Business)의 관점에서 고려되고 있는 현실을 반영하여, 위험분석 시 업무처리절차(Business Process)를 고려할 수 있도록 하였다. 또한 정보시스템 구축 및 운영단계에서 모두 적용할 수 있도록 고려하였다.

2. 기 법

위험분석을 수행하기 위해 다양한 방법(Method 또는 Techiques)들이 사용된다. 적게는 한두 가지에서 많게는 수십여 가지의 방법들이 위험분석을 수행하면서 조합(Combined)되어 사용되어진다. 산업공학, 통계, 전자공학, 전산학 등 거의 전 분야에 걸쳐 사용되는 다양한 기법들이 자산분석, 취약성분석, 위협분석, 대응책분석의 일련의 위험분석 과정에 적용될 수 있다. 이는 실체가 없는 무형적인 존재인 위험을 측정하는 것이 그만큼 어렵고 난해하기 때문이다. 과거에는 1~2가지 기법을 사용하여 위험을 측정하였으나 최근에는 수십여 가지의 다양한 기법들이 단일 방법론이나 자동화 도구에 적용되어 사용되고 있다. 특히 위험분석에 대한 과거 자료가 풍부하고 정량분석을 선호하는 미국의 경우 AI(인공지능)에 적용되는 기술을 위험분석 자동화 도구 등에 적용하고 있다. 위험분석의 방법을 크게 2가지로 나누면 정량분석과 정성분석으로 나눌 수 있으며, 정량분석법에는 과거자료접근법, 수학공식접근법, 확률분포추정법, 점수법, 확률지배, 몬테칼로 시뮬레이션 등이 있고, 정성분석법에는 질문서법(Questionnaire), 델파이법(Delphi), 순위행렬법(Ranking Matrix), 행렬법(Matrix), 퍼지(Fuzzy), 시나리오(Scenario), 결정법(Decision), 통계적 접근법(Statistical) 등이 있다.

Ⅶ. 위험평가 활동

위험평가방법을 정의하고 이에 따라 위험을 분석하고 평가하여야 한다. 조직의 업무 및 정보자산에서 수용 가능한 목표 위험수준이 설정되어야 한다. 정보자산의 가치와 위협, 취약성에 근거한 위험을 고려하여 잠재적 손실에 대한 영향을 논리적으로 식별 · 분석하여야 한다.

1. 위험평가방법론 식별

- 위험평가에서 필수적인 부분으로 위험을 결정하기 위해 시스템에 대한 잠재적 영향, 발생 가능성 및 빈도를 바탕으로 핵심 위협 시나리오를 식별
- 위험평가방법은 애플리케이션, 조직의 경계조건, 목표하는 정보보안 수준에 따라 달라질 수 있음
- 위험평가 범위 정의서에 정의된 범위 내의 자산을 식별
- 자산에 대한 위협과 위협에 의해 생길 수 있는 취약점 식별
- 기밀성, 무결성, 가용성을 고려한 영향을 식별

2. 위험평가 수행

- 최고 경영진, 협업 관리자, 비즈니스 프로세스 주체, 조직의 목표 및 보안사항에 대해 심도 깊은 지식을 보유하고 있는 자 등 조직을 대표할 수 있는 인력이 참여하도록 함
- 위험 분석(Risk Analysis)과 위험 검토(Risk Evaluation)를 통해 조직의 정보시스템을 이루고 있는 자산을 식별하여 각 자산의 가치를 산정하고, 자산을 위협하는 요소들을 파악하며 각 위협 요소에 대한 취약성을 분석하여 그 결과로 위험도를 측정하여야 함

3. 위협/취약성 식별 및 평가

위협 식별 및 평가는 자산에 해를 입힐 수 있는 가능한 모든 위협을 규정하고 적절한 방법으로 분류하여 각 위협들의 성질을 파악(식별)하는 것이고 취약성 식별 및 평가와 함께 자산을 보호하기 위한 보안수단에 대한 요구 정도를 판단하는 데 기초가 된다.

취약성 식별은 자산에 영향을 줄 수 있는 취약성들을 찾아내고 그 정도를 평가하는 과정이다. 이때 기존의 구현되고 있는 대응책들도 함께 고려한다. Loch와 Carr Warkentin(1992)은 위협을 원천(source)의 위치에 따라서 내부 및 외부(internal & external) 위협으로, 가해자(perpetrator)가 누구인가에 따라서 인간 및 비인간(human & non-human) 위협으로, 또한 의도(intent)의 유무에 따라서 우연적 및 의도적(accidental & international) 위협으로 구분했다. 그리고 이와 같은 위협의 결과를 폭로, 수정, 파괴, 사용거부 등 네 가지로 분류했다.

위협에는 위협원천에 따라, 자연재해로 인한 위협들(화재, 수재, 정전 등), 사람에 의한 의도적 위협들(단말기, 디스켓 등의 파괴 및 절취와 같은 물리적 공격, 그리고 시스템, 자원의 불법사용, 허가되지 않은 자원의 불법접근, 타인으로 위장하여 허가되지 않은 권한사용, 바이러스, 벌레 등 유해프로그램 삽입과 같은 기술적 공격), 사람에 의한 비의도적 위협들(명령어 혹은 프로그램의 조작미숙 및 조작실수), 정보시스템의 결함(운용체제 결함, 응용프로그램의 결함, 통신 프로토콜의 결함, 통신 소프트웨어의 결함)이 있다.

취약성에는 경영적 혹은 관리적 취약성(보안관리, 인원관리, 절차상관리, 사고대책관리 등에 대한 취약성), 논리적 혹은 기술적 취약성(하드웨어, 응용소프트웨어, 운영체계, 데이터베이스, 네트워크 등에 대한 취약성), 물리적 취약성(출입통제, 환경관리 등에 대한 취약성)이 있다.

위협이 발생하는 경우는 다양하며 실수, 무지, 부적절한 보호, 장애 및 외부로부터의 공격 등이 있다. 위협에는 여러 가지가 존재할 수 있으며 〈표 5-3〉은 대표적인 위협들을 열거한 것이다.

◈ 〈표 5-3〉 위협의 분류

분 류	상세분류	해당되는 위협 사례
사 람 (고의적)	절도	기밀 정보 유출, 시스템/컴퓨터 자원의 절도
	통신 침투	도청, 감청, 시스템 해킹, 바이러스에 의한 정보 유출/삭제/변조, 바이러스 유포, 바이러스에 의한 시스템 중지
	자원 오용	정보의 불법 복제, 불법 소프트웨어 사용, 개인적 용도의 자원 사용
	정보/시스템 손상	정보 삭제/변조, 시스템 파손
	인가된 접근의 오용	사용자의 권한 오용, 관리자의 특권 남용, 유지보수/운영 요원의 특권 남용
사 람 (사고/실수)	분실	기밀 정보 유출, 시스템/ 컴퓨터 자원의 분실
	바이러스 감염	바이러스에 의한 정보 유출/삭제/변조, 바이러스 유포, 바이러스에 의한 시스템 중지
	정보/시스템 손상	정보 삭제/수정, 입력 오류, 시스템 파손
	인가된 접근의 오용	사용자의 실수, 유지보수 요원의 실수, 운영요원의 실수
시스템	소프트웨어 장애	소프트웨어 오작동, 중지
	하드웨어 장애	하드웨어 오작동, 중지
환 경	내부적 환경 재해	수재(도관, 저장고 파손), 화재(방화), 공기 오염, 환경오염, 극단적인 온도 상승/저하, 습도의 변화
	외부적 환경 재해	수재, 화재, 지진, 낙뢰, 폭풍, 공기 오염, 환경오염, 극단적인 온도 상승/저하, 습도의 변화
	전력 장애	정전, 과전압, 저전압, UPS 장애, 디젤 발전기 장애
	통신 장애	서비스 공급 업체의 통신 서비스 장애, 회선 불량

위협을 평가하기 위한 등급으로 매우 높음, 높음, 보통, 낮음 그리고 매우 낮음의 5단계 평가방법이 있으며 높음, 보통, 낮음의 3단계 평가방법이 있다. 보통 3단계 평가방법을 사용한다.

◈ 〈표 5-4〉 위협 평가 등급

등 급	발생빈도
VH (매우 높음)	가능성 매우 높음 (80% 정도의 확률)
H (높음)	가능성 높음 (60% 정도의 확률)
M (보통)	가능성 존재함 (40% 정도의 확률)
L (낮음)	가능성 어느 정도 있음 (20% 정도의 확률)
VL (매우 낮음)	가능성 거의 없음 (확률 거의 없음)

◈ 〈표 5-5〉 위협 평가 (예)

자신명	자산가치			등 급	위 협	고려 측면	위협 평가
	기밀성	무결성	가용성				
회계(인사정보)	3	3	3	9	사용자 ID 도용	I	M
PC	3	2	3	8	해킹	C	H
					PC 장애	A	M
기안서	2	3	2	7	기밀유출	C	H

(1) 취약성 식별 및 평가

자산에 취약성이 존재하는 원인으로 부적절한 관리, 운영상의 오류 그리고 시스템의 자체 문제 등이 있다. 취약성도 위협과 마찬가지로 여러 가지가 존재할 수 있으며 〈표 5-6〉은 대표적인 취약성들을 열거한 것이다.

◈ 〈표 5-6〉 대표적 취약성에 따르는 위협사례

분 류	상세분류	해당되는 위협 사례
관리적	운영적 취약성	업무 절차의 부재/미흡, IT 및 보안 예산의 부족, 장비의 유지보수 미비, 시스템 운영 교육의 부재/미흡, 백업 자원과 시스템 및 서비스의 부재/미비, 업무 연속 계획의 부재, 자산 반출입 절차의 부재, 자산 분류 체계의 부재/미흡
		정보보호 조직/전담 인력의 부재, 정보보호 정책/지침의 부재, 사고 관리 절차의 미흡, 보안 감사의

분 류	상세분류	해당되는 위협 사례
관리적	정보보호 관리의 취약성	부재, 보안 규정 위반에 따른 징계의 미비, 보안 책임 및 권한의 부적절한 부여, 정보보호교육의 부재/미흡, 아웃소싱 및 제 3자 계약 시의 정보보호 요구사항 미비
	인적 취약성	직원의 부재, 부적절한 직원의 배치, 정규 직원 및 제 3자 직원의 감독 소홀, 정보보호 인식의 부재, 고용 절차의 부적절성
기술적	컴퓨터/통신관련 취약성	인증 메커니즘의 부재/미흡, 접근 통제의 부재/미흡, 감사 증적의 부재/미흡, 복잡한 사용자 인터페이스, 저장 매체의 부적절한 처분 및 재사용, 변경 통제의 부재/미흡, 패스워드 테이블의 보호대책 미흡, 소프트웨어 패치 관리의 미흡
	정보보호 시스템관련 취약성	정보보호 시스템(백신, 방화벽, IDS, 암호제품 등)의 부재/미흡, 정보보호 시스템 업그레이드 등의 관리 미흡, 암호 키 관리의 부재/미흡
물리적/환경적	시스템 개발 관련 취약성	분리되지 않은 개발/테스트/운영 설비, 보안 요구사항의 불충분한 적용, 변경 관리/형상 관리의 미흡
	물리적 취약성	출입 통제 시스템/직원의 부재, 출입구/창문 등의 잠금장치 미흡, 부적절한 장비의 위치 지정
	환경적 취약성	항온 항습 장치의 부재/미흡, HVAC 시스템의 부재, 화재 진압 장치의 부재/미흡, 침수에 취약한 위치 선정

(2) 취약성분석(평가)

취약성 분석은 자산분석을 통하여 도출된 자산의 속성과 중요도를 바탕으로 자산이 근본적으로 가지고 있는 약점인 취약성을 발굴하고 취약성이 전체적인 위험에 미칠 수 있는 영향을 분석하는 과정이다. 궁극적으로 자산의 잠재적 위험을 산출하고 평가하기 위한 작업으로서, 자산의 근본적인 약점을 파악하고, 자산과 취약성과의 관계를 파악하여 자산에 미치는 취약성의 영향을 알아낸다. 일반적으로 많은 방법론들은 취약성 분석을 통하여 전반적인 취약성의 정도를 측정하고 그 결과를 제시하고 있다. 취약성분석 과정은 크게 취약성파악, 취약성속성, 취약성수준산출의 세 과정으로 나눌 수 있으며, 취약성파악에서는 유형별로 취약성을 파악하고 조사한다. 취약성속성에서는 취약성과 자산, 위협, 대응책과의 상호관계를 파악한다. 마지막으로 취약성수준산출에서는 파악된 취약성의 수준을 산출하여 우선적으로 고려해야 할 취약분야를 알 수 있도록 한다.

〈표 5-7〉은 회계(인사정보), PC, 기안 등에 대한 위협을 작성하고 이에 대한 취약성을 분석 평가하는 예이다.

〈표 5-7〉 취약성 평가 (예)

자신명	자산가치			등급	위협	고려 측면	위협 평가	취약점	취약성 평가
	C	I	A						
회계 (인사정보)	3	3	3	9	사용자ID 도용	I	M	추측하기 쉬운 패스워드를 사용함으로써 타인의 사용자ID를 이용하여 시스템에 접근하여 불법적인 정보 수정	H
PC	3	2	3	8	해킹	C	H	백신이 설치되어 있지 않아 바이러스에 의한 정보 유출	M
					PC 장애	A	M	무분별한 불법소프트웨어 사용으로 악성코드로 인한 PC 사용불가	M
기안서	2	3	2	7	기밀 유출	C	H	퇴근 후 작업 중인 문서가 책상 위에 방치	M

[그림 5-11] 취약성 분석 과정

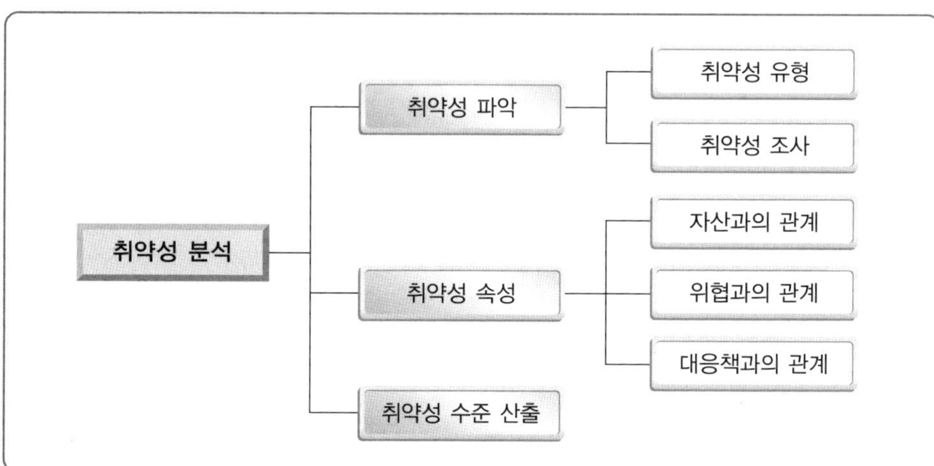

(3) 취약성 파악

취약성의 범위는 보안의 각 분야 항목을 모두 포함한다. 각 보안 분야별로 취약성의 세부항목이 도출될 수 있다.

[그림 5-12] 취약성 유형

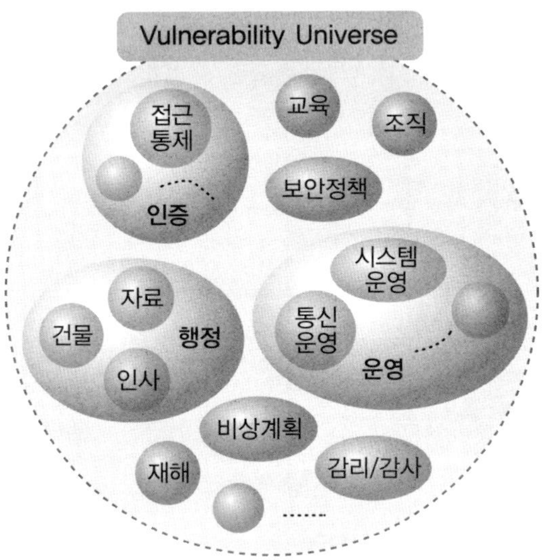

위의 전체적인 보안 각 분야별로 분류와 함께 좀 더 세부적으로 다음과 같이 분류하여 취약성을 조사할 수 있다.

- 하드웨어(H/W)
- 운영체제(O/S)
- 응용소프트웨어(Application)
- 네트워크(Network)
- 데이터(Data)
- 사용자(Users)
- 환경(Environment)

(4) 취약성 속성

취약성과 자산, 위협, 대응책의 관계를 파악하기 위해서 일반적으로 알려진 취약성과 각 요소들과의 관계를 바탕으로 한 속성을 정의하면 다음과 같다.

- 취약성은 모든 자산이 잠재적으로 지니고 있다. (자산과의 관계)
- 취약성은 그 자체만으로 어떠한 위험도 초래하지 않는다. (위험과의 관계)
- 취약성은 위협에 의해 이용되어 위협이 초래할 환경을 제공한다. (위험과의 관계)
- 취약성은 대응책이 늘어날수록 감소한다. (대응책과의 관계)
- 취약성은 대응책 자체도 잠재적으로 지니고 있으므로, 취약성은 결코 0이 될 수 없다. (대응책과의 관계)

결론적으로 취약성은 자산이 지닌 잠재적인 약점을 말하며, 이 약점 자체가 직접적인 위험을 초래하지는 않지만, 위협에 의해 이용되어 위협을 발생시킬 환경을 제공한다. 취약성은 실시하는 대응책이 늘어날수록 감소하지만, 대응책 자체도 완벽할 수 없으므로 잠재적인 취약성을 지니고 있다고 봐야 한다. 그러므로 취약성은 결코 0이 될 수 없다.

(5) 취약성 수준 산출

전 세계적으로 수많은 방법론이 존재하지만 취약성 수준을 산출하는 방법은 크게 2가지 유형으로 정리된다.

- 취약성을 여러 유형으로 나누어 각 유형별로 취약성 수준을 산출하는 경우
- 취약성을 단일 개체(entity)로 보고 각 자산별로 취약성의 수준을 산출하는 경우

취약성을 여러 유형으로 나눔으로써 위험평가 단계에서 위험분석 대상조직이 지니고 있는 위험을 다양한 시각에서 관찰할 수 있고, 또한 각 자산에 대한 취약성을 살펴봄으로써 역시 위험평가 단계에서 자산 각각에 존재하는 위험을 관찰할 수 있도록 하였다. 취약성 수준은 앞서 언급한 바와 같이 자산별로 취약성 수

[그림 5-13] 종류별 취약성 수준 산출

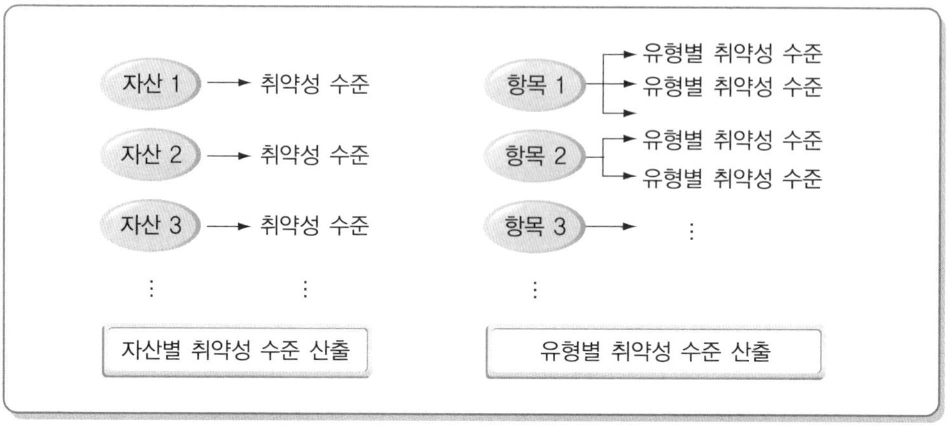

준을 산출하거나 유형별로 취약성 수준을 산출하는 경우가 있다.

2가지 방법으로 취약성 수준을 산출함으로써 특정 자산에 대한 취약성과 전체 조직을 보안의 시각에서 관찰한 취약성을 모두 파악할 수 있다. 자산별 취약성 수준 산출은 자산이 잠재적으로 지닌 취약성의 수준을 파악하는 것으로, 이를 통해 가장 취약한 자산이 무엇인지 알 수 있고, 대응책 고려 시에도 우선순위를 고려할 수 있다. 유형별 취약성 수준 산출을 취약성 유형별로 취약한 분야를 파악할 수 있기 때문에, 어떤 분야에 대응책을 우선적으로 고려해야 하는지를 제시해준다. 예를 들어 "통신 메시지의 변형 취약성"의 수준이 높게 산출되었다면, 이는 메시지 인증에 관한 문제이며, 통신 분야의 인증에 문제가 있음을 의미한다. 따라서 위험평가 후 이 분야의 취약성을 줄이기 위하여 관련 위협과 자산을 살펴보고 필요 대응책의 실시 여부 등을 조사하여 취약성을 줄이려는 조치가 필요하다. 조직의 보안 정책이나 IT 환경, 경험에 따라 조금씩 해석 기준이 틀릴 수도 있다.

Ⅷ. 위협분석(평가)

위협분석은 자산에 피해(Impact)를 가할 수 있는 잠재적인 요소인 위협을 파악하고 발생 가능성 등을 분석하는 과정으로서 위험을 산출하는데 있어 중요한

[그림 5-14] 위협분석 과정

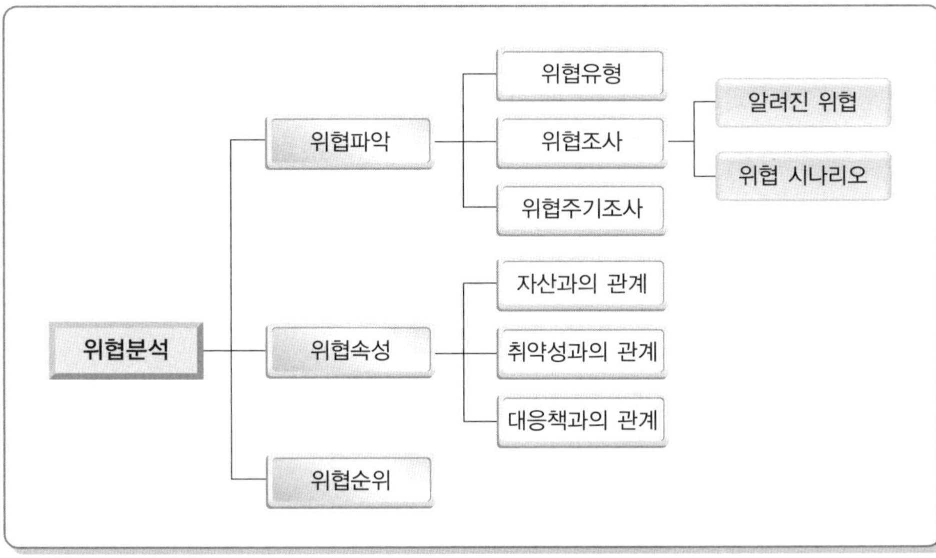

단계이다. 특히 자산과 취약성간의 관계를 정의함으로써 향후 위협이 미칠 대상을 고려하게 된다.

위협분석은 크게 위협파악, 위협속성, 위협순위의 3개 과정으로 나뉘는데, 위협파악에서는 위협을 유형별로 분류 · 조사하고, 각 위협의 주기를 산출한다. 위협속성에서는 위협과 자산, 취약성, 대응책의 상호관계를 파악하고, 위협순위에서는 파악된 위협주기를 바탕으로 위협의 심각성에 따라 가장 고려해야 할 위협부터 순위를 매긴다.

1. 위협파악

(1) 위협유형

위협에는 여러 가지 유형이 있다. 국내외 표준 및 여러 방법론들은 다양한 형식으로 유형을 나누고 있다. 보편적으로 사용되는 위협유형 분류방식은 다음과 같다.

◈ [그림 5-15] 위협 유형

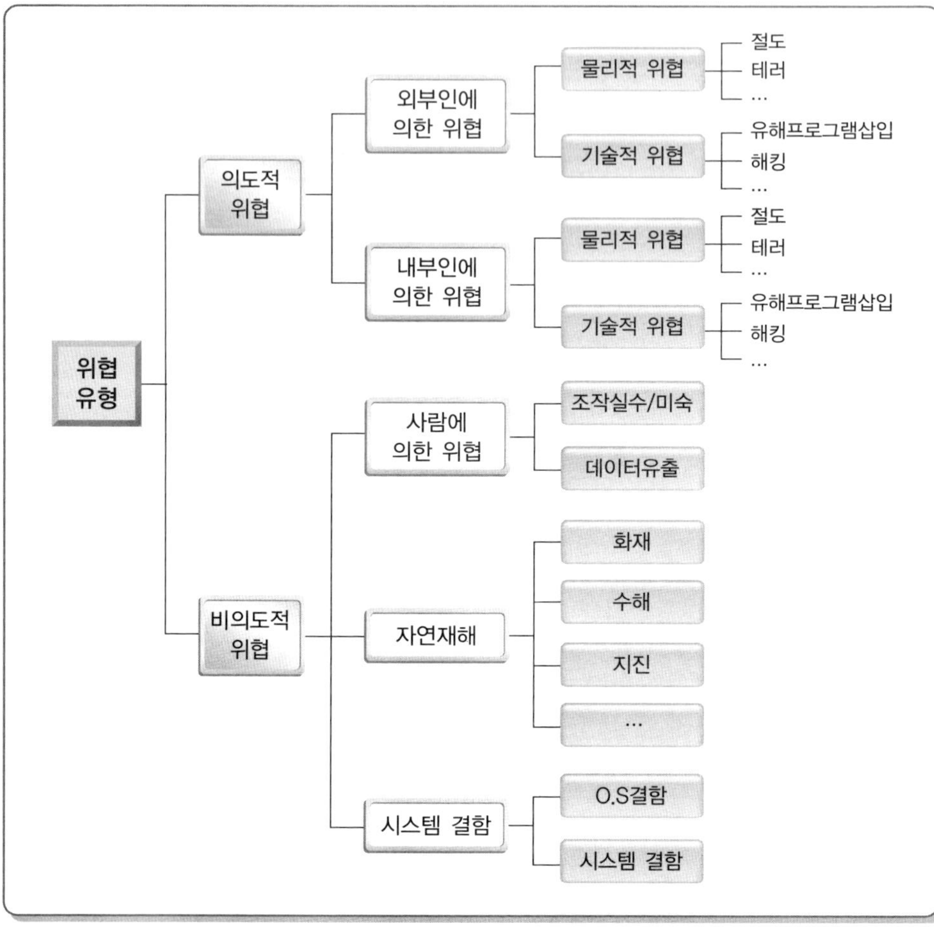

언급한 위협유형에 더하여 좀 더 세부적인 다음과 같이 분류하여 위협을 파악할 수 있다.

- 하드웨어(H/W)
- 운영체제(O/S)
- 응용소프트웨어(Application)
- 네트워크(Network)
- 데이터(Data)

- 사용자(Users)
- 환경(Environment)

위의 유형 분류는 위협이 영향을 미칠 수 있는 IT 분야에 기초한 것으로 자산과 취약성과의 관계를 고려한 것이다. 본 위협 유형 분류에서 적용한 2가지 위협 구분을 바탕으로 위협을 파악함으로써 위협을 체계적으로 정리하고 자산과 취약성간의 관계를 정립하는 데 도움을 줄 수 있다.

(2) 위협조사

본 단계에서는 앞의 언급한 위협 유형에 따라 현존하거나 알려지지 않은 위협들을 조사하는 것이 목적이다. 현존하는 위협, 즉 이미 발생한 적이 있거나 조직에서 알려져 있는 위협과 알려지지 않은 위협, 즉 조직에서 파악하지 않았거나 파악할 수 없었던 위협들을 가능한 모두 조사하는 것이 매우 중요하나. 이 과정에는 영향이나 위험정도가 미미하다고 판단되더라도 빠짐없이 조사하는 것이 매우 중요하다.

1) 알려진 위협(Confirmed Threats)

알려진 위협은 조직에서 발생되었거나 파악된 위협들이다. 주로 전산실의 장애관리 일지나 IT 보안 조직에서 대응했던 사고대응일지 등을 바탕으로 조사할 수 있다. 장애관리일지나 사고대응일지 등은 실제 관리자와 대면하여 일일이 확인하고 정확한 위협을 기록하는 것이 매우 중요하다.

2) 위협 시나리오(Threat Scenario)

위협 시나리오는 파악되지 않은 위협을 발견하기 위해 사용하는 방법이다. 알려진 위협(Confirmed Threat)을 기술하는 방법도 위협 시나리오의 방법을 그대로 적용할 수 있다. 위협 시나리오는 가상적인 위협 환경을 설정하고 발생 가능한 위협을 유추하여 위협을 찾아내는 방법이다. 방법론의 특성에 따라 위협 시나리오 과정에서 대응책을 산출하기도 하지만 본 방법론에서 대응책 산출은 "대응책 분석"에서 수행하게 한다.

◈ [그림 5-16] 위협 시나리오 과정

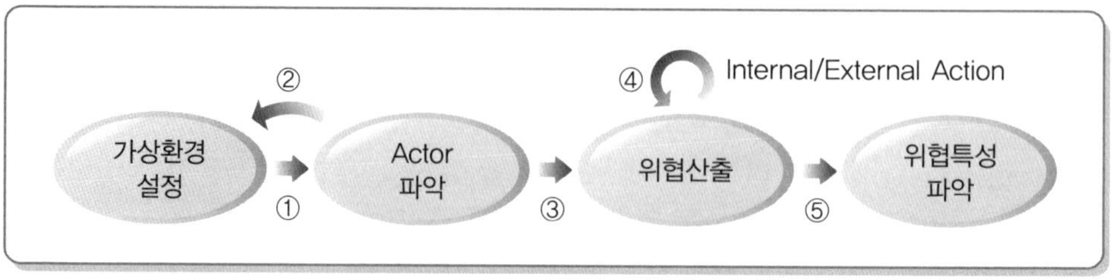

가상환경은 분석 대상 조직에서 발생 가능한 가상적인 위협 발생환경을 의미한다. 조직의 특성에 맞는 다양한 가상 위협 환경이 있을 수 있다.

- 전산실 및 주요부서의 통신을 차단하기 위한 통신 선로의 테러 공격
- 내부 직원에 의한 외장 디스크의 도난
- 자료 보관실에 대한 방화
- 비인가된 외부인의 주요 기밀자료에 접근코자 해킹 공격
- 내부직원에 의한 기밀 유출
- 건물관리인에 의한 자료 유출

위와 같은 가상 환경에서 아래와 같은 Actor(위협을 발생시키는 개체: Entity)가 파악될 수 있다. 예를 들면, Actor를 불특정 외부인, 내부직원, 방문자, 건물 관리인 등으로 도출할 수 있다. 도출 전 Actor와 가상환경을 바탕으로 Actor가 가할 수 있는 위협을 산출한다. 모든 "Actor"는 특정 "Action(행위)"을 가하여 위협을 발생시킬 수 있다. 그러나 위협을 발생시키기 위해서는 "Intention(의도, 목적)"이 수반되어야 가능하다. Actor가 목적과 행위를 동반하면 위협을 자극할 수 있다. 자극된 위협은 취약성을 가진 자산을 공격하게 된다. 위협의 특성에 따라 자산에 가해지는 영향(Impact)은 크게 4가지로 구분될 수 있다. 파괴(Destruction), 폭로(Disclosure), 변조(Modification), 거부(Denial) 등으로 나누어지는 영향은 위협에 따라 4가지 특성을 모두 가질 수 있다.

3) 위협주기 산출

위협에 대한 자극의 횟수가 주기(Frequency)이다. 주기는 위협의 잠재적인 파

괴력을 증가시키는 또 다른 변수이다. 국내 환경에서 위험분석을 적용하기 어려운 이유도 위협주기를 파악할 수 없기 때문이다. 구미 선진국들은 각종 위협이 발생했을 경우 이를 기록, 통계화하여 향후 사고 예방의 주요 자료로 이용하고 있다. 그러나 국내 많은 조직들은 IT 환경을 운영하면서 발생하는 각종 위협을 은폐하려는 경향이 있으며 전산실을 비롯한 IT 관련 부서의 사고 관련일지가 대부분 정확한 기록을 담고 있지 못하다. 위협에 대한 정확한 통계가 없이는 정량분석을 할 수가 없다. 특히 미국에서 나온 방법론과 자동화 도구들은 대부분 정량분석을 기초한 것으로 국내 환경에 맞지 않는 이유가 바로 여기에 있다.

위협주기는 이미 발생한 위협을 기록한 통계자료를 이용하여 입력하는 경우가 있고, 통계자료가 없기 때문에 유추하는 경우가 있다. 위협 주기를 유추할 경우 특정위협에 대한 사전지식이나 특정위협과 관련이 있는 전문가들이 참여해야 하며 이것이 어려울 경우에는 무리한 위협주기의 예측을 삼가야 한다. 무리한 추측으로 인하여 위험분석 결과의 신뢰도를 떨어뜨릴 수 있기 때문이다. 미국의 국립표준기술원(NIST: National Institute of Science & Technology)은 위협주기 유추 방법을 FIPS 65(1975년 발행)라는 표준 문서에 기술해 놓았다. 그러나 국내환경에 적용해 본 결과 알맞지 않은 것으로 평가되고 있다.

[그림 5-17] 위협주기 산출과정(1)

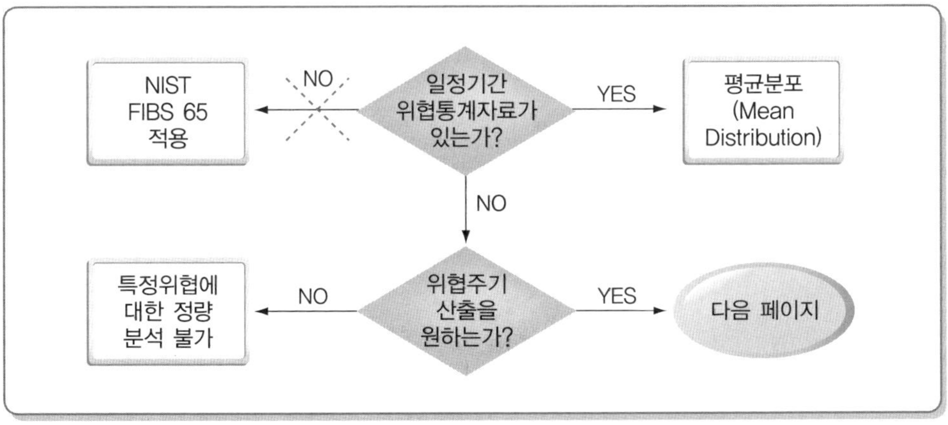

◈ [그림 5-18] 위협주기 산출과정(2)

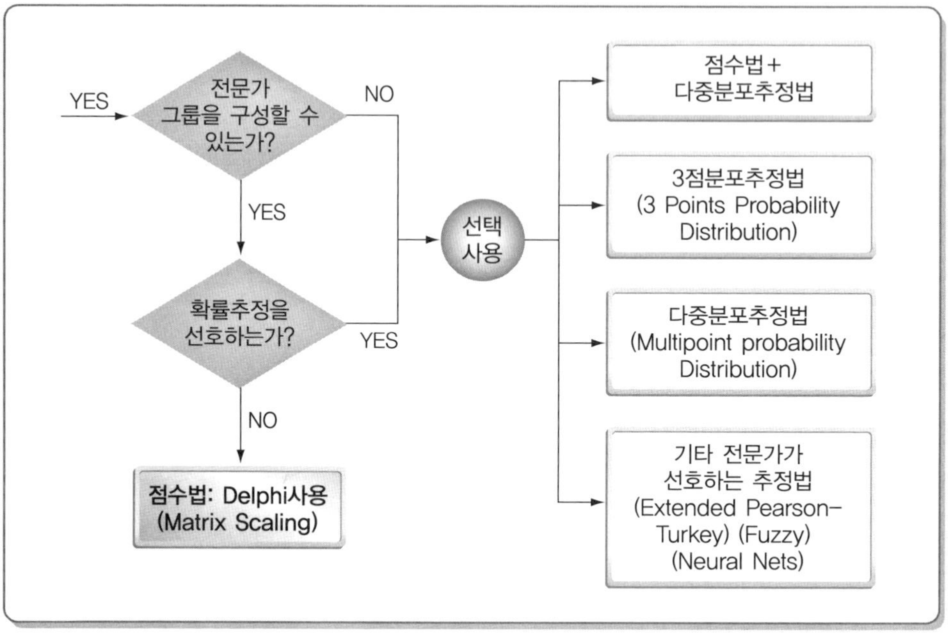

2. 위협속성

실제로 관찰할 수 없는 잠재적인 존재인 위협의 속성을 파악하여 자산에 주는 영향을 알아내기는 쉽지 않은 일이다. 이미 앞서 관찰한 바와 같이 위협은 크게 위협을 야기시키는 Actor, Actor에 의해 가해진 행위(Action), 행위를 유발하게 된 의도(Intention), 파괴, 폭로, 변조, 거부의 위협의 4가지 파괴 특성, 위협의 성질에 따른 유형 등으로 속성이 나누어질 수 있다. 위협과 자산, 취약성, 대응책의 관계를 바탕으로 위협의 속성을 정의하면 다음과 같다.

- 위협은 자산이 잠재적으로 지닌 취약성을 이용하여 자신에 직접적인 위험을 초래한다. (자산, 취약성과의 관계)
- 대응책이 늘어나면 위협이 이용할 취약성이 감소하므로, 위협이 초래할 위험도 줄어든다. (취약성, 대응책의 관계)

◈ [그림 5-19] 위협-취약성-자산과의 관계

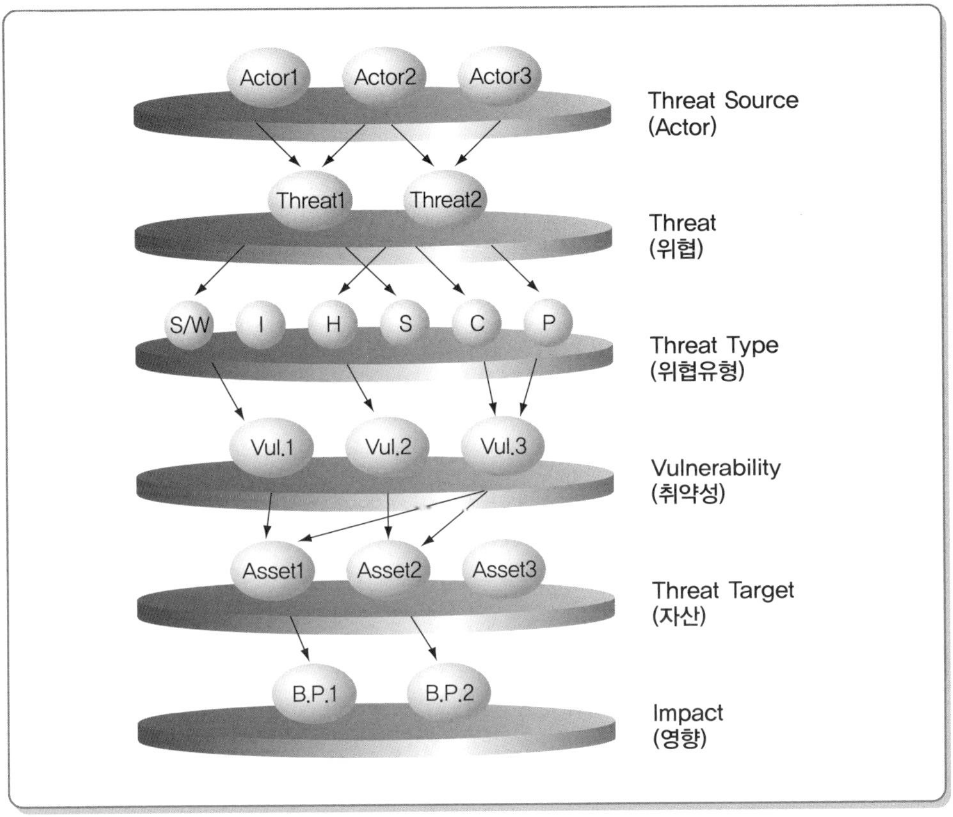

3. 위협순위

위협순위는 위협분석 대상 조직에 대해 가장 많은 영향(Impact)을 줄 수 있는 위협의 중요도를 정하여 나열하는 과정이다. 조직에 피해를 줄 수 있는 위협을 우선적으로 고려하여 보다 효과적인 대책을 강구할 수 있도록 지원하기 위해 필요한 과정이다. 위협순위를 정하는 기준은 여러 가지가 있을 수 있으나 간단히 정리하면,

- 위협주기
- Delphi에 의한 전문가 의견(위협의 중요도)

- 주요자산에 Mapping된 위협(자산의 정성가치)
- 자산가치와 위협주기에 근거한 위협의 Impact

위협의 중요도를 전문가 의견에 취합하여 정하는 방식으로 정확도는 다소 떨어질 수 있으나 정성분석에 널리 사용되고 있다. 위협에 관한 과거자료가 매우 부족한 조직에서는 이와 같은 정성적인 방식에 의해 위협의 중요도를 정하는 것이 현실적인 방법이다. 산출방식은 의견을 취합하여 Matrix Scaling하는 것이 보편적이다. 위협의 영향(Impact)을 결정짓는 가장 중요한 요소는 위협발생주기이다. 아무리 피해규모가 작은 위협이라도 주기적으로 지속적으로 발생할 경우 그 영향은 막대할 수 있다. 특히 화재나 건물 붕괴같이 파괴력이 크나 발생주기가 미미한 위협보다는 해킹, 바이러스, 정전 등과 같이 파괴력은 적으나 발생주기가 지속적인 위협의 피해가 훨씬 심각하다. 위협 주기를 기준으로 한 위협 순위를 산출하는 과정은 다음과 같다.

〈표 5-8〉 위협목록 식별

내부자의 논리적 접근	내부의 인가자 또는 비인가자가 시스템(DB)에 논리적으로 접근하여 정보 유출, 변조, 삭제 수행
내부자의 물리적 접근	내부의 비인가자가 시스템(DB)에 물리적으로 접근하여 정보 유출, 변조, 파괴 수행
외부자의 논리적 접근	해킹, 사용자ID도용으로 외부의 비인가자가 시스템(DB)에 논리적으로 접근하여 정보 절도, 변조, 삭제 수행
외부자의 물리적 접근	외부의 비인가자가 시스템(DB)에 물리적으로 접근하여 정보 절도, 변조, 파괴 수행
소프트웨어 결함	애플리케이션 결함으로 인한 시스템 마비 또는 의도하지 못한 데이터 변경
악성 코드	바이러스, 웜 감염 및 백도어 프로그램 존재
시스템(네트워크) 장애	서버고장, 용량부족 등으로 인한 시스템 마비
하드웨어 결함	하드웨어 결함으로 인한 시스템 마비 및 성능 저하
전원 공급 문제	정전, 과전압으로 인한 전원 고장 및 전원 불안정
자연재해 및 재난	화재, 수재, 벼락, 지진으로 인한 시스템 파괴
담당자의 실수	불충분한 인수인계로 인한 시스템 조작 미숙, 시스템 운영상의 실수

- 위협주기가 산출되지 않은 위협은 순위 대상에서 제외한다.
- 각 위협의 정성적 중요도와 위협에 의해 피해를 입을 수 있는 자산의 정성적 가치를 합한 합계를 산출하여 위협의 또 다른 순위를 산출한다.
- 향후 위험평가에게 분석된 ALE를 참조하여 위협분석의 순위 재조정 작업에 참조한다.

Ⅸ. 대응책 분석(평가)

- 자산에 대한 위험평가를 한 후 중요 자산을 보호하기 위해 의사 결정을 통하여 대응책을 수립하며, 이 대응책들을 구현 활동을 통해 조직의 위험을 통제함
- 보안요구사항을 만족, 위협으로부터 자산을 보호, 취약성을 감소, 사고의 영향을 제한 및 보험과 이 다른 방식으로 보호하는 실행대책, 절차 또는 메커니즘 등을 수립함

대응책 분석 과정은 대응책 파악, 대응책 속성, 대응책 순위의 3가지로 나눌 수 있으며, 대응책 파악에서는 대응책을 유형별로 분류하고, 조사하는데 현재 시

[그림 5-20] 대응책 분석 과정

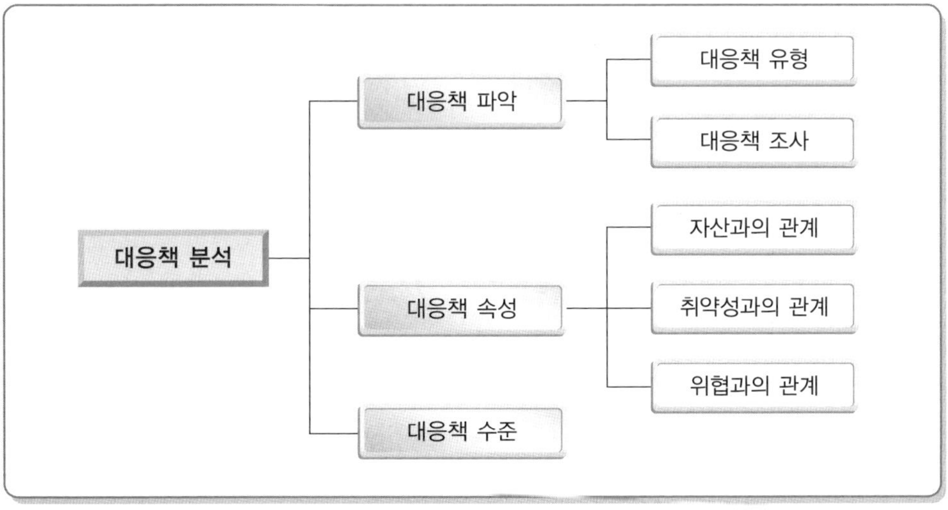

행 중인 대응책도 파악한다. 대응책 속성에서는 대응책과 자산, 취약성, 위협과의 상호관계를 파악하기 위한 대응책의 속성을 파악한다. 대응책 순위는 파악된 대응책 중에서 그 중요도를 고려하여 우선적으로 고려되어야 할 대응책을 순서대로 살펴볼 수 있도록 한다.

1. 대응책 파악

대응책 파악은 위험분석 대상 조직에서 현재 수행하고 있는 각종 대응책(countermeasure)과 각 자산에 필요한 대응책을 모두 파악하는 단계이다. 이 단계에서는 각 대응책을 유형별로 분류하고 조사하여 목록을 작성한다. 유형은 자산, 취약성, 위협에서와 마찬가지로 아래와 같이 7가지 유형으로 나누어 조사할 수 있다.

- 하드웨어(H/W)
- 운영체제(O/S)
- 응용소프트웨어(Application)
- 네트워크(Network)
- 데이터(Data)
- 사용자(Users)
- 환경(Environment)

각 유형별로 대응책 목록을 도출할 때, 국내외 표준자료나 컨설팅 회사 등에서 보유하고 있는 자료를 참고로 할 수 있다. 위험분석을 오랫동안 실시해 온 경험이 있는 조직이나 컨설팅 회사 같은 경우 기본적인 대응책 목록을 보유하고 있다. 그러나 아무리 많은 대응책을 보유하고 있다 하더라도 조직의 특성과 환경에 따라 항상 새로운 대응책이 요구된다. 따라서 기존의 대응책 목록에 더하여 지금까지 분석된 자산, 취약성, 위협을 바탕으로 새로운 필요 대응책들을 조사하여야 한다. 또한 목록 작성 시 중요한 것은 대응책의 수준을 어느 정도로 할 것인가를 결정하는 것이다. 대응책의 종류와 수준에 따라 위험분석의 결과의 정확도가 결정되기 때문이다. 대응책의 수준을 깊게 한다면 분석의 결과의 정확도는 상승하

◆ 〈표 5-9〉 대응책 수준

대상자산	통제방식의 대응책	Technology-Oriented 대응책
UNIX O.S	- 운영체제의 보안허점(Security hole)을 수시로 점검하고 있다.	- 주요 시스템파일의 Permission Mode를 정기적으로 점검한다. - 시스템 보안정책에 따라 제공하지 않는 서비스는 제거한다. - 시스템 사용자들의 홈 디렉토리에서 .rhosts 파일을 삭제한다.

겠지만 그만큼 비례하여 시간과 노력, 비용은 증가할 것이다. 이는 위험관리에 대한 부담을 증가시켜 보안과 업무처리간의 균형이 맞지 않을 수도 있다.

통제방식의 대응책은 모호한 반면 기술지향적인 대응책은 좀 더 구체적이고 적용범위가 명확하다. 대응책을 점검하는데 있어 여러 유형의 자동화 도구를 사용할 수 있다. 예를 들어 Unix 운영체제를 점검하기 위해서는 시중에 나와 있는 Security 점검 도구를 이용하여 점검하는 것이 훨씬 정확하고 빠르다. 이러한 도구를 이용하여 산출된 결과를 각 대응책에 대한 점검의 대신하는 것이 합리적이다. 대응책 조사 시 이미 구현된 대응책을 반드시 조사하여, 향후 필요 대응책 도출시 중복 투자를 피하고, 상호 상반되지 않고 보완적인 대응책을 도출할 수 있도록 한다. 또한 이미 구현된 대응책의 구현과정과 운영현황도 파악하여 대응책의 효율성도 조사한다.

2. 대응책 속성

- 대응책 속성에서는 자산, 취약성, 위협과의 상호관계를 파악하기 위한 대응책의 속성을 분석한다. 대응책과 각 요소들 간의 관계를 정의하면 다음과 같다. 대응책은 자산을 현존하는 위협으로부터 보호한다. (자산과 위협과의 관계)
- 대응책이 증가할수록 취약성은 감소하지만, 대응책 자체도 취약성을 가지고 있으므로, 취약성은 결코 0이 될 수 없다. (취약성과의 관계)
- 대응책은 위협의 발생으로 인한 피해를 감소시키고, 유형에 따라 위협의 주

기도 감소시킨다. (위협과의 관계)

3. 대응책 순위

위험분석의 가장 큰 목적은 위험을 측정하는 것이지만 이에 못지않게 비용효과적인 대응책을 제시하는 것도 위험분석에서 큰 비중을 차지한다. 비용효과적인 대응책을 제시하기 위해서는 제한된 비용을 조직에 가장 필요하고, 시급한 대응책에 우선적으로 투자를 해야 한다. 대응책의 순위는 대응책 파악 과정에서 각 대응책별로 중요도를 부여하여 이를 기준으로 할 수도 있으며, 하나의 대응책이 영향을 미치는 자산의 수와 가치를 기준으로 할 수도 있다.

X. 위험 시나리오(자산-취약성-위협-대응책 맵핑)

위험 시나리오란 어떤 한 자산(A)에 취약성(V)이 존재한다고 가정했을 때, 특정 위협(T)에 의해 공격을 받아 위험이 발생할 수 있고, 이에 대한 대응책(C)을 마련하여야 한다는 일련의 과정을 정의하는 것이다. 위험 시나리오는 위험 산출 시 기준이 되는 기본 자료이므로, 무엇보다 정확하게 구성하는 것이 중요하다. 위험 시나리오를 구성하는 방법은 방법론에 따라 매우 다양할 수 있다. 이때 중요한 것은 위험 시나리오가 자산-취약성-위협-대응책의 상호관계를 정의하는 것이므로 이들 요소간의 관계를 정의할 수 있는 공통적인 속성을 파악하는 것이 무엇보다 중요하다.

자산분석, 취약성분석, 위협 분석, 대응책 분석을 통해 파악된 각 요소들의 속성과 자산의 7가지 유형으로 분류한 기준을 바탕으로 상호 관계를 정의하였다. 즉, 각 요소들의 분석과정에서 각 요소들을 파악하고 조사할 때, 하드웨어, 운영체제, 응용소프트웨어, 네트워크, 데이터, 인력, 주변 환경의 7가지 자산의 유형으로 분류하여 조사한 내용을 바탕으로 취약성, 위협, 대응책이 어떤 유형의 자산에 영향을 미치는지를 정의하였다. 정확한 위험 시나리오 구성을 위해서는 자산과 취약성, 취약성과 위협, 위협과 대응책 등의 여러 조합의 관계를 파악하여 이들 상호간의 공통적인 속성을 가능한 다양하게 도출해내야 한다.

XI. 위험산출 및 평가

위험산출 및 평가 단계에서는 자산분석, 취약성 분석, 위협 분석, 대응책 분석을 통하여 얻은 데이터와 분석 결과를 바탕으로 위협을 측정하고 산출하여, 평가(Evaluation)한 후 대응책을 제시해 주는 위험분석의 최종 단계이다. 평가된 위험수준과 제시된 대응책을 바탕으로 시스템 보안정책을 수립하고 구현계획을 수립하는 위험관리의 최종단계가 이어지게 된다.

위험을 직접적으로 나타낼 수는 없다. 어떠한 측정기준이나 방식도 위험을 나타내는 모든 요소를 고려하여 완벽하게 측정된 수치를 제시할 수 없다. 따라서 취약성 수준, ALE 등이 위험을 나타내는 간접적인 여러 기준을 도출하고 이를 종합하여 위험수쥬음 나타낸다. 위험평가 과정은 위험을 나타내는 한 방법으로서 취약성 수준과 ALE(연간기대손실치)를 산출하고, 이를 바탕으로 위험이 높은 것에서부터 낮은 것까지 순위를 매긴다. 위험순위를 바탕으로 가장 위험한 자산과 필요대응책을 도출하며, 대응책 실시비용과 감소된 위험수준을 고려하는 비용효과 분석을 실시한다. 그리고, 마지막으로 분석된 결과를 바탕으로 산출된 위험이 조직의 업무처리에 미치는 영향을 전반적으로 나타내는 종합평가를 한다.

[그림 5-21] 위험평가

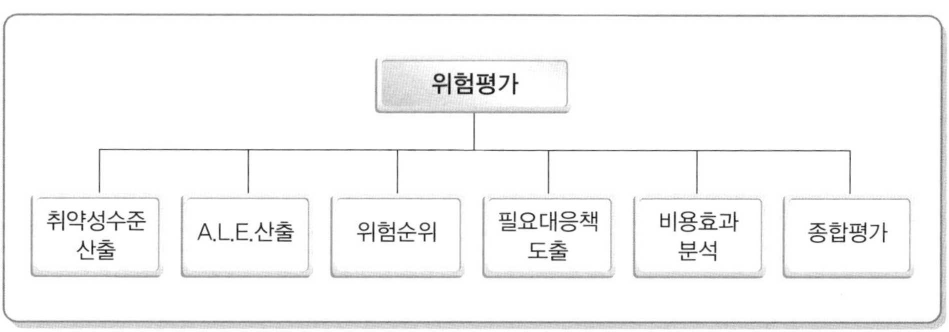

1. 위험도 측정

- 위험은 위협이 취약성을 이용하여 발생하고 그로 인해 자산이 손상을 입게 될 잠재된 가능성을 뜻함
- 다음을 포함하여 산정함
  ① 자산의 가치
  ② 관련된 취약성 정도
  ③ 관련된 위협의 가능성
  ④ 자산을 보호하기 위한 구현중인 보안통제

통상 자산가치와 취약성과 위협의 합을 위험도라고 명명해서 각 자산의 위험관리의 기준으로 삼는다. 예를 들어, A라는 자산의 기밀성 가치가 3이고, 위협이 3이고, 취약성이 2로 조사되었을 때 위험도를 〈표 5-10〉을 이용하여 구하면 8(=3+3+2)이 된다.

〈표 5-10〉 위험(도) 계산 대비표

위 협		L			M			H		
취약성		L	M	H	L	M	H	L	M	H
자산등급 (등급)	1	3	4	7	4	5	6	7	8	9
	2	4	5	8	5	6	7	6	7	8
	3	5	6	9	6	7	8	7	8	9

2. 위험수준 검토

- 어느 정도의 위험이 수용 가능한지 위험수준(DoA: Degree of Assurance)을 결정하여야 함
- 위험도 산정 후 어느 정도의 값을 기준으로 하는가에 관한 결정은 비용효율과 실효성 등을 고려하여 관련 부서 및 담당자와의 충분한 협의가 이루어진 후에 결정함

3. 위험처리 기준

- 각 위험을 경영진이 결정한 수용 가능한 목표 위험수준과 비교한다.
- 위험도가 목표 위험수준과 같거나 그 이하인 위험은 수용한다.
- 목표 위험수준보다 위험도가 높은 경우 이 위험을 목표 위험수준까지 감소시킬 수 있는 대책이 있는지 알아본다.
- 대책의 구현 및 유지에 들어가는 비용과 감소되는 위험을 비교하여 구현 비용을 감수할 가치가 있는지를 개략적으로 평가한다.
- 위험을 목표 수준까지 감소시킬 수 있는 대책이 기술적으로 존재하지 않거나 대책이 존재하더라도 구현 및 유지비용이 이로 인해 감소되는 위험의 규모 이상이라고 판단되면 이 위험을 전가할 적절한 대상이 존재하는지 알아본다.

4. 위험처리 방식

- 위험 수용(Risk acceptance): 현재의 위험을 받아들이고 잠재적 손실 비용을 감수하며, 어떠한 대책을 도입하더라도 위험을 완전히 제거할 수는 없으므로, 일정 수준 이하의 위험은 감수하고 사업을 진행한다.

[그림 5-22] 위험 수용

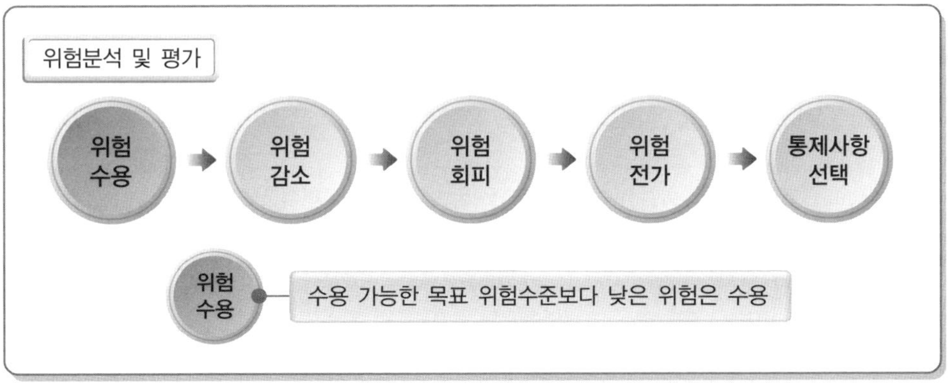

• 위험 감소(Risk reduction, mitigation): 위험을 감소시킬 수 있는 대책을 채택하여 구현하여, 대책의 채택 시에는 이에 따른 비용이 소요되기 때문에 이 비용과 실제 감소되는 위험의 크기를 비교하는 비용효과 분석을 실시한다.

[그림 5-23] 위험 감소

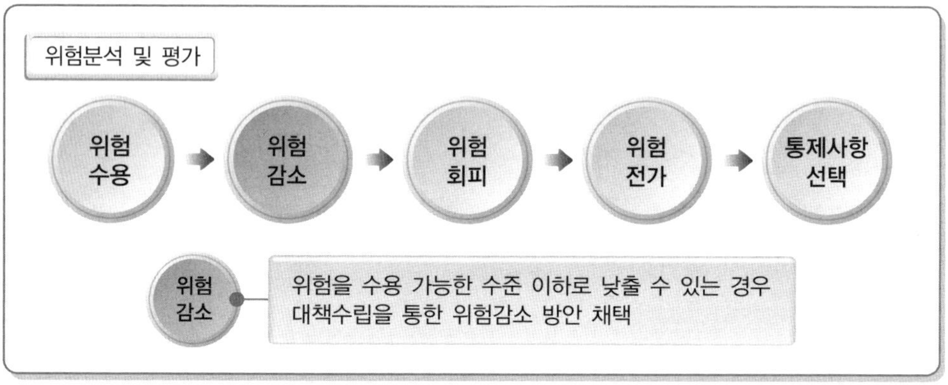

• 위험 회피(Risk avoidance): 위험이 존재하는 프로세스나 사업을 수행하지 않고 포기한다.

[그림 5-24] 위험 회피

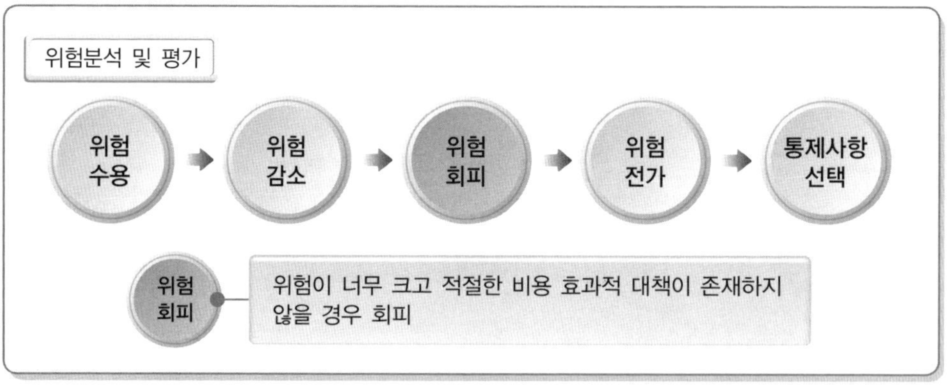

• 위험 전가(Risk transfer): 보험이나 외주 등으로 잠재적 비용을 제3자에게 이전하거나 할당

[그림 5-25] 위험 전가

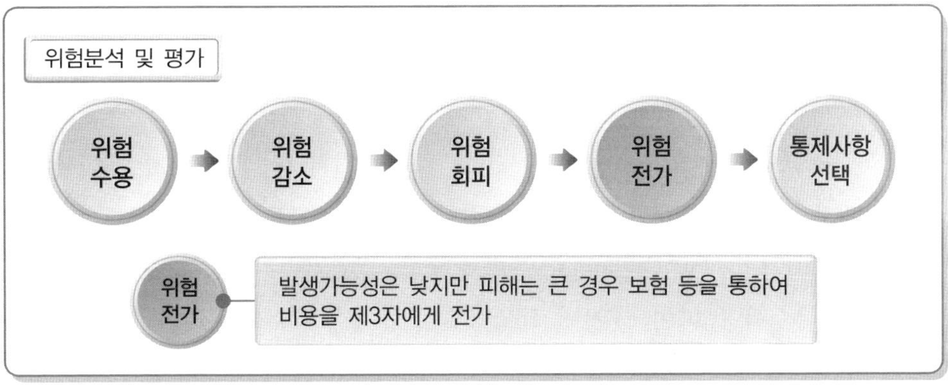

(1) 취약성 수준산출

취약성 분석을 통하여 도출된 분석 자료를 바탕으로 위험을 나타내는 간접적 기준의 하나인 취약성의 수준을 산출할 수 있다. 취약성 수준을 산출하는 방법은 크게 2가지 유형으로 정리된다.

- 취약성을 여러 유형으로 나누어 각 유형별로 취약성 수준을 산출하는 경우
- 취약성을 단일 개체(entity)로 보고 각 자산별로 취약성의 수준을 산출하는 경우

1) 산출방법

취약성 수준은 위험 시나리오를 기준으로 연관되어 있는 대응책들 중 시행하고 있는 대응책들과 미시행 대응책들 간의 비율을 말한다. 미시행 대응책들이 많으면 많을수록 취약성 수준은 100에 근접하고 미시행 대응책들이 적을수록 0에 근접한다.

2) 취약성 수준의 평가

자산별 취약성 수준을 통하여 각각의 IT 자산이 가지고 있는 위험을 간접적으로 알 수 있으며, 무엇보다도 각 자산과 관련된 업무처리에 대한 위험을 파악할 수 있다. 항목별 취약성 수준을 통하여 보안 관리의 어느 부문에 문제점이 있는지 파악할 수 있다. 예를 들어 '패스워드 유출 취약성'의 산출 결과가 높게 나왔

다면 이는 세부적으로 접근 통제에 문제가 있는 것이며 크게는 대상 조직의 인증 보안에 문제가 있는 것으로 진단할 수 있다.

(2) ALE 산출

ALE(Annual Loss Expectancy Value: 연간 기대 손실치)란 IT 자산에 가해질지도 모르는 피해(Impact)를 화폐 단위로 측정한 값이다. ALE는 미국 NIST(National Institute of Standard and Technology: 미국 국립 표준 기술원)에서 FIPS-65(연방표준-65)라는 문서를 통하여 1979년 산출방법을 공개한 이래 정량분석에 사용되는 ALE는 이 방식을 근간으로 하고 있다. 그러나 FIPS-65의 방식은 몇 가지 문제점을 가지고 있다. 위협주기에 따라 ALE의 변동폭이 매우 크고, 산출값이 비현실적이다. 이는 단순한 자산 가치와 위협주기만 고려하기 때문이다.

ALE 산출 방법은 다음과 같다. 우선 기본적으로 ALE는 다음과 같이 구해진다.

ALE = Value(자산가치) × Exposure Factor(위협에 노출정도) × Tf(위협주기)

자산 가치와 위협주기는 자산분석과 위협분석에서 언급한 절차에 따라 산출하여 적용하고, 자산이 위협에 어느 정도 노출되어 있는지를 나타내는 EF는 앞의 취약성 수준 산출과 마찬가지로 위험 시나리오의 자산-취약성-위협-대응책의 관계에서 자산-위협을 기준으로 관련 있는 대응책과 시행하고 있는 대응책 및 미시행 대응책의 비율로부터 산출할 수 있다. 자산별 취약성 수준을 EF로 사용할 수도 있으나, 이 값은 모든 위협에 대해 동일한 값을 나타내기 때문에 각 위협별 특성을 반영할 수 없다. 따라서, 자산-위협별 취약수준을 산출하여 이 값을 E.F로 사용하는 것이 각 위협별 특성을 반영하여 좀 더 정확한 ALE를 산출해 낼 수 있다.

$$EF = V = \left(\sum_{i=1}^{i=m} C'_iW - \sum_{i=1}^{i=n} C'_iW\right) \div \sum_{i=1}^{i=m} C_iW$$

C_iW: 자산-위협별 전체 대응책의 중요도 합

C'_iW: 자산-위협별 실시 대응책의 중요도 합

(3) 위험수준 설정

1) 위험순위

위험순위란 자산 또는 기타 항목별로 위험의 정도가 높은 순으로 나열하여 위험을 감소시켜야 할 항목들의 우선순위(Priority)를 나타내기 위한 것이다. 위험순위는 체크리스트를 사용하여 간단한 위험분석을 수행할 때 결과 도출에 자주 사용되는 방식이다. 위험 순위를 산출하는 기준은 여러 가지 있으나 경우에 따라서 위험에 대한 종합적인 평가를 위해 각 기준을 모두 종합하여 위협을 산출하기도 한다. 그러나 이런 경우 실제 위험과 동떨어진 결과가 나올 수 있다.

2) 목표위험수준 설정

(가) 목표위험수준 정의

위험평가의 목적은 중요 자산을 식별하고 자산의 위험도를 산정함으로써, 보호의 우선순위를 부여하고, 평가된 위험을 감소시킬 수 있는 보호대책을 제시하는 것이다. 따라서, 위험도를 기준으로 목표위험수준(DoA: Degree of Assurance)을 결정하여 위험을 수용할지 위험을 감소시킬지를 결정하고 감소시켜야 할 위험에 대한 보호대책을 선정해야 한다.

〈표 5-11〉 위험도

구 분	위험도	
	3~8(Acceptable Risk)	9~13(Unacceptable Risk)
위험처리 방안	수 용	감소(보호대책 식별)
향후 위험관리 방안	위험 허용수준의 감소시, 보호대책 식별 및 적용	적용된 보호대책의 효과성을 지속적으로 유지 관리

(나) 목표위험수준 설정

• DoA 결정

위험분석을 통하여 도출된 위험들 중에서 관리되어야 할 위험을 식별하기 위한 DoA를 협의하여 결정해야 한다.

◈ 〈표 5-12〉 DoA를 7로 결정한 경우의 예

위협 수준		Low			Medium			High		
취약점 수준		L	M	H	L	M	H	L	M	H
자산 가치	1 (L)	3	4	5	4	5	6	5	6	7
	2 (M)	4	5	6	5	6	7	6	7	8
	3 (H)	5	6	7	6	7	8	7	8	9

□ Acceptable Risk

■ Unacceptable Risk

* DoA : Degree of Assurance

• DoA 예

목표위험수준은 아래와 같이 선정이 가능하다.

◈ [그림 5-26] 목표위험수준 설정 (예)

프로젝트명	정보보호관리체계 구축		
문서번호		보고서명	위험분석보고서
보안등급	Confidential	작성일자/버전	2009/03/16

다. 위험도 산정 결과

자산(서버, 네트워크, 어플리케이션, 부대설비 등)에 대해서 식별 및 평가한 위협/취약성, 이에 대한 위험도는 다음과 같음.

1) 서버

자산명		서버		영향도			자산 중요도(서버 중요도 평균값)		C(4.3), I(4.3), A(4.2)			
위협		취약점					기존 보호대책		위험도			위험 ID
위협항목	평가	취약점 내역	평가	C	I	A	보호대책 내역	평가	C	I	A	
내부자의 논리적 접근	H	접근통제 정책 부재	H	✓	✓	✓	-	0	11	11	11	RS-01
		사용자 계정발급 및 삭제 절차 미수립	H	✓	✓	✓	-	0	11	11	11	RS-02
		정보자산 중요도 평가 및 분류기준 미수립	M	✓	✓	✓	-	0	10	10	10	RS-03
		주기적 정보보호 감사 미수행	H	✓	✓	✓	-	0	11	11	11	RS-04
		주기적 정보시스템 취약점진단이 수행되지 않음	H	✓	✓	✓	-	0	11	11	11	RS-05
		공개서버 보안정책 미흡	M	✓	✓	✓	-	0	10	10	10	RS-06
		Unix, Windows서버에 대한 보안설정 미흡(계정관리, 권한관리, 접근제어, 시스템보안설정 등)	H	✓	✓	✓	-	0	11	11	11	RS-07
		보안사고 대응계획/지침이 수립되지 않음	H	✓	✓	✓	-	0	11	11	11	RS-08
		DB의 주요 정보 접근내역에 대한 로깅이 되지 않음	H	✓	✓	✓	-	0	11	11	11	RS-09
내부자의 물리적 접근	M	접근통제 정책 부재	H	✓	✓	✓	-	0	10	10	10	RS-10
		정보시스템 반출입 절차 미흡	H	✓	✓	✓	-	0	10	10	10	RS-11

• ALE 기준

ALE 기준의 위험순위 산출은 정량적으로 ALE를 산출할 수 있는 자산에 대해서만 순위를 매긴다. 따라서, 정량적 가치산정이 어렵거나 해당 자산의 위협주기가 제대로 파악되지 않는 자산의 경우는 ALE 기준의 위험순위에 반영되지 않는다는 것을 고려해야 한다.

• 취약성 수준 기준

취약성 수준을 기준으로 한 위험순위 산출은 전 자산을 대상으로 한다. 정량적, 정성적인 방법과 관계없이 취약성 수준은 자산별로 대응책의 시행 및 미시행의 비율로 산출되므로 모든 자산의 위험순위를 산정할 수 있다.

• 업무처리 중요도 기준

자산 분석 시 작성되있던 핵심 비즈니스 프로세스(Core Business Process)에 대한 위험정도를 취약성 수준을 기준으로 평가한다. 핵심 비즈니스 프로세스의 위험도를 전반적으로 파악하기 위한 그래프를 작성하여 나타낼 수 있다. 보안 정책이나 위험분석 시 정해진 위험기준(취약성 등급 기준)의 기준선에 따라 위험도를 표시한다.

(4) 필요대응책 도출

1) 가상 시나리오

과거의 기록과 현재 상태에 근거한 위험분석은 그 결과가 아무리 정확하다고 하더라도 미래에 일어날 수 있는 각종 보안사고 및 재해 등을 예측하고 대비하기에는 부족하다. 따라서 현재 분석된 결과를 바탕으로 가상의 시나리오를 적용하여 그 결과를 관찰하고 알맞은 대응책을 강구하기 위하여 적용하는 과정이 What-if Scenario이다.

- 특정 위협이 발생한다면?
- 특정 대응책을 구현한다면?
- 특정 자산을 도입한다면?

위협, 위협주기, 대응책 등이 What if 시나리오에서는 변수(Parameter)로 이용될 수 있다. 발생가능성이 있는 다양한 조건과 환경들을 가상으로 위험분석 대상 조직이나 시스템에 가상 적용하여 그 결과를 바탕으로 새로운 대응책을 제안할 수 있다. 새로운 시나리오를 적용할 경우 기존 위험 시나리오를 수정하거나 취약성 및 ALE 등을 재산출해야 한다.

(5) 비용효과분석

비용효과분석이란 위험을 감소시키기 위하여 필요한 대응책들의 수행여부를 비용적인 측면에서 고려하여 판단하는 분석과정을 말한다. 이 과정을 통하여 위험분석 결과를 가장 효과적으로 활용할 수 있으며, 예산의 제약 등을 고려하여 제한된 비용으로 최적의 효과를 얻을 수 있도록 최고 경영진의 의사결정을 지원한다.

- 비용효과분석의 단계별 과정
  ① 위험도가 높은 업무처리, 파악
  ② 업무처리에 Mapping된 자산 파악
  ③ 파악된 자산 중 취약 수준이 기준치를 넘는 자산 파악
  ④ 파악된 자산 중 중요도가 가장 높은 순으로 나열
  ⑤ 각 자산에 Mapping된 미실시 대응책 파악
  ⑥ 각 대응책 실시 비용 산출
  ⑦ 필요대응책 도출
  ⑧ 필요대응책 실시 비용의 합계 산출
  ⑨ 필요대응책 실시 후 위험 감소율 측정
  ⑩ 개선된 위험의 허용여부 및 보안예산 등을 고려하여 분석 결과 적용

위 과정을 자동화 도구를 이용하여 적용할 경우 많은 시간을 절약할 수 있다. 대응책 구현 비용은 유형자산을 구입 또는 교체비용을 사용하고 무형자산은 시간 등을 바탕으로 한 인건비 등을 산출하여 사용한다. 비용 효과 분석의 가장 핵심은 핵심 업무 처리에 우선적으로 고려하여 할당된 보안 예산의 범위에서 보안

대응책을 구현하여 위험 감소율을 최대화하는 것이다.

(6) 종합평가

- 수립된 기준에 의해 위험수준을 식별하는가? (예: ISO 27005, NIST 800-30)
- 경영층과 담당자간의 원활한 소통을 위한 위험의사소통이 있는가?
- 수립된 위험수준 식별은 경영진의 승인을 받았는가?

1) 입력

- ISMS 수행의 목표, 정보보안 요구 및 업무 요건을 요약한 문서
- 하드웨어/소프트웨어/정보 등 자산 목록, 시스템 구성도
- 기존위험평가, 취약점 점검결과, 보안요구사항자산식별 및 평가
- 위협/취약성리스트 및 평가위험도평가, 위험수준결정

2) 출력

- 위험평가(분석/관리) 보고서
  ① 위험평가 범위
  ② 위험평가 방법론
  ③ 자산/위협/취약성 식별 및 평가
  ④ 위험도 산정 및 위험수준 결정

3) 점검 포인트

- 모든 자산이 포함되어 있는가?
- 자산식별 및 평가 후 관련 담당자의 승인을 받았는가?
- 잠재적 영향, 발생 가능성 및 빈도를 고려하였는가?
- 취약성 평가 시 기술적 취약점 점검을 반영하여 평가하였는가?
- 잠재적 영향, 발생 가능성 및 빈도를 고려하였는가?
- 관련실무담당자들의 의견을 반영하였는가? (예: IT직원, 개발자, 정보취급자 등)

종합평가는 지금까지 분석된 결과를 바탕으로 전반적인 위험을 기술하고 분석된 위험이 조직의 업무처리에 미치는 영향을 나타내는 과정이다. 뿐만 아니라

비용효과 분석 등을 통하여 얻어지는 결과는 조직에서 가장 시급한 필요 대응책들을 간략하게 기술하고 예산을 확보하기 위하여 최고 경영진을 설득할 수 있는 충분한 자료를 수록하여야 한다. 필요하다면 IT 보안정책(IT Security Policy)을 수정하여야 하며 위험분석 시 포함된 각 시스템들에 대한 시스템 보안정책(System Security Policy)도 새로 작성하거나 보완하여야 한다. 보안된 보안정책과 필요 대응책들을 바탕으로 구체적인 대응책 구현 계획을 작성하는 다음 단계의 보안관리 과정으로 들어가게 된다.

종합평가는 다음과 같은 내용으로 구성한다.

- 종합평가의 구성비용
- 대상조직/시스템 종합
- 취약성 수준의 평가(자산별, 분야별, 업무처리측면)
- ALE 결과의 평가
- 위협에 대한 평가
- 기타 예산, 정책, 조직의 개선점, 문제점

취약성 수준의 평가는 취약성 분석 결과가 조직에 미치는 영향을 종합적이고 간단명료하게 해석하고 정리함으로써 최고 경영자의 결정을 도와준다. ALE 결과의 평가는 위험분석의 결과가 미치는 영향을 종합적으로 정리한다. 비용효과 분석의 평가는 비용효과분석을 통하여 도출된 대응책들의 구현 필요성, 보안예산의 증감유무, 투자 대 효율 등을 종합적으로 정리하여 최고 경영자로 하여금 투자에 대한 결정을 돕는다. 앞서 언급한 내용 외에도 위험관리자의 판단에 따라 What-If Scenario 적용 결과는 다음과 같다.

- 조직/시스템이 가지고 있는 심각한 취약성
- 현전하는 위협에 대한 평가
- 예산, 정책, 조직의 개선 방향, 문제점

종합평가가 마무리 되면서 사실상의 위험분석은 마무리된다. 위험분석 결과를 바탕으로 한 다음 단계는 위험분석의 결과를 바탕으로 시스템별 보안정책을

◈ [그림 5-27] 위험분석이후 과정

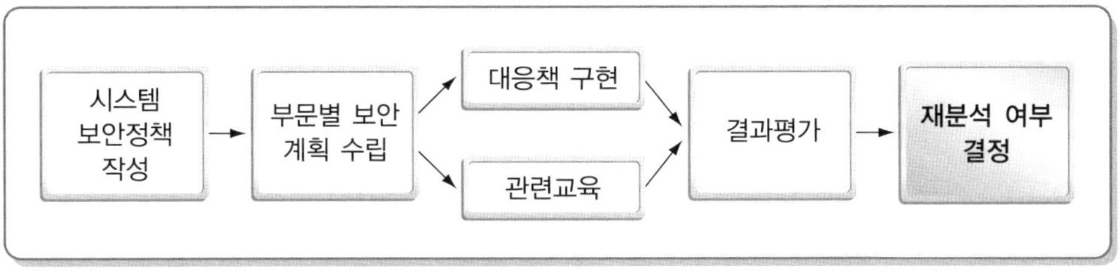

작성하고 부문별 보안계획을 수립한다. 계획이 수립되면 계획에 따라 대응책을 구현하고, 관련 교육을 실시한 후, 다시 이를 재평가하여 조직에서 허용 가능한 위험수준을 만족하는지 검토하고, 재분석을 실시해야 하는지도 결정한다.

XII. 위험처리절차

◈ [그림 5-28] 위험처리 절차

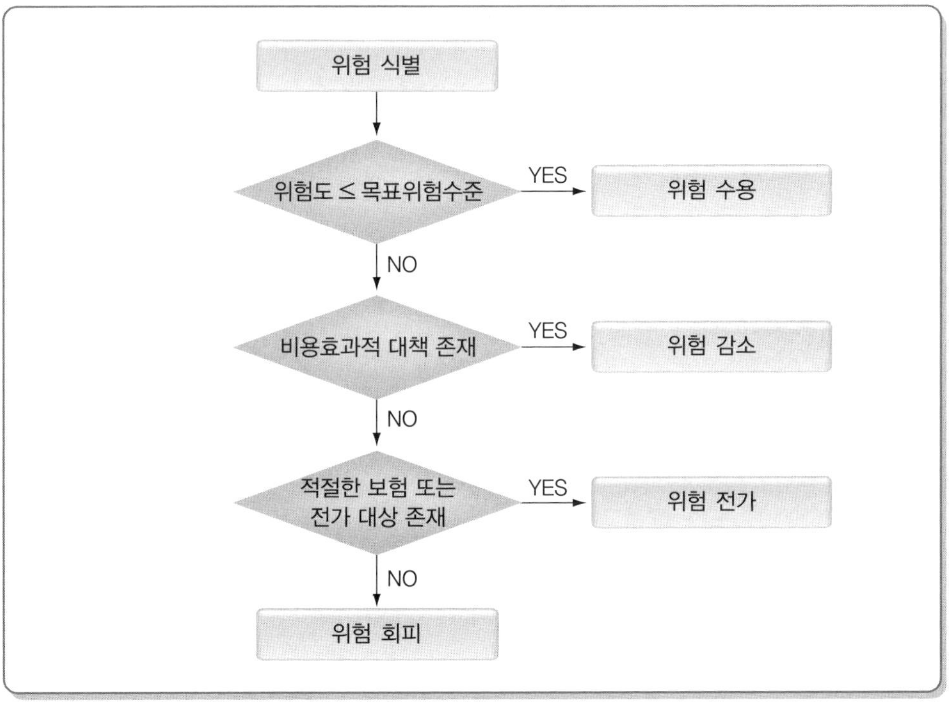

[그림 5-29] 업무절차도

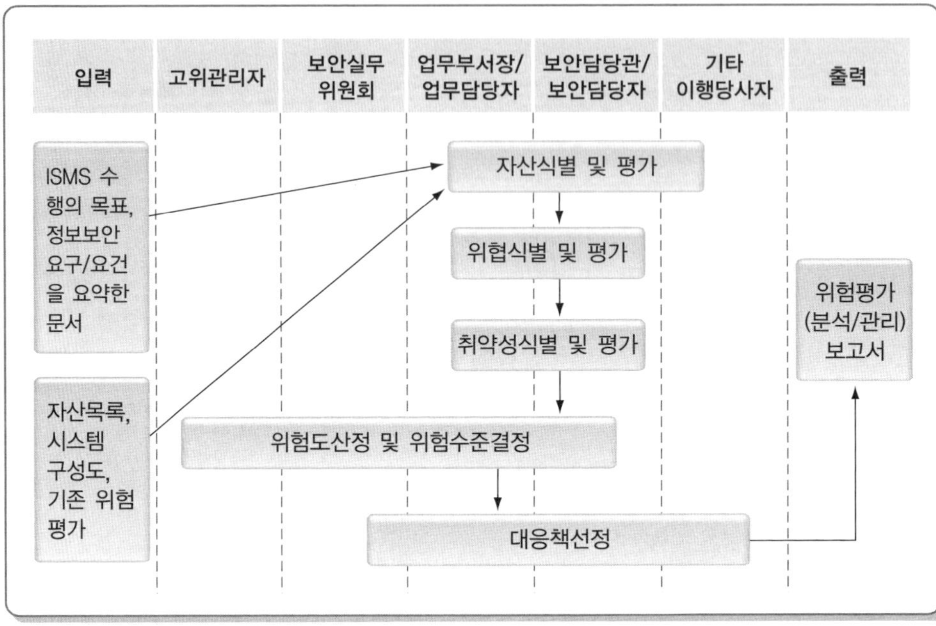

XIII. 역할과 책임

〈표 5-13〉 대응책 수준

활 동	고위관리자	보안심의위원회	정보화담당관	정보보호담당관	IT담당자	보안담당자	업무부서장	업무담당자	운영지원과장	물리적보안담당자	인사보안담당자	감사팀장
자산식별 및 평가	I	I	A	R	R	R	R	C	C	R	R	
위협식별 및 평가			A	R	R	R	R	C	C	R	R	
취약성식별 및 평가			A	R	R	R	R	C	C	R	R	
위험도산정 및 위험수준결정	A	R	R	R	C	C	C			C	C	I
대응책선정	I	C	A	R	R	R	C	C	C	R	C	

* R(esponsible): 수행책임, A(ccountable): 전결권한(최종책임), C(onsulted): 협의대상, I(nformed): 통보대상

›››사례 첨단 섬유소재 기술 중국에 유출 미수사건

윤종석 기자 = 경찰청 보안국은 15일 자신이 근무하던 회사에서 첨단 섬유소재 관련 기술을 빼돌려 중국의 경쟁사로 넘기려다 미수에 그친 혐의(부정경쟁방지 및 영업비밀보호에 관한 법률 위반)로 S사 대표이사 김모(64) 씨를 불구속 입건했다고 밝혔다.

경찰에 따르면 K사 기술연구소장으로 일하던 김 씨는 2005년 12월 퇴사하면서 K사가 개발한 섬유소재인 PTMEG'의 제조방법 등이 담긴 기술 자료를 빼돌린 뒤 자신의 명의로 특허를 따내고 중국의 C사로 기술을 팔아넘기려 한 혐의를 받고 있다.

PTMEG기술은 수영복 등 스포츠 의류와 속옷 등에 사용되는 고급 신축성 섬유소재 관련 기술로 유출됐을 경우 향후 10년간 1조원 이상의 피해를 볼 수 있었을 것으로 추산된다고 경찰은 설명했다.

경찰은 김 씨에 대한 조사가 일단락됨에 따라 이날 그를 서울 중앙지검에 불구속 송치했다.

출처: 연합뉴스

XIV. IT 위험관리 시스템 구축 방안

1. IT위험관리시스템 개념

IT위험관리는 기본적인 프로세스 및 자산에 대한 취약성을 평가하여 위험도(DoA)가 높은 위험자산 및 프로세스를 항상 모니터링해야 한다. 이를 위해서는 수동적인 시스템이 아닌 자동화된 사전경고시스템이 필수적이다. 사전경고시스템이란 사전에 정의해 놓은 핵심위험지표(Key Risk Indicator)에 대한 임계치 값을 가지고 임계치에 벗어나는 자산이나 프로세스가 있다면 경영자에게 보다 쉬운 방식으로 통보해주는 일종의 모니터링 시스템이라 할 수 있다.

[그림 5-30] 사전경고시스템(EWS) 아키텍쳐

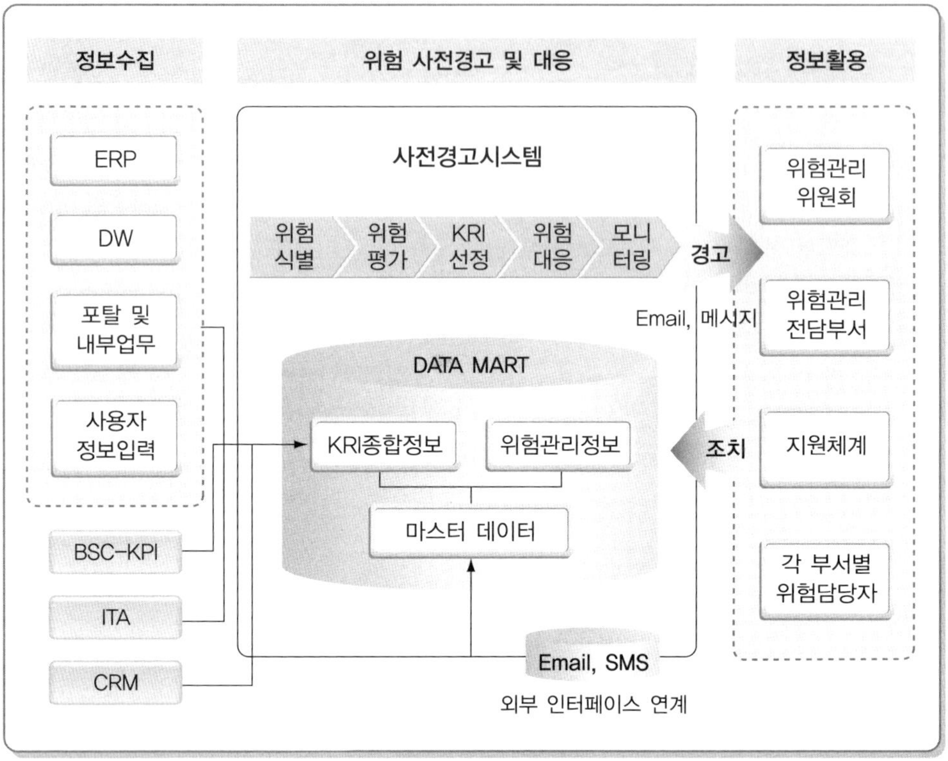

시스템은 위험관리 정보 및 핵심위험지표(KRI) 등의 정보를 사전에 정의해 놓거나 내부의 전사적자원관리(ERP)시스템, 경영정보시스템(MIS), 데이터웨어하우스, 포탈 등을 통해 자동적으로 사전경고시스템의 데이터마트로 관련된 정보를 전송하여 저장되거나, 사용자 정보입력을 통해 전송 및 저장한다. 이때 전송되는 데이터의 신뢰도에 따라 위험 경고의 신뢰성 또한 증가한다. 즉 수집되는 데이터는 최대한 사전에 정의한 위험과 관련이 있는 것이어야 한다.

◈ [그림 5-31] EWS 기능 흐름도

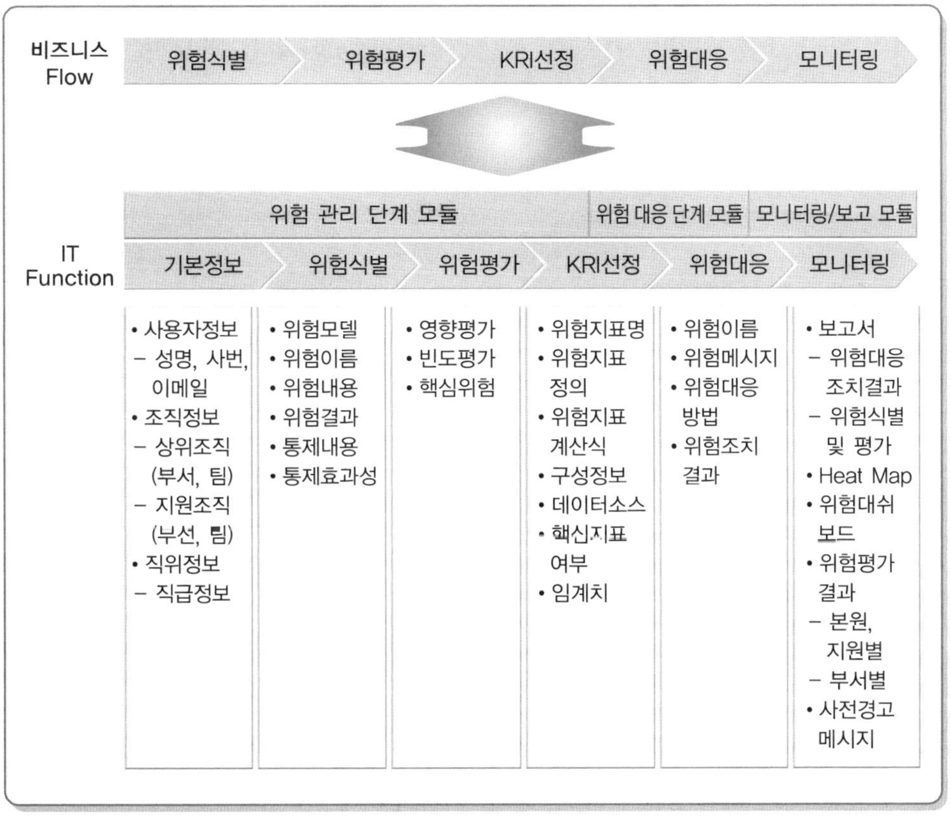

시스템은 사용자의 일반적인 정보와 사전단계 조사된 정보(위험, 취약성, 통제정보) 등을 기반으로 운용되며, 위험지표와 위험지표의 임계치를 중심으로 위험대응을 실시한다.

2. 위험식별 단계

전사적 목표 달성을 저해할 수 있는 잠재적으로 발생가능한 모든 리스크를 파악하는 과정이다. 이 과정에서는 위험관리체계에서 설명한 위험분석, 평가, 대응책을 마련하는 프로세스와 일치한다.

[그림 5-32] 기능관계도 - 위험식별단계

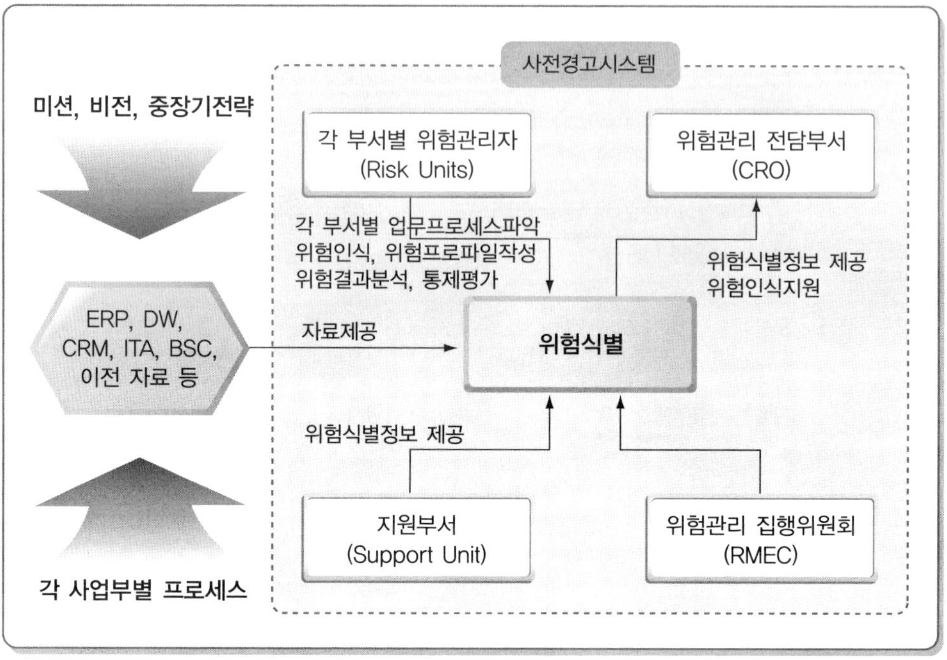

각 사업부별 미션(Mission), 비전(Vision), 중장기 전략과 연계하여 위험을 식별한 후, 각 부서별 업무프로세스를 파악하여, 위험 프로파일을 작성하고, 위험의 결과분석 및 통제평가를 통해 급변하는 경영환경에 따라 부서별로 생성되는 위험의 프로파일을 달리하여 신속히 대응이 가능하다.

(1) 역할과 책임 - 위험식별단계

〈표 5-14〉 위험식별단계의 역할과 책임

역 할	책 임
각 부서별 위험관리자	각 부서별 업무프로세스를 파악하여 위험인식, 위험프로파일 작성, 위험결과분석, 통제를 평가
지원부서	위험식별 정보제공
위험관리전담부서	위험식별 정보제공 및 위험 인식 지원
위험관리 집행위원회	없음

3. 위험평가

위험평가단계는 전략적 중요성 및 운영차원의 평가를 통해 관리가 필요한 중점 관리 대상 리스크를 도출하는 과정이다. 식별된 위험 프로파일은 각 부서별 위험관리자 및 위험관리 집행위원회에서는 영향 및 발생가능성, 빈도 등을 통하여 위험평가를 실시한다. 1차 위험평가에서 등록되지 않은(미결된) 위험들을 중점으로 위험관리 위원회를 소집하여 2차 위험평가를 실시하여 추가적인 핵심위험관리 대상을 선정한다.

◈ [그림 5-33] 기능관계도 - 위험평가단계

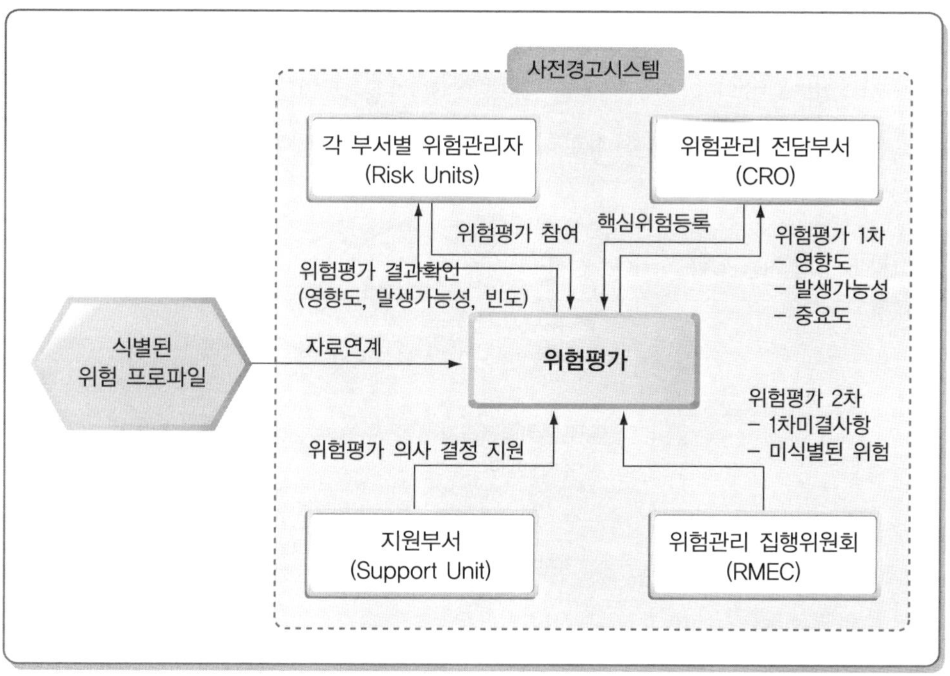

(1) 역할과 책임 – 위험평가단계

◈ 〈표 5-15〉 위험평가단계의 역할과 책임

역 할	책 임
각 부서별 위험관리자	위험평가 결과 확인, 위험평가 참여
지원부서	위험평가 의사 결정 지원
위험관리전담부서	핵심위험등록, 위험평가 1차(영향도, 발생가능성, 중요도 기준)
위험관리 집행위원회	위험평가 2차, 1차미결사항 및 미식별된 위험

4. 핵심위험지표(KRI) 선정

각 부서별 식별된 위험리스트를 통해 측정 가능성 및 조기경보 가능성을 기준으로 핵심위험지표(KRI)를 선정한다. 핵심위험지표는 발견된 위험 중 조직의 경

◈ [그림 5-34] 기능관계도 – KRI 선정

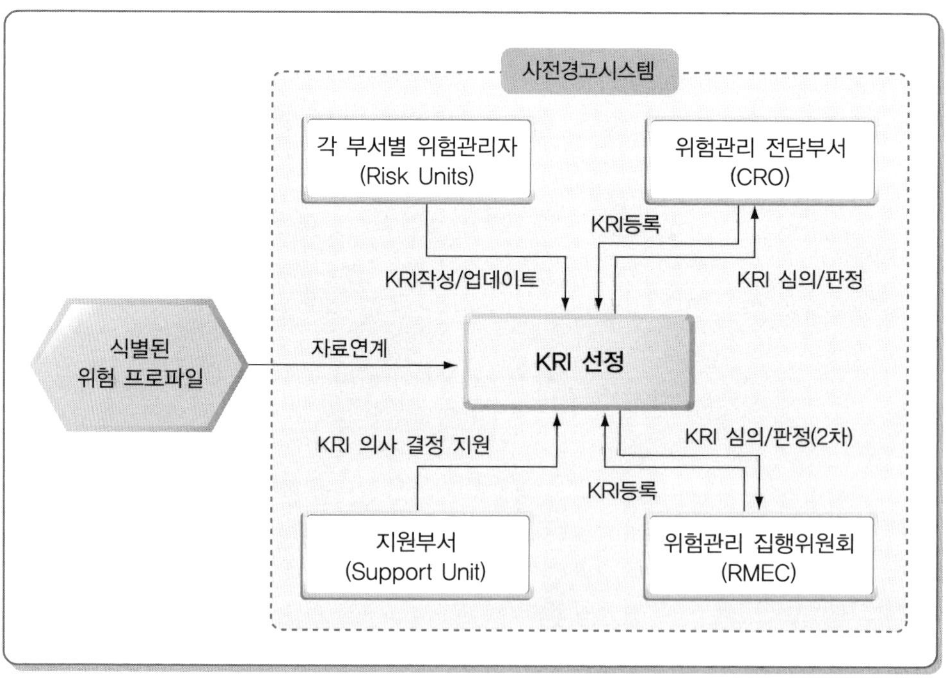

영활동과 연계되어 반드시 관리되어야 하는 위험들을 가지고 생성한 것이다. 따라서, 핵심위험지표는 생성되는 방법에 따라 발생되는 다양한 위험이 더 효과적으로 통제될 수 있다. 선정 시 유의할 것은 반드시 위험관리 전담부서를 통해 핵심위험지표를 심의 및 판정하여 핵심위험지표를 등록해야 하는 것이다. 각 부서별 위험 관리자를 통해서 무분별하게 핵심위험지표를 등록한다면 정확한 데이터의 산출이 어려울 수 있다.

(1) 역할과 책임 – 핵심위험지표 선정단계

〈표 5-16〉 핵심위험지표 선정 시 역할과 책임

역 할	책 임
각 부서별 위험관리자	핵심위험지표 작성 및 업데이트
지원부서	핵심위험지표에 대한 의사 결정 지원
위험관리전담부서	핵심위험지표 등록, 핵심위험지표 심의/판정(1차)
위험관리 집행위원회	핵심위험지표 등록, 핵심위험지표 심의/판정(2차)

5. 위험대응

중요 위험관리 대상을 중심으로 위험관리를 위한 대응 체제 및 관리 방식 구체화하는 단계이다. 사건발생시 각 부서별 위험담당자가 위험에 대한 조치내역을 입력하고 입력된 내용을 위험관리 전담부서에서 평가하여 위험대응에 대한 적절한 조치가 이루어졌는지 확인한다. 만약 적절한 조치가 이루어지지 않았다면 이에 대한 평가를 부서별 위험관리자에게 피드백을 준다. 이를 근거로 조직은 더 나은 위험대응 능력을 개발하여 개선해 나갈 수 있다.

[그림 5-35] 기능관계도 - 위험대응

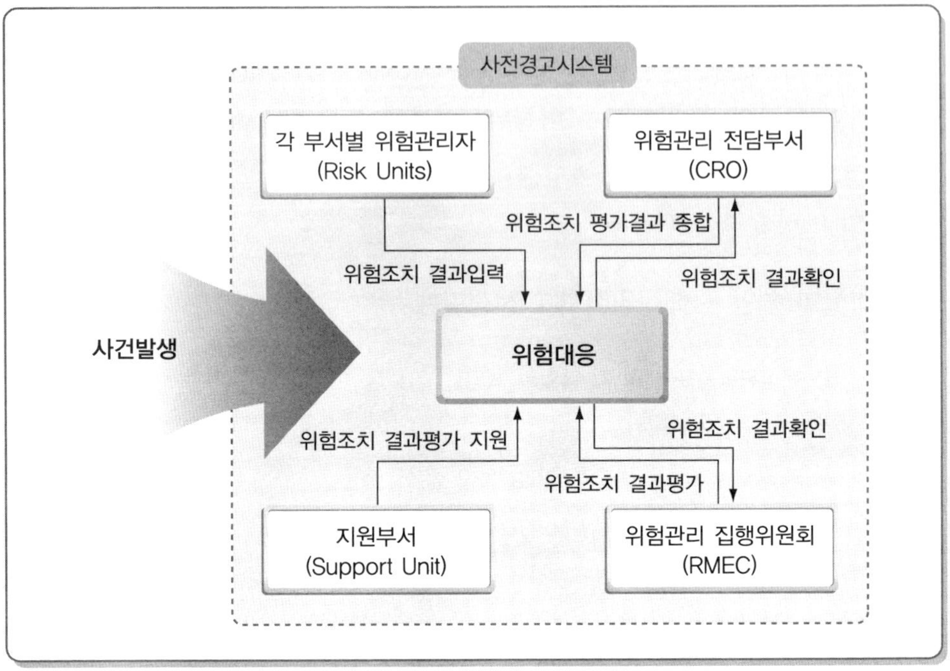

(1) 역할과 책임 - 위험대응단계

〈표 5-17〉 위험대응 시 역할과 책임

역 할	책 임
각 부서별 위험관리자	발생한 위험의 조치 결과를 입력
지원부서	발생한 위험의 조치 결과 평가를 지원
위험관리전담부서	위험조치 평가결과를 종합하고 위험 조치 결과 확인
위험관리 집행위원회	위험조치 결과를 확인, 위험조치 결과를 평가

6. 모니터링

모니터링 단계에서는 주요 위험관리 대상과 관련된 지속적인 관리와 사전 경고 체계에 대한 실행차원의 관리 및 감독한다.

◈ [그림 5-36] 기능관계도 - 모니터링

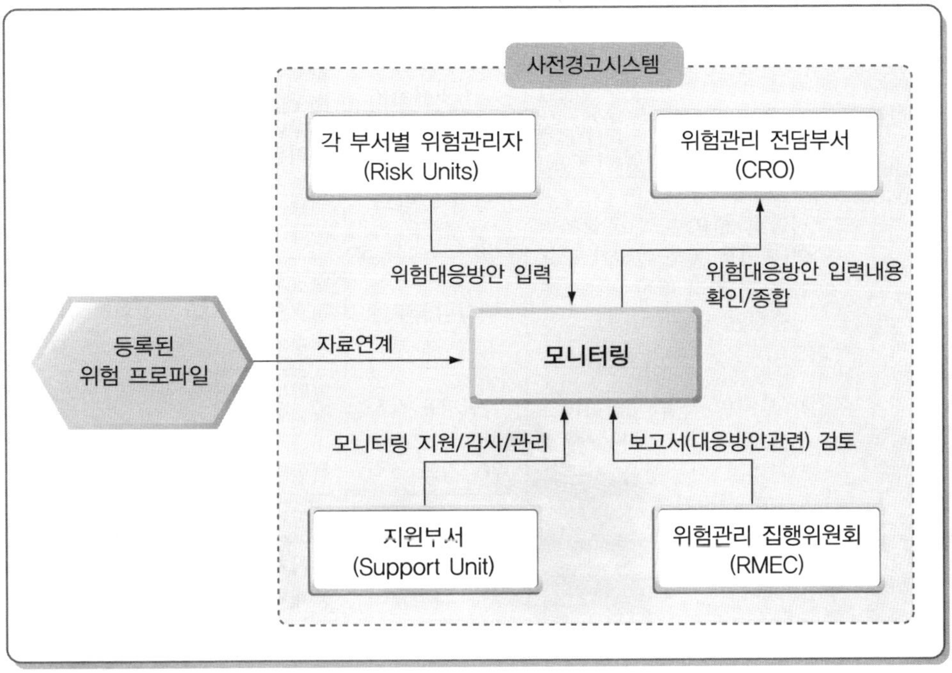

(1) 역할과 책임 – 모니터링단계

◈ 〈표 5-18〉 모니터링 시 역할과 책임

역 할	책 임
각 부서별 위험관리자	위험대응방안 입력
지원부서	모니터링 지원/감사/관리
위험관리전담부서	위험대응방안 입력내용 확인/종합
위험관리 집행위원회	보고서(대응방안관련) 검토

7. 응용기능 분할도

IT위험관리시스템의 기능에 대한 설명은 〈표 5-19〉와 같다.

◈ 〈표 5-19〉 응용기능 분할도

기 능	설 명	서브레벨	설 명
위험식별	전사적 목표의 달성을 저해할 수 있는 잠재적으로 발생가능한 모든 리스크 작성 기능	위험입력	각 부서 위험담당자는 모든 위험에 대해 식별하여 입력
		위험조회	입력한 모든 위험에 대해 조회
위험평가	전략적 중요성 및 운영차원의 평가를 통해 관리가 필요한 중점 관리 대상 리스크를 도출하는 기능	영향도/빈도 평가	위험 식별 과정에서 입력한 위험들에 대한 영향도 및 빈도 평가
		핵심위험평가	영향도 및 빈도 평가 이후 자동적으로 선정된 핵심위험에 대한 재평가
KRI 선정	각 부서별 식별된 위험리스트를 통해 측정 가능성 및 조기경보 가능성을 기준으로 KRI 선정기능	위험지표 작성	입력된 위험과 관련된 위험지표 작성
		위험지표 조회	위험별 지표 조회
		위험지표 평가	위험지표 중 핵심위험지표 평가
위험대응	중요 위험관리 대상을 중심으로 위험 관리를 위한 대응체제 및 관리 방식 구체화 기능	대응계획 입력	예기치 못한 Issue와 관련된 대응계획 입력
		대응계획 조회	작성된 위험별 대응계획 조회
		조치결과 입력	Issue발생 시 조치결과 입력
		조치결과 조회	작성된 Issue조회
		조치결과 평가	Issue에 대한 조치결과 평가
모니터링	주요 위험관리 대상과 관련된 지속적인 관리와 사전 경고 체계에 대한 실행차원의 관리/감독	보고서 작성	위험평가보고, 대응계획 조치결과 보고서 작성
		보고서 결재	작성된 보고서 결재
		Heat Map	작성된 위험을 빈도와 영향으로 맵핑
		Dash Board	전사적 관리를 위한 위험의 영향, 빈도/통제효과성 관련 요약 기능

8. 핵심위험지표

(1) 위험지표의 정의

위험수준을 선행 또는 후행적으로 알려주는 바로미터 구실을 하는 지표를 위험지표라고 한다. 위험지표는 조직의 중요한 위험에 대해 지속적인 관리를 위한 주요한 요소 중 하나이며, 이슈 발생 시 적시에 대처를 가능하게 해준다.

◈ [그림 5-37] 위험지표 정의

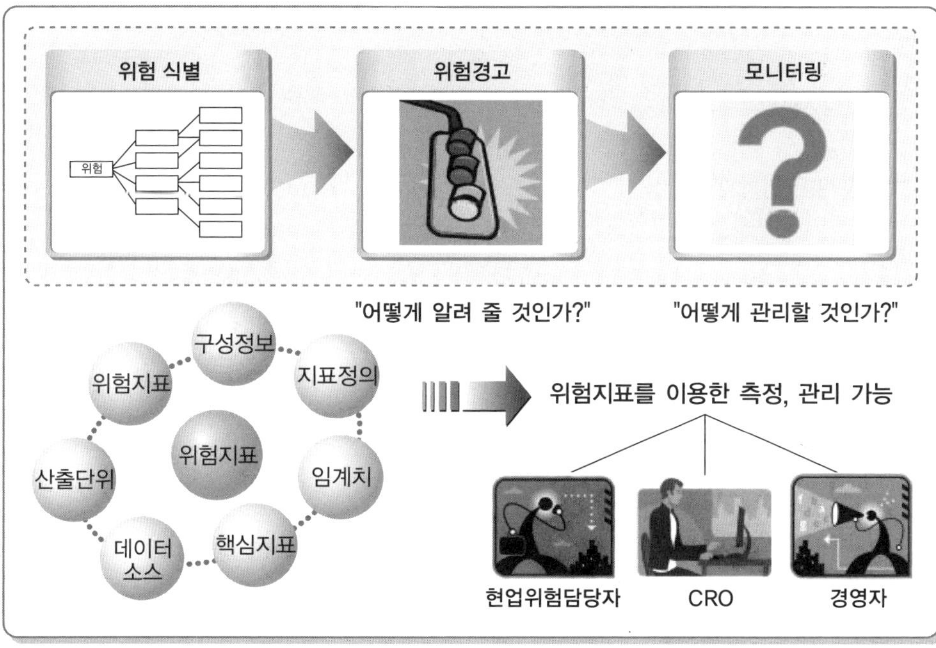

(2) 위험지표(RI) 종류

위험지표(RI)는 손실을 방지하거나 손실 주기를 줄이기 위해 예측적(predictive)으로 사용될 수 있는 선행지표(Leading Indicator)와 현재 진행되거나 이미 발생한 데이터를 바탕으로 위험 수준을 결정하는 것으로 사후적 위험 관리에 활용될 수 있는 후행지표(Lagging Indicator) 두 가지가 있다.

◆ [그림 5-38] 위험지표의 종류

선행지표(Leading Indicator)

- 위험 잠재 사건이 발생하기 전에 원인 단계에서 보이는 징후에 대한 지표
- 사건이 일어나기 전 단계의 지표이므로 사건에 대한 '사전인지 능력'이 높으나 실제로 식별이 쉽지 않으며 위험 노출에 대한 설명력이 상대적으로 약함

후행지표(Lagging Indicator)

- 현재 진행되거나 이미 발생한 데이터를 바탕으로 위험수준을 결정하는 지표
- 사건 발생 이후의 지표이기 때문에 조기경보성은 낮지만, 비교적 식별이 용이하고 위험 손실 사건과 높은 상관관계를 갖고 움직이는 지표이기 때문에 손실에 대한 설명력이 높음

(3) 위험지표의 특성

◆ [그림 5-39] 위험지표 특성

위험지표 특성

1. 위험지표를 통하여 식별된 위험에 대한 통제의 운영상의 효과성을 반영하고, 위험 프로파일의 변화에 대한 지속적인 정보를 제공
2. 식별된 위험에 대한 위험 자가평가(영향, 빈도, 통제효과성)의 주기 사이에 변화하는 위험 수준의 경향과 변화들을 포착하고, 주관적 평가 결과에 대한 객관성 부여함.
3. 통제효과성, 잠재적 위험 이슈, 위험환경 변화를 강조하는 위험 지표를 통해 손실이나 노출이 일어나기 전 사전 경고 신호를 제공
4. 사전경고시스템의 즉각적인 활동에 의해 사고의 예방과 자료 손실 최소화가 가능
5. 위험지표는 임계치를 활용하여 위험관리 대응관련 활용이 가능

(4) 위험지표(RI) 선정 기준

위험지표는 선정 시 다음의 3가지 기준에 따른 원칙을 적용한다. 사전 경고 시스템에서 위험 요인별로 원인과 결과를 입체적으로 관리할 수 있고, 위험 발생 요인을 사전에 차단할 수 있는 효과를 거둘 수 있다.

◈ [그림 5-40] 위험지표 선정기준

선정기준	원 칙
관리의 중요성	목표 달성을 저해하는 위험요인을 중심으로 지표를 선정
조기경보 가능성	리스크 발생의 가능성을 사전에 알려주는 선행지표와 리스크 발생 정도를 측정하는 후행지표 선정
측정 가능성	비용이나 노력이 덜 소요되는 지표를 중심으로 선정

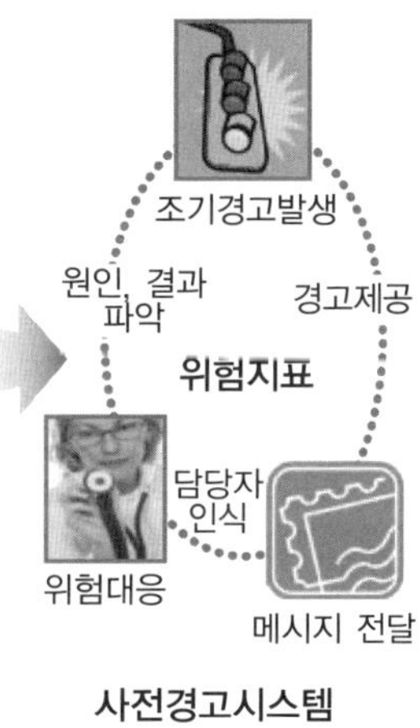

(5) 위험지표(RI) 설계절차(WorkFlow Diagram)

위험지표 설계는 위험의 지표가능화 여부를 우선 파악하여, 최종적 임계치 작성 등의 총 4단계로 나눠 진행할 수 있다.

- 1단계: 지표가능화 여부 확인
- 2단계: 위험지표 작성
- 3단계: 임계치 생성/작성
- 4단계: 위험지표 타당성 검토

[그림 5-41] 위험지표 선정절차

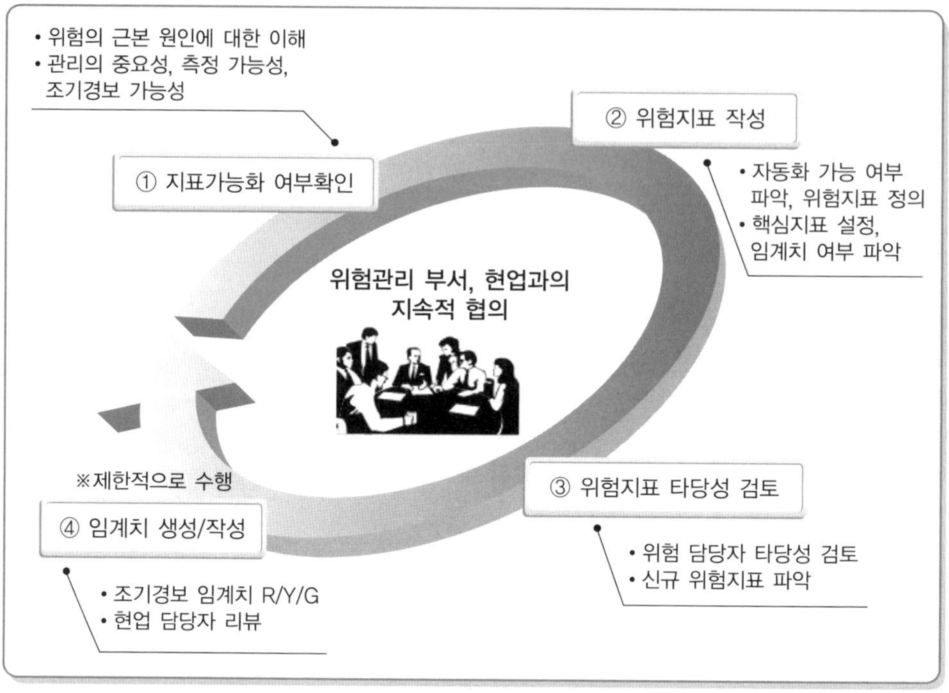

XV. 위험관리 국내외 사례 조사

1. 국내 사례 조사

(1) 삼성 SDI

"3월 11일 황성록 삼성SDI 구매팀장은 저녁 식사 도중 일본에서 규모 9.0의 강진 및 대형 지진해일(쓰나미)이 발생했다는 긴급 뉴스를 들었다. 황 상무는 즉시 담당자들에게 자재별 일본 거래처의 피해현황 및 생산에 미치는 영향을 파악하라고 지시했다. 특히 생산 계획과 재고 확보 정도를 기준으로 시급히 관리해야 하는 자재를 분류해 응급 대응을 시작했다. 동일본 대지진은 글로벌 산업 공급망 체계를 바짝 긴장시켰지만 삼성SDI는 이에 따른 공급 차질 문제를 겪지 않았다. 대지진에 따른 예상 피해 파악 및 이후 대응책 마련까지 걸린 시간은 불과 24시간"

– 출처: 동아.com(2011.09.23) –

성공사례에서 보듯이 삼성SDI에서는 기업의 위험의 발생 및 전개 양상이 복잡해지고 예측이 어려워지기 때문에 기존의 위험 예방 및 사고 초기 대응 활동을 강화하고, 원치 않는 사고로부터 신속하게 사업을 복원하는 능력을 강화하여 이에 대응하고 있다. 일본은 열도가 지진대에 위치해 있어 사업의 위험이 매우 높다. 이러한 지역에서 비즈니스를 진행할 때는 BCM과 같은 위험관리체계를 반드시 갖추어야 한다. BCM은 사업부 및 사업장, 일부 부서 등으로 한정하여 운영이 가능하기 때문에 삼성SDI와 같이 발빠른 대응책을 마련하기 위해서는 이를 지속적으로 개선하는 것이 필수적이다. 삼성SDI는 복잡한 위험에 대한 효율적 대응을 위해 위험 유형별 관리체계를 갖추고 있다.

1) CRO(Chief Risk Officer)

최고 위험 담당 임원(CRO)을 두고 재해나 사고, 안전보건, 환경, 노사 등 기업의 비재무적 위험의 발굴 및 사전 예방활동을 상시 전개해 나가고 있다. 또한 CRO산하에는 국내외 각 사업장에 업무 기능별 위기관리 담당자를 선정하여 위험에 대한 감지 및 예방활동을 전개해 나가고 있다.

2) 공장가동승인제

라인 신설 및 증설 혹은 신규사업 투자과정에서 발생할 수 있는 위험을 종합적으로 관리하기 위해 공장가동승인제를 운영하고 있다. 투자 승인 단계에서부터 양산 시작까지 단계별로 제조, IT, 환경안전, 유틸리티, 품질 등 주요 부문에 대해 법규준수 여부, 업무 표준화, 유해물질 관리, 교육 및 인식수준 등과 관련한 종합 점검을 실시하여 발견된 문제점을 개선하고 있다.

3) 내부통제시스템(Internal Control System)

내부통제시스템은 기업 경영활동의 투명성을 제고하기 위한 시스템으로 재무정보의 신뢰성 제고를 목적으로 하는 내부회계 관리 제도를 비롯하여 자산을 보호하고 부정을 방지하기 위한 인증, 평가 등의 통제 활동들이 포함된다. 이를 통해 재무정보 및 공시 정보의 신뢰성에 대한 CEO/CFO의 법적 인증의 의무를 다하고 있다.

(2) 농협(실패사례)

2011년 4월 12일 농협은 해킹으로 인한 전산망 장애 피해를 입고 엄청난 경제적 손실을 입었다. 당시 거래 데이터가 빠르게 복구되지 않아 3천만 명의 고객이 불편을 겪었다. 특히, DR센터까지 피해를 입었을지 모른다는 전문가의 추측이 난

〈표 5-20〉 농협 실패사례 일지

일 지	발생 내역
2010년 9월 4일 오후 10시 48분	농협 전산망 유지보수업체 직원 노트북 웹하드 사이트에서 악성코드 감염
10월 22일 오전 9시 47분	노트북에 원격으로 키로깅 프로그램(입력내용 감시용) 설치됨
2011년 3월 11일 오후 5시 47분	백도어 프로그램(방화벽 회피용) 설치됨
3월 22일 오후 12시 57분	파일삭제관련 프로그램 설치됨
4월 12일 오전 8시 20분	공격명령파일 설치됨
4월 12일 오후 4시 50분	인터넷 이용한 원격제어로 공격명령 프로그램 실행, 농협 전산망 장애 발생, 인터넷 뱅킹 등 서비스 중단
4월 12일 오후 5시 20분	노트북 내 공격프로그램 등 삭제
4월 13일	서울중앙지검 첨단범죄수사2부 수사개시, 협력업체 직원 노트북 · 전산자료 등 확보, 농협 창구거래 정상화
4월 14일	농협 자동화기기 거래 복구
4월 15일	한국은행, 농협 전산사고 공동검사 직권 착수
4월 17일	검찰, 농협 IT본부 직원과 서버관리 협력업체 직원 참고인 조사, 서버 접속 기록 분석
4월 19일	검찰, 국가정보원 · 한국인터넷진흥원 · 안철수연구소 등 관련기관과 협조, IT본부분사 실무책임자 김모 팀장 참고인 조사
4월 20일	검찰, 농협 전산망 외부침입 흔적 확인
4월 30일	농협 신용카드 대고객서비스 완전 복구
5월 3일	검찰 "농협 전산망 장애는 북한이 관여한 사이버테러"라는 취지의 수사결과 발표

무했으나 정확한 피해는 농협에서 밝히지 않았다. 사건일지는 <표 5-20>과 같다.

〈농협 실패 사례 분석을 위해 2007년 3월경 기사〉

"농협은 '농협 계정계 업무연속성계획 수립 프로젝트'라는 이름의 BCP 프로젝트를 전산정보분사 직원 7명과 계정계 공급 IT업체인 한국유니시스 직원 9명이 공동으로 지난 2002년 9월 11일부터 지난 2002년 12월 11일까지 업무연속성 계획수립을 위한 최종 설명회를 개최했다. 이 당시 농협은 고객재산 보호와 비즈니스 연속성 확보를 위한 안전장치 마련, 금융감독원의 재해복구센터 구축 권고안(2001년 10월 19일자) 부응, 공신력 있는 금융기관 입지 확보, 시스템 중단에 따른 이미지 실추 및 영업손실에 대한 기회비용 발생 방지 등의 효과를 기대했다.

농협은 BCP 구축에 따른 하드웨어와 소프트웨어 예산을 확보하지 못했으나 계정계 공급 IT업체인 한국유니시스와 공동으로 추진해 별도 컨설팅 비용이 소요되지 않았다. BCP를 위한 별도 하드웨어와 소프트웨어 구축은 한국유니시스와 공동으로 추진한다는 방침이다. 농협은 지난 1월 24일 신용사업 IT단일화 추진에 따른 변동 분을 감안, 업무연속성 계획에 대한 수정작업을 추가로 시행해 금융감독원의 비상시 금융기관 전산망 안전 강화대책(지난해 9월 9 일자)에 부응할 계획이다."

위의 기사에서 보듯이 농협은 이미 BCP(사업 연속성 계획) 일환으로 시스템을 도입한 상태였지만, 복구 시스템마저도 해당 사건이 발생했을 때 빠르게 운영하지 못하였다. 값 비싼 시스템을 도입했는데도 불구하고 농협이 대응을 제대로 하지 못한 이유는 무엇일까? 실제 우리는 사건이 일어난 원인을 파악하기보다 사건이 일어 난 후 얼마나 짧은 시간에 데이터를 원상 복구를 했는지 알아야 한다. 위 사실을 보았을 때, 우리는 가장 중요한 사실 하나를 깨닫게 된다. 사업에 대한 연속성을 위해서는 단순히 시스템을 도입하는 것이 아닌 사업연속성 관리를 위한 프로세스를 도입하고 조직 인원에게 이를 전파하여 이를 반복적으로 훈련하는 것이 필요하다. 훈련이란 비상 시 내가 무엇을 어떻게 움직여야 하는지를 사전에 미리 행동해 보는 것인데 농협은 아마 이 점을 간과하지 않았을까 한다. 이러한 체계적인 훈련 없이 단순히 복구 시스템만을 도입했다고 해서 모든 것이 갖추어졌다고 생각되지 않는다. BCM은 비용이 들더라도 관련 조직이나 전담인원이 상주하여 지속적으로 개선하고 운영해야 하는 것이 대단히 중요하다는 것을 기업의 경영진이 반드시 깨달아야 한다.

(3) LG 화학

1) 위험 관리체계 소개

LG케미컬의 위험 관리체계는 위험 오너(Owner) 중심의 일상관리(1차), 위험 관리 조직에 의한 통합관리(2차), 이사회에 의한 감독 기능(3차)으로 구성된다. 위험 통합 관리를 위해 위험 관리 전담팀에서 사안별로 양식을 제공하고, 이를 종합하여 위험관리위원회(RMC)에 보고하고 있다. 필요한 경우 예상되는 위험은 위험 규모, 지속시간, 시나리오별 대응방안 등을 포함하도록 한다.

[그림 5-42] LG화학 위험 관리체계

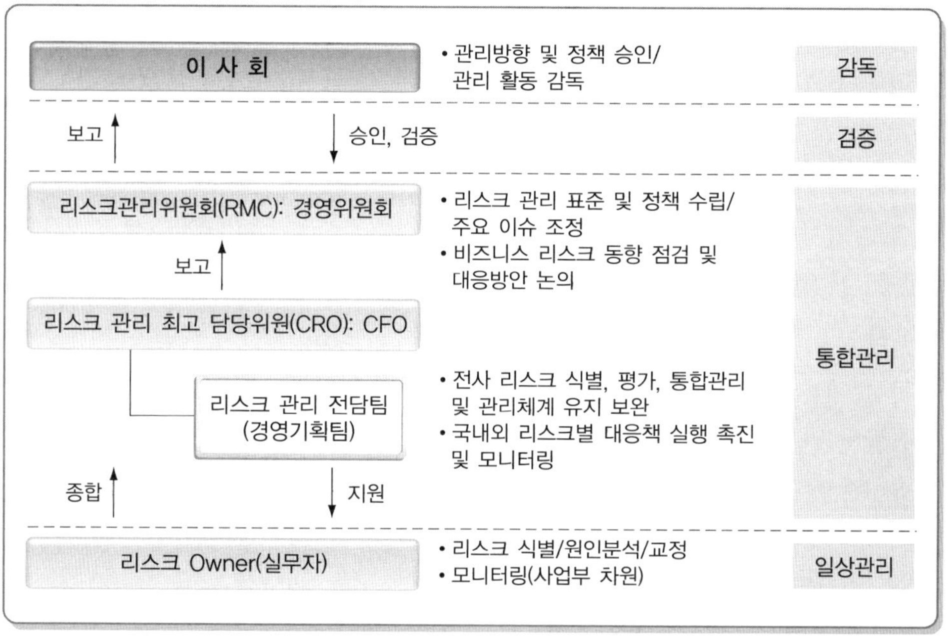

- 임직원용 인터넷 포털(Elian): 주요 경영진을 위한 EIS(Executive Information System)을 통해 경영 관련 주요사항(매출, 생산, 운전자금 현황 등)을 일별로 제공
- GMI(Global Market Intelligence): 국내외 시황, 관련정보 등을 제공함으

로써 예상되는 위험에 신속하게 대응할 수 있도록 지원

2) 비재무위험 관리

사업장 위험 분석(Maximum Foreseeable Loss Review)을 통하여 현장실사 및 자료를 바탕으로 사업장의 손실모델을 수립하고, 오창 및 청주 사업장이 현실적으로 직면할 수 있는 최대 위험 사이즈를 정량화한다.

소방 설비 적절성 검토(Fire Protection Adequacy Review)를 통하여 해당 사업장의 소방 설비의 대한 자료검토, 실제테스트, 수력학 계산, 전산 시뮬레이션을 통한 소방 설비의 실제 성능의 적합성을 검증하고, 미비점과 원인을 분석하여 개선안을 도출할 수 있다.

해당 사업장의 위험분석을 기반으로 현재의 위험관리수준과 세계적 위험관리기준의 차이점을 비교분석 및 표준안의 합의 도출 과정을 거쳐 위험관리기준 및 방재기준(Loss Control Guide Line)을 수립하도록 한다.

3) 위험 사후관리

- **경영진단**: 필요할 경우 법인 차원의 경영진단을 실시하고 사후 조치를 실행함으로써 향후 유사한 건으로 위험이 재발되지 않도록 대응
- **인프라 점검**: 업무에 따른 책임과 권한을 명확히 하고, 업무 효율성을 제고하기 위해 국내 부문 및 해외법인 업무자율권을 정비
- 투자 사후 관리 완료된 투자에 대해 매출, 손익, 투자비에 의거 On Track여부를 평가하고 Off Track요인을 확인하는 과정을 통해 궁극적으로 미래 투자의 유효성을 높이는 활동을 함

2. 국외 사례 조사

(1) AGL

AGL은 호주 전역과 뉴질랜드, 칠레에서 사업 중인(1837년 설립된) 호주에서 가장 오래된 에너지 기업이며, 호주 증권 거래소에 상장된 40대 기업 중 하나이다. 호주 전역에 걸쳐 3백만의 고객을 확보하고 있으며, 시장 가치는 55억 달러

에 이르며 천연 가스, 전기, LPG의 에너지원을 포함하는 생산 포트폴리오를 가지고 있다. AGL의 사업영역은 발전, 배전, 판매(송전부문 제외), 가스 생산 및 판매이고 2004년 6월말 기준으로 42억 달러 매출에 8억 달러의 세전순이익을 기록하였다.

AGL은 AS/NZS 4360: 2004에 규정된 가이드라인에 입각하여 위험을 관리하고 있으며 위험 관리 매뉴얼에 명시된 위험 관리 조직 및 내 · 외부 위험은 다음과 같다.

◆ [그림 5-43] AGL의 위험 관리 조직

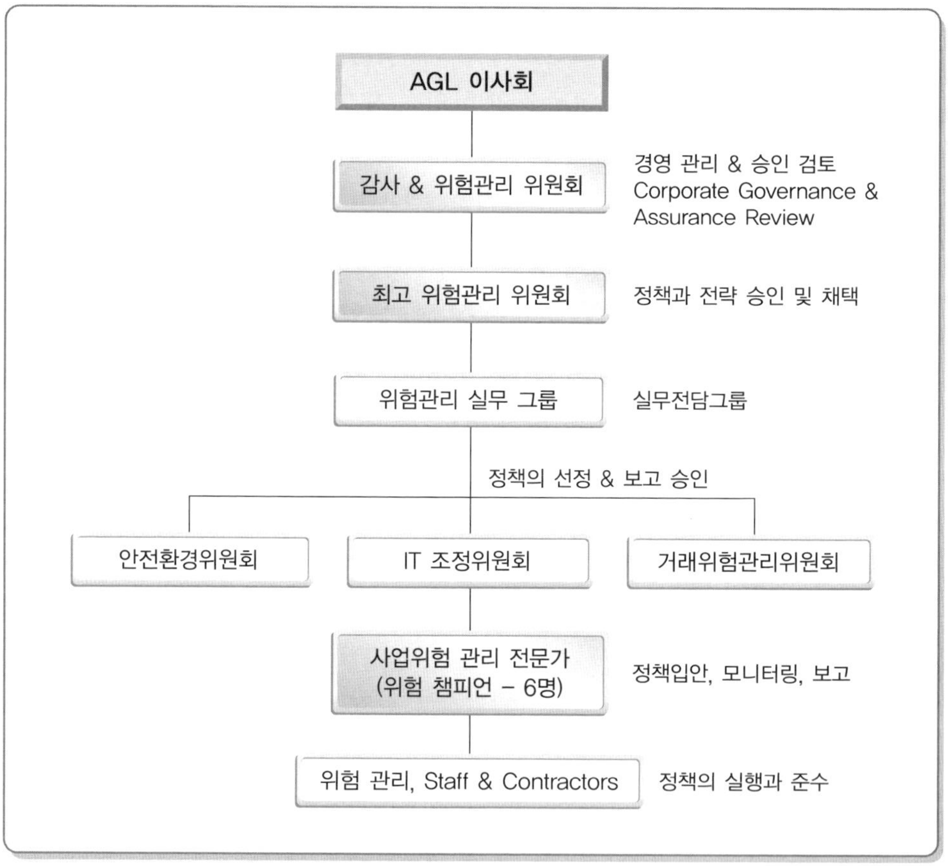

◈ 〈표 5-21〉 AGL의 내부위험

구 분	내 용	비 고
자산관리 및 보수	진부화, 보수, 파손, 변화, 부적응, IT Hardware	현 기반구조와 기술의 최신성, 유효성을 경쟁사 관점에서 검토, 신기술 채택시 Time Lag고려
상업적 & 법적 위험	공급자, 고객, 계약자, 컨설턴트, 합작투자회사, 임차회사, 은행 등 모든 기업관계자	계약, 협정, 교류와 거래에서 설정된 관계 의미
개발 & 성장 위험	사업구조 변화, 신제품 및 신컴퓨터 Hardware와 기반구조의 이행	개발과 새로운 기반구조 및 신기술의 이행에 따르는 위험
재무적 위험	에너지거래, 금융 거래, 신용, 시장 위험	대차대조표와 회계에 관계된 모든 재무위험 포함
정보기술	인터넷, 인트라넷, 소프트웨어, 재해복구, 기타 영업 및 지원활동 시스템	모든 조직내 중요한 위험과 기회요소를 나타내는 IT시스템
관리활동	통제, 정책, 윤리, 가치, 의사소통, 보고와 절차 등의 위험	기업의 영업활동 및 관리활동에서 일어나는 모든 위험 포함
인적위험	조직 내 기술, 지식, 경쟁력, 리더십 등	기업의 최고자산은 임직원이라는 관점에서 인적자산의 식별과 관리와 관련 모든 위험
안전 & 환경	대내외적 건강, 안전과 환경의 책임	회사와 영업에 관련된 모든 분야 포함
전 략	부정확하고 부적절한 전략적 결정	전술과 계획 활동에 관련된 관리활동 내 잠재적 위험
법과 규제의 준수	법과 규제의 준수와 관련된 위험	경영정책과 절차의 준수는 제외

(2) 월마트(Wal-Mart)

월마트는 1990년대 후반에 들어 성장 및 세계화를 가속화하였으며, 이 과정에서 발생하는 다양한 위험들을 효과적으로 관리하기 위해 전사적 위험관리 체계를 도입하였다. 월마트는 1996년 중국 진출, 1998년 한국 진출, 1999년 독일 및 영국 사업 확대 등 90년대 후반 세계화를 가속화하였으며, 이 과정에서 매출 성장, 인력 증대, 시장 확대 등과 관련된 여러 가지 위험이 발생하게 되었다.

월마트의 위험관리는 기능 및 조직별로 위험을 관리하는 개별 위험관리 방식이었다. 이는 위험의 한 단면만을 인식할 뿐 전체적인 모습과 기업 경영에 미치는 다각적인 영향을 고려하지 못한다는 한계가 있었으며, 조직 및 기능별로 위험관리 정보가 쉽게 공유, 전달되지 않는다는 문제점을 가지고 있었다. 또한 위험관리의 고비용 구조 및 저효율화를 유발하였다.

월마트에서는 위험을 "경영 목표 달성을 저해하는 모든 것"이라고 정의하고 있으며, 주요 위험에 대한 인식과 예방은 사전적인 전략 기획과 사후적인 위기관리를 연결하는 역할을 한다. 월마트의 위험관리 프로세스는 비전 수립(Business Vision), 사업목표(Business Objective), 위험체계(Risk Frame), 위험 인식(Identify Risk Universe), 위험 워크샵(Risk Workshop), 통제 및 실천 워크샵(Control and Action Workshop), 관찰 및 평가(Monitor, Evaluate, Manage)의 7단계로 추진되고 있다.

[그림 5-44] 월마트 ERM Framework

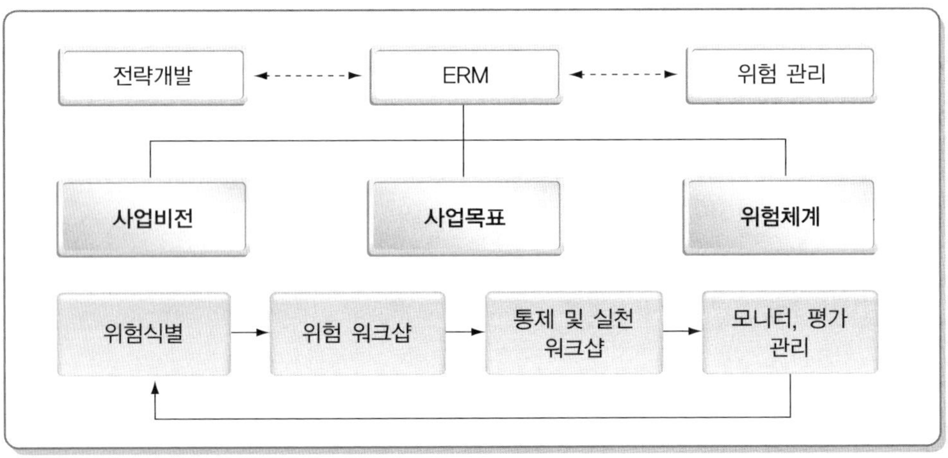

- **전사적 위험관리 위원회:** 기업 내의 다양한 부문에서 모인 집단이며, 내부감사 담당임원 및 위험관리 책임자가 배정되어 있다. 이 조직은 위험의 발생 원천에 따라 외부 위험과 내부위험으로 구분하여 주요 의사 결정자들을 대상으로 설문을 실시하여 주요 위험들에 대한 정보를 수집한다. 이러한 정보들을 취합하고 위험들을 35가지 유형으로 분류하여 위험 워크샵을 실시한다. 위험 워크샵은 다양한 기능 및 부서에서 참여하며, 진행자와 기록자

를 포함하여 15~20명으로 한 단위가 구성된다. 이들은 주요 위험에 대한 의미를 공유한 후, 발생가능성과 영향의 관점에서 각 위험들을 10점 척도로 평가한다.

통제 및 실천 워크샵은 12명 정도로 구성되며, 위험에 대응하기 위한 실천 방안을 만들고, 개인과 조직에게 위험관리 책임과 의무를 할당하게 된다. 실천 활동은 점수표 등과 같은 구체적인 방식을 통해 지속적으로 관리 및 측정되며 전사적 위험관리위원회에 보고된다.

(3) 도요타(실패사례)

글로벌 기업이 흥하기 위해서는 거미줄 같은 원활한 공급망이 필수이다. 공급망에서 고품질의 경쟁력을 갖춘다면 최고의 기업이 될 수 있는 발판을 마련할 수 있다. 하지만, 여기서 문제가 생기면 순식간에 위기에 빠지기 때문에 상당한 노력과 관리가 필수라고 할 수 있다. 이 공급망의 칼날에 베인 대표적 기업이 전대미문의 리콜 사태로 몸살을 앓은 도요타 자동차(이하 "도요타")이다. 도요타는 공급망 효율화를 통해 세계 최고 자동차업체의 자리를 꿰찼다. 하지만 과도한 글로벌 아웃소싱 과정에서 품질 관리에 실패하면서 지난 2010년 창사 이래 최대 위기를 맞았다.

전문가들은 도요타의 리콜 사태의 주원인 중 하나로 생산과 부품 조달의 글로벌화를 꼽는다. 도요타는 창사 이래 지난 10년간 우수한 성장을 이루어 냈다. 1990년대에 매년 480만 대를 생산하던 도요타는 2000년부터 생산량을 늘려 2007년에는 850만 대 이상을 생산하여 미국 GM을 제치고 세계 1위의 자동차 왕좌에 올랐다. 하지만, 1990년대 100만 대에도 훨씬 못 미치던 해외 생산량이 일본 내 생산물량을 초과하기 시작했다.

급속한 세계화는 도요타에 '세계 최고' 라는 수식어를 선사했지만, 동시에 지나친 원가 절감 노력과 결합하며 도요타의 '품질'을 훼손했다.

◈ 〈표 5-22〉 업체별 해외자산 및 고용자 수 비교

구 분	해외자산(백만 달러)			해외 고용자 수(명)		
	2001년	2008년	증가율	2001년	2008년	증가율
도요타	68,400	183,303	13.1	186,911	123,580	-5.0
닛산	24,382	61,703	12.3	37,417	81,249	13.7
혼다	35,257	96,313	13.0	59,000	165,589	10.1

해외생산 시 비용 절감을 위한 개발 간의 단축 및 아웃소싱의 확대가 품질관리의 핵심인 '도요타생산방식(TPS)'정착을 저해하였다.

1995년 26개였던 도요타의 해외 생산 공장은 2008년 말 총 52곳으로 정확히 두 배가 됐다. 문제는 급속한 공장 신설로 도요타의 '린(lean) 생산 방식'을 제대로 토착화할 시간이 부족했다는 점이다. 원가 절감을 위해 해외 생산 차량에 들

◈ [그림 5-45] 도요타의 위기과정

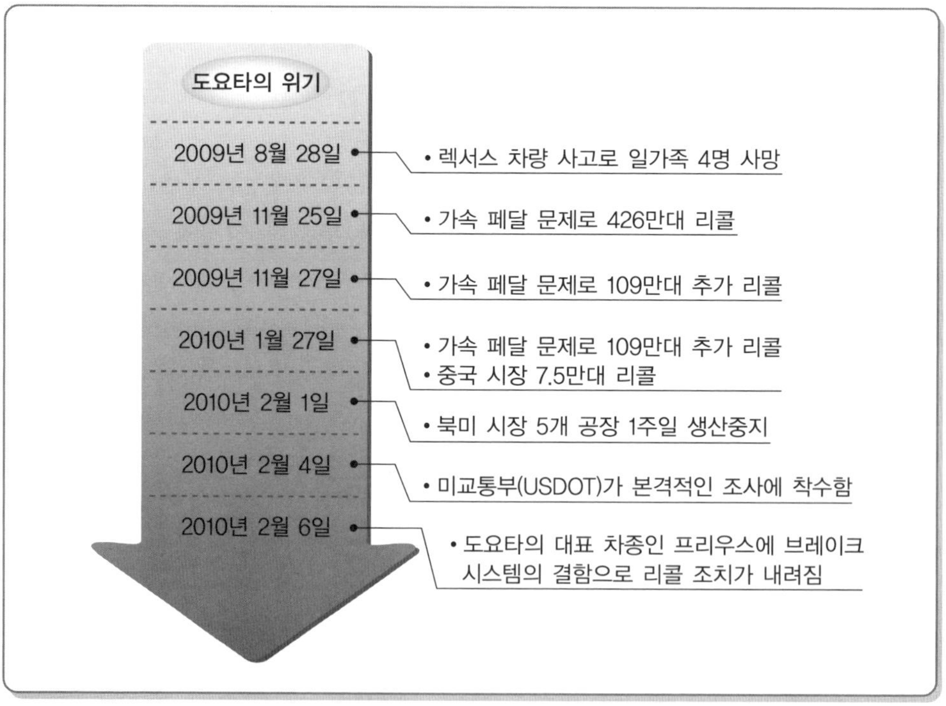

어갈 부품을 현지 조달했지만 거래업체가 급격히 늘어나면서 협력업체들에 대한 제어 능력에 누수가 생겼다. 제대로 준비하지 않고 과감하게 공급망 세계화를 밀어붙인 도요타는 치명적인 위기를 맞고 말았다.

이로 인해, 2010년 그 동안 최고 품질의 대명사인 도요타가 부품 결함에 따른 총 9백만 대 이상에 달하는 리콜로 경영 위기에 직면하였다. 도요타의 가속 페달 문제는 지난 10년간 끊임없이 문제 제기가 되었던 것이다. 하지만, 도요타는 2009년 8월 가속페달 문제로 렉서스 ES350에 탄 일가족 4명이 사망하는 사고가 발생했지만 도요타는 바닥 매트의 문제로 해결하려 하였다.

1) 도요타 기업 거버넌스(Toyota's Corporate Governance)

도요타는 기업 전반의 경영을 감시하기 위해, 도요타는 일본기업법(JCA)에 기본으로 한 감사시스템을 적용하였다. 기업의 활동을 투명하게 하기 위해, 도요타 내의 감사자들은 외부 감사자들로 구성하였다. 적시에 경영활동을 보증하기 위한 시스템으로, 도요타는 1996년 이래로 해마다 IAB의 회의를 개최하였다. IAB

◆ [그림 5-46] 도요타 내부관리 및 통제 시스템

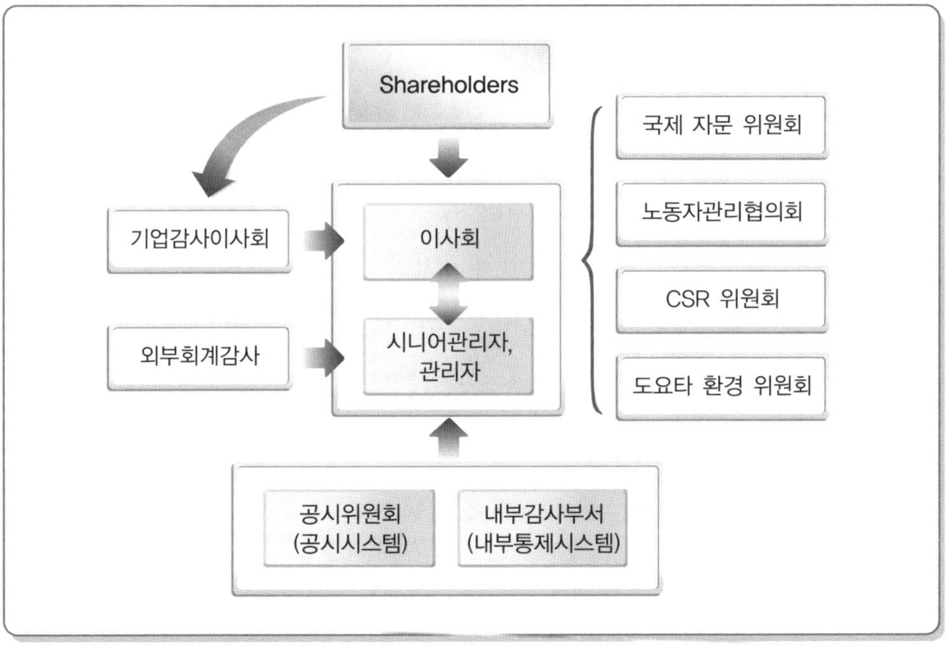

는 정치, 경제, 환경, 비즈니스 등과 같은 넓은 범위에서 활동하고 있는 10명의 뛰어난 자문 위원들로 구성되어 있다. 2011년에는 도요타는 북아메리카, 유럽과 아시아 등의 지역 자문회를 발족하였고. 글로벌 측면에서 발생할 수 있는 다양한 비즈니스 이슈적 측면을 자문받았다.

2006년 4월에 제정된 기본 정책 아래, 도요타는 내부통제 체계를 운영하였다. 고객이 우려하는 품질의 이슈들에 대응하기 위해, "도요타 글로벌 품질을 위한 특별위원회"를 2010년 3월, 2010년 6월에 "위험관리위원회"를 발족하였다.

특히, CSR 위원회에서는 기업의 사회적 책임, 윤리, 환경적 이슈 관리뿐만 아니라 위험관리에 대한 모든 이슈를 다루었다.

2) 도요타의 재기

도요타가 불과 1년 만에 재기한 것은

1. 300만대 과잉이라는 생산설비를 불과 반년 만에 줄임
2. 중국 및 아시아 지역시장에서 선전

도요타는 자신이 처한 위험에 대해 적시에 인식하고 발빠르게 움직임으로써 원가개선 노력(5,200억엔)과 고정비 삭감(4,700억엔) 두 가지만으로 무려 9,900억엔(약 12조 2,000억원)을 아꼈다. 즉 부품조달 비용, 공장 가동비용 절감 노력이 생산설비 감축에 따른 비용감소 효과와 막강한 시너지를 냈다.

공급되는 부품의 품질의 유지를 위해 수요 예측처럼 초기 공급망 계획 수립 단계에서부터 정확성과 효율성을 높여야 한다. 생산부서와 판매부서가 정기적인 협의채널을 가동해 적시 생산 및 배송이 이뤄지도록 유도해야 한다. 제품 수명주기가 짧아지고 있는 데다 기술 발전 속도도 빨라졌기 때문에 신기술 및 제품 경쟁력 강화를 위해서는 연구개발(R&D) 관리 체계를 정비해야 한다.

››› 사례 5년간 산업기술 해외유출 124건

〈지경부 국감 자료〉

우리나라의 산업기술 해외 유출 사례가 점차 증가하고 있는 것으로 나타나 대책마련이 시급한 것으로 지적됐다.

6일 지식경제부가 김용구 자유선진당 의원에게 제출한 국정감사자료에 따르면 2003년부터 지난해까지 5년 동안 산업기술이 불법으로 해외에 유출된 사례는 124건에 달했다. 또, 산업기술이 유출됐을 때 예상되는 피해액은 모두 187조 5,500억원으로 집계됐다.

산업기술의 해외 유출은 2003년 6건에서 2004년 26건, 2005년 29건, 2006년 31건, 2007년 32건 등으로 해마다 증가했다. 이와 함께, 산업기술 유출에 따른 피해 예상 금액도 2003년 13조9,000억원, 2004년 32조9,270억원, 2005년 35조5,000억원, 2007년 91조6,500억원으로 늘어났다. 다만 2006년 13조5,730억원으로 잠시 줄었다가 지난해 피해 예상금액이 크게 증가했다.

또, 올해 들어 7월까지는 27건의 산업기술 해외유출 사례가 적발된 것으로 나타났다.

최근 5년 7개월 동안 유출된 사례를 부문별로 보면, 전기전자가 71건으로 가장 많았고, 정보통신 30건, 정밀기계 18건, 생명공학 7건 등의 순이었다.

유출자 유형별로도 전직직원 83명, 현직직원 43명, 협력업체 13명 순으로, 전 · 현직 직원이 다수를 차지했다. 유출 동기별로는 개인영리 59건, 금전유혹 52건, 처우불만 16건, 인사불만 11건, 비리연구 4건 등으로 나타났다.

1. 사고개요
   - 퇴사자 김모씨가 PTMEG의 제조방법 등이 담긴 기술 자료를 빼돌린 뒤 본인의 명의로 특허를 받은 후, 중국 경쟁사에 빼돌리려다 적발됨.
2. 주요 문제점
   - 기업내의 기밀자료에 대한 보안관리가 허술함.
3. 시사점
   - 두번째 자료의 마지막 내용을 살펴보면, 산업유출의 동기는 대부분 개인영리와 금전적인 목적
   - 위와 같은 동기에 의한 유출은 마인드 강화를 통해 방지 한다고 하기보다, 직접적인 통제를 위한 정책과 정책을 토대로 수행 가능한 통제 시스템 또는 솔루션이 필요
   - 문서보안(DRM) 솔루션을 도입하여, 중요정보 암 · 복화 기능을 통한 기밀성 유지와 내부 접근통제를 통해 중요정보의 보안성 향상, 이동식 저장매체 제어를 통해 외부유출 경로를 통제가 필요

출처: 디지털타임즈

연습문제

1. 학습자들이 학습 내용을 토대로 서로 의견을 나눌 수 있는 문제 및 해당 문제에 대한 의견을 작성해 주세요.

[문제] 위험평가 수행방법에 대해 도식화하고 설명하시오.
[답안]

2.

2-1. Confidentiality, Integrity, Availability

2-2. Risk reduction

2-3. Risk avoidance

2-4. Asset Value

2-5. DoA(Degree of Assurance)

2-6. Risk Assessment

2-7. 위협(Treats)의 비의도적(Unintentional Threats) 중 시스템 장애로 인한 위협

2-8. 취약성(Vulnerability)의 관리적 취약성 중 인적 취약성(Vulnerability of human)

2-9. 위험처리전략(Risk Treatment Option)

3. 다음은 SoA(적용성보고서)를 작성하기 위한 DoA선정의 기준이 되는 위험도 (Risk level)를 선정이다. 각각의 위험도를 작성하시오.
(등급 VH(5점), H(4점), M(3점), L(2점), VL(1점))

① A쇼핑몰에서는 보안사고가 매달 평균 5건이 발생하고 있다. 웹서버 자산에 대해 외부해커, 웜, 바이러스 등으로 위협을 매달 1회 받고 있다. 이에 따라 보안사고 대응 및 복구 절차가 미흡한 취약성을 발견되어 취약성 정도가 H등급이다. 이 자산은 자산가치산정을 결과 VH 등급이다.

* 위협정도 등급(4회 이상－H등급, 3회－M등급, 1~2회－L등급)

② A사는 반도체를 설계하는 중소기업이다. 주요자산 중 반도체 설계도가 있으며 이 자산은 H등급이다. 현재 내부직원들에게 정보보호교육을 통해 문서관리에 대한 교육을 실시하고 있고 문서관리에 대한 보호대책이 H등급이다. 하지만 일부직원의 불참으로 위협정도를 L등급을 부여했다. 그리고 관리자 계정의 공용사용으로 취약성이 매우 높은 H등급이다.

③ A은행의 서버(B), 고객정보의 주요자산의 중요도는 H등급이고 위협은 웜, 시스템 장애 등으로 M등급이다. 그리고 방화벽의 룰 관리 미흡, 백신 업데이트 미흡, 최신 패치 미적용, 백업관리 미흡 등의 취약성이 존재하여 VL등급을 부여하였다.

제6장

정보보호관리체계

Ⅰ. 정보보호관리체계 개요
Ⅱ. 정보보호관리체계 대응책
Ⅲ. 정보보안 대응책 수립을 위한 가이드라인
Ⅳ. 산업정보 유출 방지를 위한 핵심정보 보안관리

제6장 정보보호관리체계

Ⅰ. 정보보호관리체계 개요

정보보호관리체계(ISMS: Information Security Management System)란 말 그대로 주요 정보를 관리하는 체계를 말한다. 기업정보를 관리한다는 것은 주로 정보보호의 목적인 정보자산의 비밀성(기밀성), 무결성, 가용성을 달성하기 위하여 각종의 보안 대책을 관리하는 것을 말하며, 법적 준거성이나 부인방지 등 추가적인 목적을 포함하기도 한다. 그러나 단순히 어떤 보안 대책들을 관리하는 체계는 '정보보호관리체계'라는 용어를 사용하지 않는다. 정보보호 목적과 목표를 적절히 수립하고, 목적한 수준의 달성을 위한 여러 대책들을 잘 관리하기 위해서는 일련의 절차와 과정을 거쳐야 한다.

각 산업기술 현장 수준으로 정보를 보호하기 위해서는 정보자산에 대한 위험기반 접근방법을 사용할 필요가 있다. 일반적으로 정보보호관리체계라는 용어를 사용할 때는 위험기반 접근방법에 기초하여 수립, 구현, 운영, 모니터링, 검토, 개선 등의 주기를 걸쳐 산업정보를 관리하고 운영하는 체계를 말하며 정책, 책임, 계획, 절차, 시스템, 실무 등의 다양한 종류의 정보보호 대책들이 유기적으로 통합된 시스템이 된다.

'정보통신망 이용촉진 및 정보보호 등에 관한 법률' 제47조 제1항에서는 정보보호관리체계를 "정보통신망의 안정성 및 정보의 신뢰성을 확보하기 위하여 수립 · 운영하고 있는 기술적 · 물리적 보호조치를 포함한 종합적 관리체계"라고 정의하고 있다. 본 장에서는 산업정보 자산의 비밀성(기밀성), 무결성, 가용성을 실현하기 위하여 필요한 절차와 과정을 체계적으로 수립하고 문서화 하여 지속적으로 관리 · 운영하는 시스템으로 설명한다.

한편 국제표준인 ISO/IEC 27001: 2005 "정보기술 – 보안 기술 – 정보보호관리체계 – 요구사항" 문서에서는 정보보호관리체계를 "정보보호를 수립하고, 구현하고, 운영하고, 모니터링하고, 검토하고, 유지 개선하는 업무 위험 접근방법에 기반한 전반적인 관리시스템의 일부분"이라고 정의하고 있다. 또한 이러한 정보보호관리체계는 "조직구조, 정책, 활동계획, 수행능력, 실행, 절차, 과정, 자원 등을 포함한다"고 설명하고 있다.

Ⅱ. 정보보호관리체계 대응책

정보보호관리체계는 기술적 · 물리적 대책의 수립만으로는 산업정보를 적절히 보호하기 어려우며, 알려진 위협과 취약성에 대한 알려진 각종의 대책을 모두 구현하는 것이 불가능하며 보호해야 할 자산에 적합한 수준으로 보안을 구현하는 것이 필요하다. 따라서 정보보호관리체계는 최적 실무(Best practice)라고 알려진 모든 대책을 구현하기 위한 것이 아니며, 해당 기업에 필요한 수준의 대책을 구현하기 위한 것이다. 기업의 정보보호 수준은 그 기업이 보유하고 있는 정보자산과 그 가치, 기관이 직면한 위협과 취약성뿐만 아니라 경영진의 위험 취향, 기업의 문화 등에 따라 정보보호 수준이 달라질 수 있다.

보호의 수준이 달라진다고 해도 가장 높은 수준의 위험부터 상대적으로 낮은 수준의 위험으로 일관성 있게 대책을 적용해야 하는 것이다. 위험분석 없이 최적 실무 집합을 참조하여 대책을 적용하려고 할 때 발생하는 가장 일반적인 실수는 효과에 대한 고려를 미루어 놓고 구현하기 쉬운 대책을 우선적으로 구현하게 된다는 것이다. 많은 대책을 수립한다고 해서 보안수준이 높아지는 것은 아니다. 가장 취약한 부분을 보호함으로써 보안수준이 높아지는 것이다. 많은 대책을 구현하려고 하기보다는 수가 적고 어렵더라도 가장 효과적인 대책에 집중하는 것이 더 효과적이다.

1. 정보보호관리체계의 효과

정보보호관리체계는 위험관리의 기본 사상 하에 이해관계자가 참여하는 적절한 절차를 거쳐 수립 · 운영되는 경우 많은 효익을 가져올 수 있다. 목표 보안 수준을 달성하는 한편 효율적으로 자원을 활용할 수 있게 해 줌으로써 최적화된 보안을 수립할 수 있다.

일회성으로 단편적인 보안대책을 도입하기보다 체계적으로 보안대책을 도입하고 지속적으로 관리할 수 있다. 대책을 도입하더라도 도입 후 시간이 지날수록 그 보호 수준이 저하하는 경향이 있다. 일반적으로 손쉬운 기술적 대책의 도입을 선호하나, 기술적 측면만이 강화되면 그 효과는 점점 감소하게 되고 사용자들이 보안대책의 사용이나 필요성을 이해하지 못한다면 대책을 잘못 사용하거나 우회하려고 시도함으로써 보안수준이 저하되는 것이다.

정보보호관리체계는 대책의 기술적 측면뿐만 아니라 인적 · 관리적 측면을 균형 있게 고려함으로써 지속적인 보안 효과를 발생시킨다. 기업은 자신의 정보자산을 조사하고 그 자산에 존재하는 위협과 취약성, 그리고 그로 인한 영향을 평가하여 적절한 보호를 수립하고 관리한다. 이러한 분석과 계획 없이는 무작정 새로운 보호대책을 도입하면서도 정작 중요한 자산에 대한 적절한 대책을 마련하지 못하여 피해가 발생할 수 있다. 즉, 정보보호관리체계의 수립과 운영을 통해 보안사고로 나타날 수 있는 자산의 피해와 이에 필요한 보호대책에 대한 투자비용 간의 균형을 맞출 수 있다.

Ⅲ. 정보보안 대응책 수립을 위한 가이드라인

정보보안을 실현하기 위해 우선적으로 수립하고, 충분한 효과가 발생하기 위해서는 보안 담당자뿐만 아니라 고위 관리자와 업무 담당자 등 의사결정자의 이해와 노력이 필요하다. 적절한 위험분석과 위험수준에 대한 의사결정 없이 정보보호관리체계 수립에서 논의되는 최적 실무들을 무차별하게 적용하는 것은 업무부담만을 가중시키게 되고 불필요한 관리에 노력을 허비함으로써 정작 반드시 필요한 보안대책에 관심을 기울이지 못하게 되는 최악의 상황을 발생시킬 수 있다.

정보보호관리체계의 개발 및 적용, 효과의 증대를 보장하기 위하여 정보보호 정책 및 위험 관리 절차를 식별 및 수립하고, 정책과 보안 통제를 시행 및 적용하며, 정책과 보안 통제의 적용을 평가 및 점검하여 결과를 경영자에게 보고하고, 감시와 검토 결과에 대하여 시정과 예방 조치를 함으로써 지속적으로 개선하는

[그림 6-1] 국제정보보호표준(ISO 27001)의 PDCA Life-Cycle

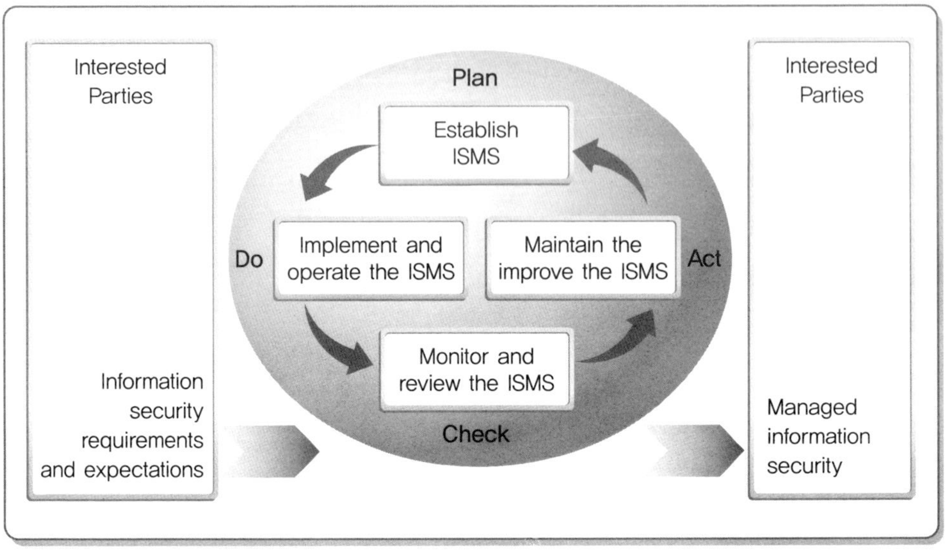

것이 필요하다.

본 정보보호관리체계의 목적은 시행 및 적용 단계의 초기 이행 사항으로 관리하기 위한 보안 통제 방안 및 이행계획을 제시한다.

1. 정보보안 정책

효과적인 정보보안 체계를 수립하고 이를 구현 유지하기 위해서는 전반적인 정보보호에 대한 정책 및 방향을 규정한 정보보호 정책 및 이를 기반으로 한 지침, 절차들이 정의되어야 한다.

정보보안 정책은 최고경영자에 의해 승인되어야 하며, 모든 임직원이 이를 인지하고 있어야 한다. 또한 정보보안 정책에 대한 검토 및 평가 절차가 수립되어 있고, 적절히 실행되어야 한다.

(1) 적용 항목

- 정보보호 정책 및 지침을 수립한다.
- 정보보호 정책 및 지침에 대한 검토 및 평가 절차를 수립한다.

(2) 적용 방안

통제영역(Domain)	통제목표(Objective)	비 고
정보보호 정책	1) 정보보호 정책	

1) 정보보호 정책

정보보호 문서관리 체계는 규정, 지침, 기준 등으로 구성하며, 최고 책임자의 의지가 담겨 있으며, 정보보호와 관련된 정책을 규정하는 문서로서 "정보보호방침"을 유지한다.

내용에는 정보보호책임자의 적극적인 지원 의지와 함께 기밀성, 무결성, 가용성이 고려된 정책들에 대한 선언적인 의미가 기술된다. 또한 정보보호를 강화하기 위해 "정보보호지침"을 수립하여 규정으로 등록하여 모든 임직원이 손쉽게 접근하여 열람할 수 있도록 한다.

2) 정보보호 문서의 체계

정보보호 문서의 체계는 정보보호 활동의 최상위 개념이 포함된 "전산 규정", 사용자나 운영자가 업무 수행을 위해 필요한 "정보보호지침", "정보보호기준"으로 구성된다. 또한 일부 정보보호 내용이 포함된 관련 지침으로 "전산업무운영지침"이 포함될 수 있다(그림 6-2 참조).

"정보보호규정", "정보보호지침" 및 "정보보호기준"의 생성 및 갱신은 정보보호위원회, 정보보호실무위원회, 정보보호책임 및 관리자의 의결 등의 공식적인 절차에 따라 공표 및 배포하도록 하여 모든 임직원들이 그 내용을 이해하고 항상 참조할 수 있도록 한다.

즉, 현재 운영중인 규정 및 지침 문서로서 등재하여 관련 임직원이 이를 인지하고 숙지할 수 있도록 하며, 최소 연 1회 주기로 검토 및 보완될 수 있도록 "정보보호지침"에서 규정한다.

[그림 6-2] 정보보호 문서(예)

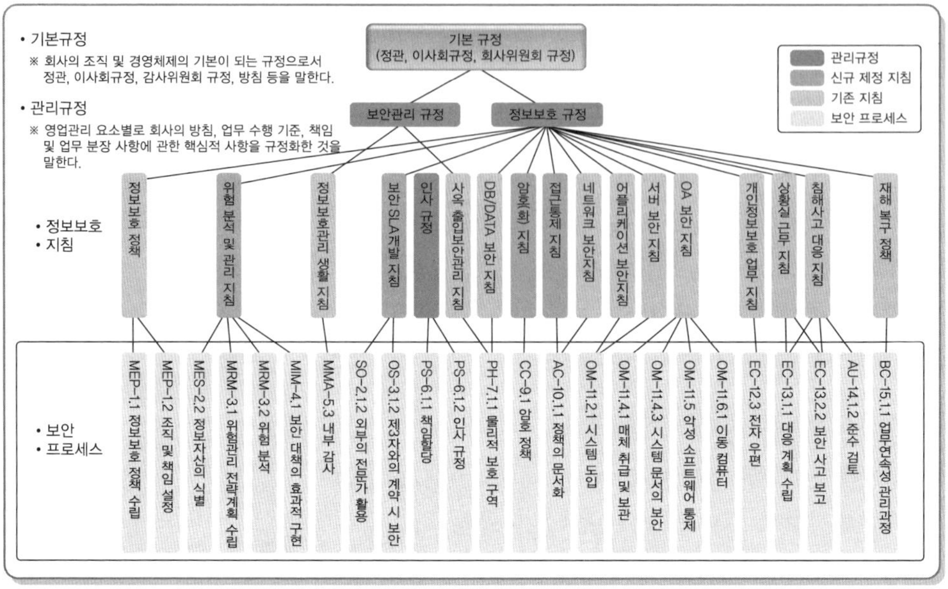

3) 정보보호 문서의 내용

〈표 6-1〉 정보보호 문서의 주요내용(예시)

NO	구 분	문서번호	규정/지침/기준	주요 내용
1	규 정		전산 규정	• 관리적 보안 규정 • 물리적 보안 규정 • 기술적 보안 규정
2	지 침	SEC-000	정보보호지침	• 정보보호 정책 • 정보보호 조직 • 자산분류 및 통제 • 인적 보안 • 물리적 보안 • 운영 보안 • 접근 통제 • 시스템 개발 및 유지보수 • 침해사고 관리 • 업무연속성 계획 • 준거성
3	기 준	SEC-001	정보보호조직 운영기준	• 정보보호 조직 구성 • 정보보호 조직 역할 • 정보보호 조직 운영

NO	구 분	문서번호	규정/지침/기준	주요 내용
4	기 준	SEC-002	자산분류 및 통제기준	• 자산 분류 및 평가 기준 • 자산 통제 • 자산 위험평가
5		SEC-003	감사기준	• 감사 범위 및 주기 • 감사 계획 수립 및 조치 • 감사결과 확인 및 종료
6		SEC-004	침해사고대응기준	• 침해사고 대응방법 및 절차 • 소프트웨어 이상 및 오류 • 바이러스 • 정보시스템 취약성 • 정보자산의 손상 • 침해사고 대응 절차
7		SEC-005	인사보안기준	• 인력보안의 기본원칙 • 인력보안 내용 • 교육 및 훈련
8		SEC-006	외주보안기준	• 외주용역 추진 시 정보보호 • 외주 용역 관리
9		SEC-007	전산사무보안관리기준	• 사무실 보안관리 절차 • 지적재산권 보호
10		SEC-008	물리적보안기준	• 보호구역 • 출입관리 • 장비보안
11		SEC-009	서버보안기준	• 도입 및 설치 • 접근통제 및 운영관리 • 침해사고 대응 • 파기
12		SEC-010	네트워크보안 기준	• 도입 및 설치 • 접근통제 및 운영관리 • 침해사고 대응 • 파기
13		SEC-011	정보보호시스템보안기준	• 도입 및 설치 • 접근통제 및 운영관리 • 침해사고 대응 • 파기
14		SEC-012	DB보안기준	• 도입 및 설치 • 접근통제 및 운영관리 • 침해사고 대응 • 파기

NO	구 분	문서번호	규정/지침/기준	주요 내용
15	기 준	SEC-013	응용프로그램 보안기준	• 개발보안 • 운영관리 • 침해사고 대응
16		SEC-014	PC보안기준	• PC 보안담당자 준수사항 • PC 사용자 보안 사항 • 침해사고 대응

2. 정보보안 조직

정보보안 관리를 위한 정보보호 기반 구조가 필요하며, 조직 내의 정보보호 활동 관련 계획을 수립하고 시행하기 위한 관리 체계가 갖추어져야 한다.

조직의 IT(산업) 시설과 정보 자산은 제3자에 의한 접근으로부터 보호하기 위한 통제 대책이 마련되어야 한다.

(1) 적용 항목

- IT보안을 위한 전담 조직을 구성한다.
- 정보보호위원회(운영, 실무 등)를 구성하여 운영한다.
- 각 역할별 보안에 대한 책임을 정의한다.
- 모든 임직원, 외주인력, 제3자에게 정보보호서약서를 징구한다.
- 제3자에 대한 물리적 · 논리적 접근통제가 이루어져야 한다.
- 제3자와의 계약 시 회사의 정보보호 방침을 알려야 한다.

(2) 적용 방안

통제영역(Domain)	통제목표(Objective)	비 고
보안조직	1) 내부 조직 2) 외부 조직	

1) 정보보호 기반 조직

정보(IT) 보안과 관련하여 실무적으로 움직일 수 있는 정보보호 전담 조직을 구성 및 운영하고, 각 구성원의 책임과 역할을 정립한다. 정보보호를 위한 정보보호위원회, 정보보호실무협의회 2가지 조직으로 구성하고, 전문성이 필요한 정보(IT)보안을 위해 각 분야별 정보보호업무지원담당자를 운영한다.

2) 정보보호 조직 구성

전담 정보보호 조직을 구성하되, 다른 관련 정보보호 조직은 기존의 조직 및 인력을 최대한 활용하여 유기적인 협력체계를 구축하는 방향으로 인력을 구성한다. [그림 6-3]은 정보보호 조직 구성도를 나타낸 것이다.

◈ [그림 6-3] 정보보호 조직 구성도(예시)

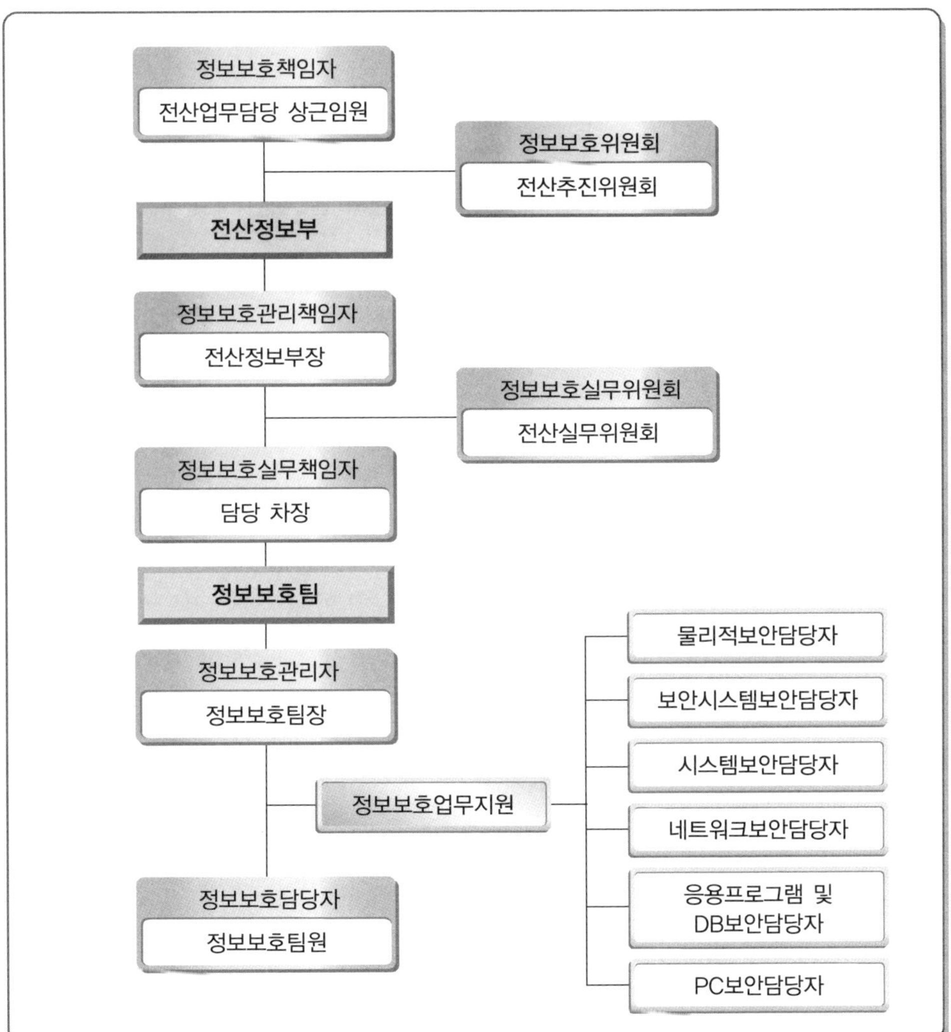

〈표 6-2〉는 정보보호 조직 인력 구성의 내용을 정리한 것이다.

◈ 〈표 6-2〉 정보보호 조직 인력 구성(예시)

구 분	역 할	구성원	직위 및 직급	자격요건
정보보호 책임자	정보보호 업무를 총괄하고, 정보보호관리책임자, 전산추진위원회의 정보보호 활동(예산, 인력 확보 등)을 지원		전산업무담당 상근임원	
전산추진 위원회 (정보보호 위원회)	정보보호 업무의 중장기 계획, 조정, 감독 및 중대한 정보보호 활동, 운영에 관한 사항을 협의	기타 전산위원회운영지침에서 정한 사항	전산업무담당 상근임원 1人	위원장
			전산정보부장 및 전산업무담당 상근임원이 지정하는 4人 이상의 부서장	구성원
			전산위원회 관련 담당차장	간사
정보보호 관리 책임자	전산정보부 내의 정보보호 업무에 대한 계획, 조정 및 감독을 총괄 수행 정보보호실무위원회 및 정보보호관리자의 정보보호 활동 지원	겸임	전산정보부장	
전산실무 위원회 (정보보호 실무위원회)	정보보호 실무에 대한 기획, 관리 및 운영 조정, 감독 및 운영에 관한 사항을 협의	기타 전산위원회운영지침에서 정한 사항	전산정보부장	위원장
			전산업무부서차장급 직원 3人 및 위원장이 지정하는 관련 직무담당 차장급 직원 5人 이상	구성원
			업무전산화 관련 전산실무위원회 담당과장	간사
정보보호 실무 책임자	개발 및 운영되고 있는 시스템, 프로그램의 정보보호에 대한 운영 및 관리 실무를 총괄하고, 시스템 및 프로그램 관련 정책, 총괄 관리	겸임	담당 차장	

구 분	역 할	구성원	직위 및 직급	자격요건
정보보호 관리자	정보보호업무지원담당자와 협력하여 정보보호 기획, 관리 및 운영 실무를 총괄하고, 정보보호팀의 정보보호 활동 감독 및 관리	전담	업무전산화 관련 담당 과장급 이상 직원 정보보호팀장	
정보보호 담당자	정보보호 지침 및 기준을 관리 및 운영하고, 교육 및 점검	전담	정보보호팀원	
정보보호 업무지원	IT와 관련된 사내 담당자들로 구성하여 정보 및 보안 침해사고를 예방 및 대응하기 위한 활동을 수행하며 정보보호팀을 업무지원	보안시스템보안담당자(보안시스템 운영자 겸임)	업무전산화 관련 담당 대리급 이상 직원	
		시스템보안담당자(시스템운영자 겸임)		
		네트워크보안담당자(네트워크 운영자 겸임)		
		응용프로그램 및 DB 담당자(응용프로그램 및 DB운영자와 겸임)		
		물리적보안담당자(출입통제운영자와 겸임)		
		PC보안담당자(PC관리담당자 겸임)		

3) 정보보호 조직 역할

정보보호 조직 역할은 전담 정보보호 조직의 역할을 명확하게 정의하고, 다른 관련 정보보호 조직의 기존 업무 내에서 정보보호 활동을 최대한 수행할 수 있도록 역할을 정의한다.

◆ 〈표 6-3〉 정보보호 조직의 책임 및 역할

구 분	운 영
정보보호책임자	정보보호 관리, 업무 총괄
	전산 추진위원회 주관
전산추진위원회 (정보보호위원회)	정보(IT) 정보보호 관련 규정의 제정 및 개폐에 관한 사항
	정보(IT) 정보보호 및 관리, 운영에 관한 중 · 장기 전략 수립에 관한 사항 검토 및 의결
	중요한 침해사고 결과 및 대응방안에 관련된 심의 및 의결
	기타 전산위원회 운영지침에서 정한 사항
정보보호관리책임자	정보보호 활동 운영 및 관리에 관한 총괄 조정 및 감독
	정보보호 규정 및 지침, 기준의 총괄 검토 및 감독
	정보보호 활동 운영 개선에 관련된 내용을 전산추진위원회에 건의
	정보보호팀 및 각 부서 정보보호 및 운영, 관리 활동의 평가, 감독 전산실무위원회 주관
	기타 정보보호 및 운영, 관리에 필요하다고 인정되는 사항
전산실무위원회 (정보보호실무위원회)	정보보호 관련 제규정의 제정 및 개폐에 관한 실무적인 사항 검토 및 의결
	정보(IT) 정보보호 및 관리, 운영에 관한 단기 전략 수립에 관한 사항 검토, 의결
	정기적인 정보보호 침해사고 현황 및 조치사항 검토, 관리 감독
	정보보호 조직 구성 및 운영안 검토, 의결
	정보보호 조직 구성원의 책임 및 역할 총괄 검토, 의결
	정보보호 관련 중요 시스템 및 네트워크 관리(각 보안시스템 및 네트워크 구축, 교체, 도입 등)에 관한 사항 등을 심의 및 의결
	정보보호 관련 부서에 대한 정보보호 활동 촉진
	기타 전산위원회 운영지침에서 정한 사항
정보보호실무책임자	정보보호 관리, 운영 총괄
	정보보호 계획 및 활동 총괄
	정보보호 현황 및 개선안을 검토 후 전산실무위원회에 보고
	정보보호 점검 및 교육 총괄
	전산실무위원회 및 정보보호팀에 정보보호 기본, 침해사고 대응 교육 요청
	침해사고 처리 및 정보 유출 사항 점검 총괄
	정보보호 및 운영, 평가, 관리를 위한 프로세스 수립 총괄

구 분	운 영
정보보호관리자 (정보보호팀장)	정보보호 관련 실무적인 활동 총괄 운영 및 관리
	중 · 장기 정보보호 사업 계획과 관련된 계획 수립, 예산 편성, 집행 및 결과 보고
	정보(IT) 관련 시스템 보호 대책의 수립 및 운영
	시스템 신 · 증설, 대규모 변경 시 정보보호 대책 검토 및 평가
	침해사고에 대한 예방, 복구 및 보호에 필요한 조치 계획 검토, 감독
	정보(IT) 관련 시스템에 대한 취약점 분석, 평가 계획 관리
	중요 정보가 포함되어 있는 전산자료의 보안 관리 감독
	침해사고 조사 및 처리에 관한 관리, 감독
	정보보호 관련 IT 운영, 관리에 관한 규정, 지침, 기준의 정기적 검토
	정보보호 운영 개선에 관련된 내용을 전산실무위원회에 건의
	기타 정보보호 관련 IT 운영, 관리에 필요하다고 인정되는 사항
정보보호팀	정보보호 관련 규정, 지침, 기준의 수립 및 운영
	정보보호 관련 운영, 평가, 관리를 위한 프로세스 수립 및 운영
	정기/불시 보안감사 계획 수립 및 보안감사 실시, 사후 결과 기록 및 유지
	중요 시스템 반출입(노트북 포함) 관리 및 출입관리(내부직원, 협력사, 내방객)
정보보호담당자 (팀원)	각 팀에서 전달된 정보보호관련 의견 접수/분석/대응책 마련
	정보보호 관련 법률 및 정책 검토
	정보보호표준인증(정보 경영관리 인증) 관리, 운영 및 유지
	대외 유관 조직간 협력 체계 구축
	각 정보보호 관련 부서의 운영 및 지원 사항(부서간의 보안 협력 모델링 구축에 관한 사항) 파악
	정보보호 점검 계획 수립 및 평가
	시스템의 신설, 증설, 변경 시 보안성 검토
	시스템에 대한 취약점 점검 계획 총괄 검토, 관리
	침해사고 보고 및 통제, 결과 유지
	정보보호업무지원담당자들의 정보보호 활동 지원(시스템 패치 및 버전 업그레이드) 및 현황 파악, 점검
	보안시스템 장비 Rule Set 검토 및 승인
	원격지 근무자 등록/변경/삭제 허가 및 해당 임직원 PC 관리 (RAS, VPN 등)

구 분	운 영
정보보호업무지원 (보안시스템보안담당자)	네트워크 범위에서의 Virus 통제 및 대응(Virus Wall 등)
	방화벽 및 침입탐지, PC보안관리 시스템 등의 보안시스템 운영 및 관리
	보안툴 벤치마킹 및 보안툴 사용에 대한 지도/점검
	보안사고 추적을 위한 로그 유지, 분석에 대한 지도/점검
	보안시스템 도입/업그레이드/파기 시 보안성 검토
	보안시스템 보안 기준 및 절차 관련 신규/변동 내용을 검토 및 평가
정보보호업무지원 (네트워크보안담당자)	Port, IP 접근 승인에 대한 지도/점검
	네트워크 장비 Rule Set 검토 및 승인
	네트워크 도입/업그레이드/파기 시 보안성 검토
	네트워크 범위에서의 Virus 통제 및 대응(Virus Wall 등)
	네트워크 보안 기준 및 절차 관련 신규/변동 내용을 검토 및 평가
정보보호업무지원 (시스템보안담당자)	시스템 취약성 점검 및 보고에 대한 지도/점검
	취약성 제거를 위한 패치 이행 및 관리에 대한 지도/점검
	긴급 복구를 위한 백업에 대한 지도/점검
	시스템부문 도입/업그레이드/파기 시 보안성 검토
	접근제어를 위한 제어규칙(Rule Set, 접근 등급)의 신규 등록, 변경, 삭제에 대한 지도/점검
	보안사고 추적을 위한 로그 유지, 분석에 대한 지도/점검
	비상계획, 장애관리 수립에 대한 지도/감사 및 테스트 주관, 결과 보고
	사용자의 등록, 변경, 삭제에 대한 지도/점검
	서버 보안 기준 및 절차 관련 신규/변동 내용을 검토 및 평가
	보안툴 벤치마킹 및 보안툴 사용에 대한 지도/점검
	각 부서로부터 전달된 업무 변경, 고용 현황 변화에 따른 ID 및 권한 변경사항을 시스템에 적용되었는지에 대한 지도/점검
정보보호업무지원 (응용 및 DB보안담당자)	응용 프로그램 및 DB의 통제에 대한 지도/점검
	응용 프로그램 및 DB 보안 기준 및 절차 관련 신규/변동 내용을 검토, 평가
	응용 프로그램 및 DB 사용자의 등록, 변경, 삭제에 대한 지도/점검
	응용 프로그램 및 DB 취약성 제거를 위한 패치 이행 지시, 관리에 대한 지도/점검
	응용 프로그램 및 DB업그레이드 및 변경 시 보안성 검토, 보안 준수 여부 지도/점검

구 분	운 영
정보보호업무지원 (물리적보안담당자)	자산 반출입 관리
	출입관리(내부직원, 협력사, 내방객)
	통제구역 내의 시스템 및 시설, 장비 보호
정보보호업무지원 (PC보안담당자)	PC 보안 관리 시스템 운영 및 관리
	외부 출장자 등을 위한 노트북 관리 및 통제
	불법 S/W 관리
	유해 S/W 관리
	공유 폴더 관리
	PC 범위에서의 Virus 통제 및 대응
	PC 취약성 점검 및 보고에 대한 지도/감사
	PC 취약성 제거를 위한 패치 이행 지시 및 관리에 대한 지도/점검

4) 정보보호 조직 운영

정보보호 조직의 운영은 정보보호 활동을 지속적으로 수행하고, 정보보호 사고 및 문제점들에 대하여 적절하게 대응할 수 있도록 정보보호 관련 사항들에 대하여 정기적으로 검토 및 보고할 수 있는 프로세스를 수립한다.

〈표 6-4〉 정보보호 조직 운영

구 분	운 영
전산추진위원회 (정보보호위원회)	연 단위로 소집하는 것을 원칙
	위원장이 필요하다고 인정할 때 또는 위원 2인 이상의 요구가 있을 시, 정보와 관련된 중요한 정보시스템, 네트워크의 도입 및 교체 시, 중대한 정보 침해사고가 발생할 경우 등의 소집이 필요한 경우, 위원장이 이를 소집함. 다만, 소집이 곤란하거나 긴급을 요하는 경우에는 서면 결의로 갈음
	위원회에서 심의, 의결된 사항은 최고경영자의 결재를 득하여 시행
	기타 전산위원회 운영지침에서 정한 사항
정보보호관리책임자	연 단위로 정보보호 점검 결과를 평가하여 전산추진위원회에 보고
	연 단위로 정보보호 현황 및 활동 계획을 전산추진위원회에 보고
	연 단위로 정보보호 교육 계획 전산추진위원회에 보고
	연 단위로 침해사고 소사 및 처리에 대한 검토 및 평가

구 분	운 영
전산실무위원회 (정보보호실무위원회)	정보보호 추진 실적 및 현황을 분석하기 위한 회의를 반기 단위로 개최 정보보호 관련 계획의 추진 실적 평가 정보보호 정책의 타당성, 유효성 검토 및 수정 각 관련 부서간의 정보보호 협력 체계 평가 및 검토
	다음의 경우 수시로 소집하여 정보보호 업무를 협의할 수 있도록 운영 중대한 정보 침해사고 발생시 위원장이 실무위원회의 소집이 필요하다고 판단하는 경우
	위원회에서 심의, 의결된 사항은 정보보호책임자의 결재를 득하여 시행하는 것을 원칙으로 함. 다만, 긴급히 사안을 해결하여야 하거나, 처리해야 할 경우가 발생할 시에는 전산부서장의 결재를 득하여 시행
	기타 전산위원회 운영지침에서 정한 사항
정보보호실무책임자	반기 단위로 정보보호관리책임자 및 전산실무위원회에 정보보호 활동 총괄 평가 및 보고
	반기 단위로 정보보호관리책임자 및 전산실무위원회에 정보보호 현황 및 개선안 보고
	연 단위로 정보보호관리책임자 및 전산실무위원회에 정보보호 자체 점검 및 교육 계획 보고
	반기 단위로 정보보호관리책임자 및 전산실무위원회에 침해사고 처리 및 정보 유출 사항 평가, 보고
	반기 단위로 시스템에 대한 취약점 진단, 운영 및 관리에 관한 검토 및 평가
정보보호관리자	반기 단위로 정보보호실무책임자에 정보보호 운영 및 관리 활동 결과보고
	반기 단위로 시스템의 신설, 증설시 보안성 검토 현황을 정보보호실무책임자에 보고
	반기 단위로 응용 프로그램의 중대한 변경 시 보안성 검토 현황을 정보보호실무책임자에 보고
	반기 단위로 정보보호실무책임자에 부서 내의 침해사고 내역 및 조치 결과 보고
	반기 단위로 정보보호실무책임자에 정보보호 관련 규정 및 개선안 보고
	반기 단위로 각 팀의 전반적인 정보보호 관련 업무 규정 및 지침, 기준의 준수 사항 점검 및 평가

구 분	운 영
정보보호팀 (정보보호담당자)	반기 단위로 각 팀 사용자 및 관련 협력업체(Third Party, Outsourcing)에 대한 정보보호 교육 및 홍보
	반기 단위로 시스템 기술적 보안에 관한 요구 사항이나, 조치. 사항 기록 및 검토
	반기 단위로 시스템에 대한 위험평가 및 취약점 점검 총괄 실시
	반기 단위로 정보보호 관련 제반 법률, 규정 검토
	반기 단위로 중요 시스템 반출입(노트북 포함) 관리 및 통제구역 출입관리(내부직원, 협력사, 내방객) 현황 파악, 정보보호관리자에 보고
	연 단위로 중/장기 정보보호 사업 계획과 관련된 예산 편성, 집행 및 결과 보고
	반기 단위로 침해사고 현황 및 조치 보고
	반기 단위로 국제정보보호표준(ISO27001) 사후심사 결과 보고
	반기 단위로 정보보호 점검 계획 및 평가 보고
정보보호업무지원팀	반기 단위로 회의를 소집하여 정보보호팀과 각 담당 시스템의 정보보호 현황 및 침해사고 현황 결과 검토
	반기 단위로 정보보호팀과의 정보보호 연계 구축을 통한 기술적인 보안 정보 공유 및 교육, 세미나 실시
	반기 단위로 정보보호팀과 정보보호 점검을 하는 것을 원칙으로 함. 단, 정보보호팀과의 합동 점검이 어려울 경우에는 정보보호업무지원팀의 수행계획에 따라 점검 실시
	익년 초 정보보호 점검 결과 검토를 위해 회의를 소집하고, 결과 검토 후 점검 현황 파악 및 대상 선정
	비상설비 조직으로 운영하되, 수행 역량과 경중을 판단하여 중요한 점검이 발생할 경우, 정보보호팀 및 외부 감리인 혹은 전문가와 함께 수행
	정보보호 점검 결과 및 개선 사항은 반기 단위로 정보보호관리자에 보고

5) 외부 조직

제3자에 대한 보안 통제를 적용하기 위해서 기업 공통으로 표준계약서에 정보보호 요건을 추가하고, 기업의 보안정책을 제시 및 정보보호 교육을 수행하며, 인력 복귀 시 지적재산 등과 관련된 정보를 삭제토록 함으로써 업체에 대한 통제를 강화한다.

(가) 외주용역 추진 시 검토사항

정보기술부문 전체 또는 중요 정보시스템의 개발 및 운영 업무를 외주 용역으로 대체하는 경우 다음 사항을 충분히 검토한다.

- 정보시스템 서비스 외주용역에 따른 금융정보 관리의 취약점을 최소화하고, 정보보호를 위하여 내부통제 방안을 수립 및 운영한다.
- 외주용역업체의 도산 또는 재해로 인한 정보처리 서비스가 중단되는 경우를 대비하여 연합회와 외주용역 업체는 각각 비상계획을 수립한다.
- 업무 담당부서는 필요 시 외주용역업체의 재무건전성을 평가하여 재무상태 악화에 따른 도산에 대비한다. 외주용역업체의 재무상태가 악화되어 지속적인 서비스 제공이 어렵다고 판단되는 경우 외주용역업체의 교체계획을 수립할 수 있다.
- 재난상황에서도 최소한의 영업기능을 유지하기 위하여 백업자료를 보존하고 백업설비를 확보하는 방안을 강구한다.
- 업무담당부서는 외주용역 업체가 제공하는 서비스의 품질수준을 주기적으로 평가한다.

(나) 계약 시 정보보호 요구사항

외주용역 업체와의 계약서에는 정보보호를 위한 다음과 같은 요구조건을 포함하거나 관련사항이 언급된 문서가 명시되어야 하며, 계약은 정보시스템 접근을 허가하기 전에 공식 체결한다.

- 법적 요구사항의 충족 방법
- 모든 계약 당사자들에게 정보보호 책임을 주지시키는 절차
- 정보자산의 무결성 및 비밀성 유지와 검토 방법
- 전산매체에 저장된 데이터의 보호 및 소유권
- 중요 정보 사용권한이 없는 자의 접근을 제한하기 위한 물리적 · 논리적 통제 방법

- 재해 발생 시 서비스의 가용성 유지 방법
- 외주용역업체 장비에 대한 물리적 보안 허용 수준
- 자료 제출 및 감사 권한
- 서비스수준협약의 정의
- 연합회와 외주용역업체의 위험 및 의무

(다) 외주용역의 관리

- 외주용역 업체의 직원으로부터 외주인력 개인별로 내부의 정보보호 규정 준수 의무 및 이를 위반 시 책임이 명시된 비밀유지 서약서를 업무 수행 전 및 업무 종료 시에 받는다.
- 외주용역 업체의 업무 단계별 진행보고서 및 산출물에 따라 단계별 체크리스트를 작성하여 검수 및 승인여부를 결정하고 그 결과를 외주용역 업체에 통보한다.
- 업무 담당부서는 외주용역 업체 직원들이 정보보호 요구사항을 준수하는지 주기적으로 평가한다.
- 외주용역 직원은 운영 중인 정보시스템에 대해 입력 및 정정거래를 수행할 수 없도록 한다. 다만 불가피한 이유로 입력 및 정정거래를 수행해야 할 경우에는 반드시 해당 팀장의 승인을 받도록 한다.
- 비밀번호나 사용자 계정에 의한 소프트웨어적 통제를 실시하고, 비밀번호는 주기적으로 반드시 변경한다.
- 외주용역 업체 직원들이 개인별로 접근할 수 있는 자원에 대한 접근권한 요청서를 받아 필요한 정보에만 접근할 수 있도록 한다. 다음은 계약서에 포함되어야 할 외주용역 업체 직원들의 접근통제에 관련된 사항들이다.

  ① 사용자 인증(사용자 ID 및 비밀 번호)의 사용 및 통제

  ② 사용자 접근 및 권한에 대한 허가 절차

  ③ 서비스의 사용이 허가된 개인들의 명단과 서비스 사용에 있어서의 권리와 특권이 무엇인지를 규정하는 목록

  ④ 협력업체 직원의 행위를 모니터링하고 권한을 해지할 수 있는 권리

⑤ 방법, 절차에서의 사용자 및 관리자 교육

⑥ 정보보호 사고 및 정보보호 침해에 대한 보고, 통지, 조사에 대한 합의

- 외주 인력에게 내부 정보보호 규정 및 기준에 대해 교육하고 이를 준수하도록 한다.

3. 자산관리

중요 자산을 효과적으로 보호하기 위해서 보호해야 할 모든 자산을 식별하고 그 자산에 대한 소유자, 관리자 및 사용자의 책임을 명확히 정의해야 한다. 그리고 각 자산에 대한 보안 등급을 부여하여 표기하고 그 등급에 따라 적절한 보안 수준을 결정해야 한다.

(1) 적용 항목

- 모든 중요 자산에 대한 목록을 생성하고 유지 관리를 위한 관리자를 지정한다.
- 자산에 대한 보안 등급을 부여하기 위한 등급 분류 기준을 수립한다.
- 각 자산에 보안 등급을 부여하고 표기한다.

(2) 적용 방안

통제영역(Domain)	통제목표(Objective)	비 고
자산 분류 및 통제	1) 자산관리 책임 2) 정보 분류	

1) 자산관리 책임

기업은 자체적으로 고정자산을 관리하기 위해 자산관리시스템을 이용하고 있다. 네트워크 장비, IT설비, PC, 프린터 등 OA기기 등의 고정자산의 운영효율을 극대화하기 위해 자산의 현황 및 목록이 유지되고 있다.

자산관리시스템에 의해 관리되고 자산은 유형 고정자산 및 Software 무형 고정자산을 포함하며 다음과 같은 유형에 근거해 관리한다.

◈ 〈표 6-5〉 자산 유형

구 분	유 형	포함 자산
시스템	H/W	Unix 서버, Windows 서버 등
	S/W	OS, Package S/W(Oracle, Tivoli 등), 개발 Application 등
	애플리케이션 S/W	입금, 보전, 인사 등
	DB(데이터)	입금 데이터, 보전 데이터, 인사 데이터 등
통신장비	N/W 장비	스위치, 라우터, 허브 등
	보안 장비	방화벽, 침입방지시스템, VPN 등
설비 사무용 기기	설비	항온항습기, 하론 설비, 감시카메라, UPS 등
	OA	개인 PC, 공용 PC, 프린터, 복사기 등

(가) 자산의 생성 및 등록

- 중요자산을 구매하거나 도입하여 자산을 등록하는 경우에는 해당 자산에 대한 보안성 검토를 하고, 그 결과에 따라 대응책을 마련한다.
- 각 자산 담당자는 정보에 대한 업무, 직급, 사용자별로 접근권한을 설정한다(읽기, 수정, 출력, 전송, 쓰기, 삭제 등).
- 하드웨어, 소프트웨어 및 기타장비 자산 목록은 관리 대장 형태 또는 자산 관리 프로그램 형태로 유지 관리할 수 있다.
- 하드웨어, 소프트웨어 및 기타장비 자산의 책임은 각 자산 담당자에게 부여한다.

(나) 자산의 접근 관리

- 전산부분의 자산에 대한 임직원과 제3자의 접근권한은 최소 권한 부여의 원칙에 따라 부여한다.
- 자산에 대한 접근권한은 자산을 보유한 관리자에 의해 부여된다. 단, 업무상 불가피할 경우에는 사후 승인으로 관리할 수 있다.
- 각 자산들은 자산관리표를 부착하여 자산의 소유 및 관리자를 명확히 한다.

(다) 자산의 처리

- 정보자산의 외부 반출 필요 시, 다음의 사항을 준수한다.
  ① 외부로 반출되는 정보자산은 반드시 수신자 본인에게 전달하고, 전달 후 수신자의 수령 여부를 확인한다.
  ② 정보자산 소유자가 승인한 자에게만 배포하되, 전자문서의 경우에는 압축 및 암호화하여 반출하는 것을 원칙으로 한다.
  ③ 중요하다고 판단되는 정보는 정보 소유자가 정보보호담당자에 반출 승인 가능 여부를 확인한 후 반출한다.
- 정보자산에 접근하는 사용자는 인증시스템을 통해 해당정보의 권한을 체크받고, 권한 범위 내에서만 정보를 사용하도록 시스템화한다.
- 정보자산 소유자 및 담당자는 중요하다고 판단되는 정보가 포함된 매체(외장 HDD, USB, DISC, 백업 Tape 등)는 반드시 시건 장치가 되어 있는 보관함에 보관한다.
- 정보자산의 파기는 해당 부서 내에서 파기하는 것이 원칙이나, 별도 파기대행 업체 계약을 통해 파기할 경우에는 처리 담당자가 반드시 파기 사실 여부를 확인하고, 기록한다.

2) 정보 분류

기업의 정보자산(보유하고 있는 정보시스템, 데이터, 전자문서)은 기밀성, 무결성, 가용성의 정도에 따라 평가되며, 기밀성, 무결성, 가용성의 중요도 수준은 각각의 평가기준에 따라 회사에 미치는 영향(Business Impact)을 고려하여 결정하도록 한다.

정보자산관리 지침은 프로젝트를 통해 수행하고 있는 위험평가(자산분석) 결과를 반영하여 정보자산의 분류 및 평가기준, 분류에 따른 처리절차 등을 반영한다.

(가) 자산 식별 및 분류

- 자산 분류는 유형별로 분류하되, 각 부서의 특성 및 업무를 고려하여 실정에 맞도록 분류한다.

- 자산의 등급을 부여하기 위해 기밀성, 무결성, 가용성의 요소를 고려하고, 자산의 분류는 자산 목록을 작성하고 식별한다.
- 반기 단위로 중요 자산을 분류하고 평가한다.
- 자산이 갱신될 경우에는 자산 분류 기준에 따라 중요 자산을 분류하고, 중요자산 보호를 위한 정보보호 계획을 수립한다.
- 위험관리 대상 및 범위를 각 자산 담당자 등과 협의, 정의한다.
- 위험관리 범위를 자산관리운영자에게 제시하고, 자산관리운영자는 범위 내의 자산을 식별하여 자산 목록을 작성한다.
- 자산관리운영자는 자산 도입, 파기 등의 변경 사유 발생 시, 자산 목록을 갱신하며 그 결과를 정보보호담당자에게 통보한다.
- 자신관리운영자는 유사성, 중요도 등을 고려하여 자산 그룹핑을 실시한다.
- 자산관리운영자는 정보자산 및 관련 중요자산의 중요도를 평가한다.
- 정보보호담당자는 자산관리운영자와 협의하여 자산 중요도 평가 결과를 수정 및 보완할 수 있다.

(나) 위협 및 취약성 분석

- 정보보호담당자는 위협 유형을 정의하고 목록화 하여 자산관리운영자에 제시한다.
- 정보보호담당자는 자산의 취약성 수준을 진단하며, 자산관리책임자 및 자산관리운영자는 이를 지원한다.
- 자산의 취약성 수준은 정보보호 감사 및 취약성 점검시 평가한다.

(다) 위험도 산정

- 정보보호담당자는 정보자산의 중요도, 위협 및 취약성의 평가 수준을 고려하여 위험도를 산정한다.
- 정보보호담당자는 도출된 위험도 결과를 자산관리운영자와 공유하고, 위험관리를 위하여 보호대책을 협의한다.

(라) 보호대책 수립 및 사후관리

- 정보보호담당자는 위험평가 결과에 대하여 DOA(Degree of Assurance: 위험

허용 수준)을 설정하여 보호대책을 수립한다.

- DOA는 회사가 보유하고 있는 기술, 재무 측면 계획 등을 고려하여 수립하며, 필요 시 전산실무위원회 및 전산추진위원회의 등의 의사 결정 과정에 따라 수립한다.
- 정보보호담당자는 DOA 초과 위험에 대하여 위험성과 조직, 예산, 인력, 일정, 법규, 기술 등의 제약사항을 고려하여 위험관리 전략을 수립한다.
- 정보보호 대책은 정보보호 정책 등과 일관성을 유지한다.
- 정보보호담당자는 자산관리운영자 등과 협의하여 보호대책 이행을 위한 위험조치계획서(Risk Treatment Plan)를 작성한다.
- 자산관리운영자는 보호대책을 적용하고, 정보보호담당자에게 통보한다.
- 자산관리운영자는 잔여 위험을 구분하여 지속적으로 관리한다.
- 정보보호담당자는 추후 위험관리 계획을 수립할 때 잔여 위험을 반영한다.

4. 인적자원 보안

인적자원에 있어서의 보안책임 및 역할은 채용 및 임용 단계부터 다루어져 인적자원에 의한 고의적이고 우발적인 위협으로부터 전산부문의 자산을 근원적으로 보호해야 하며 그 대상은 임직원뿐만 아니라 계약자 및 제3자에게도 적용되어야 한다.

임직원 및 제3자들의 일상 업무에 있어서의 정보보호 규정 준수와 인적자원으로 인한 보안 위험의 가능성을 최소화하기 위하여 책임을 부여하고, 정보보호 인식 제고를 위한 정보보호 교육 및 훈련이 지속적으로 시행되어야 한다. 임직원의 퇴사 또는 업무 이동시, 업무 및 자산에 대한 인수인계를 명확히 하고, 접근권한의 삭제 또는 변경이 이루어져야 하며, 이에 대해 주기적으로 점검하여야 한다.

(1) 적용 항목

- 고용 시 또는 임용 전에 임직원, 계약자 및 제3자의 정보보호 역할 및 책임을 정의하여 문서화하고, 고용 및 임용되는 직원들은 신상검증 및 정보보호를 명시하는 고용계약서에 동의하고 서명하여야 한다.

- 근무 시 임직원, 계약자 및 제3자가 정보보호 정책 및 지침을 준수하도록 관리하고, 정보보호에 대한 교육 및 훈련을 실시하며, 정보보호 정책 및 지침 위배 시 징계처리 절차를 수립하여 적용한다.
- 임직원 및 제3자를 포함한 인력이 퇴사 시, 자산 및 접근권한을 즉시 반납하고, 삭제한다.

(2) 적용 방안

통제영역(Domain)	통제목표(Objective)	비 고
인적 보안	1) 고용 시 점검사항 2) 직무 수행 관리 3) 퇴직 및 직무 변경	

1) 고용 시 점검사항

(가) 역할 및 책임

- 현재 운영하고 있는 업무분장표 및 개인별 직무기술서에 정보보호 책임 및 역할을 정의하여 관리한다.
- 특히, 시스템운영자, 정보보호관리자, 정보보호담당자가 정보보호 업무를 수행할 경우 개인별 직무기술서에 정보보호에 대한 역할을 명시한다.

(나) 채용 인력에 대한 정보보호 대책

- 인력 채용 시 다음의 내용을 점검한다.

〈표 6-6〉 인력 채용 시 점검 내용

점검 내용	비 고
이력 사항의 검토	인사부서
학력, 경력, 보유 기술의 검토	인사부서
신원보증의 검토(보증보험, 추천서 등)	인사부서
해당 직무에 대한 교육 실시	자체실시
서약서(보안준수약정서)의 작성	인사부서
접근 권한의 부여	자체실시
관련 지침/기준 교육, 보안 관련 지침/기준 교육	자체실시

(다) 제3자 및 외주 인력에 대한 보안

- 외주 인력이 연합회에서 업무를 수행할 경우, 프로젝트 PM이 “비밀유지 서약서”를 징구한다.
- 정보보호 관련 정책, 기준의 제시 및 정보보호 교육은 해당 담당자 또는 정보보호팀이 실시한다.
- 외주 인력 업무 수행 시, 다음과 같은 정보보호 대책을 적용한다.

① PC 등에 대한 바이러스 및 웜 방지 대책

② 업무 수행에 필수적인 정보시스템 최소 권한만 부여

③ 기타 업무 수행 시, 정보보호와 관련하여 필요하다고 판단되는 사항

2) 직무 수행 관리

(가) 정보보호 교육 및 훈련

기업 교육 관련 개선 과제의 핵심은 교육 대상 및 프로그램을 체계화하여 각 담당자 및 직무에 따른 실무 교육 및 전문교육을 수행함으로써 임직원의 인식 및 정보보호 수준을 향상시키는 데 있다.

정보보호팀은 이러한 방향에 따라 전산직원 및 외부직원에 대한 정보보호 교육 운영 방안을 수립하고, 지속적인 정보보호 교육을 실시하여 정보보호 관련 규정 및 지침, 기준을 준수하게 함으로써 실수 또는 고의에 의한 정보보호 사고를 예방하고 피해를 최소화해야 한다.

- 임직원 및 계약 관계에 있는 자에게는 정보시스템 관련 중요 자산을 적절히 보호할 수 있도록 충분한 교육 훈련 및 관련 자료를 제공한다.
- 임직원은 업무 관련 소프트웨어의 올바른 사용을 위해, 우선적으로 정보보호 기능 설명이 포함된 사용자 교육을 이수한다.

① 로그인 절차, 패스워드 사용, 파일 암호화 등의 사용법을 숙지

② 업무 변경 또는 운영 중인 소프트웨어의 기능 변경 시에도 적용

③ 신규 사원(신입 및 경력)은 입사 후 3개월 이내에 정보보호 인식제고 교육에 참여한다.

④ 임직원 대상 정보보호 교육을 연 1회 이상 정기 교육 및 수시 교육 실시

⑤ 정보보호 정책 및 지침의 변경 시 교육을 실시하거나 공지
⑥ 게시판, 사보, 전자 메일 등을 활용하여 직원의 정보보호 인식제고를 위한 지속적인 홍보 실시

(나) 징계절차

임직원이 정보보호 정책과 지침/기준을 위배했을 경우, 공식적인 징계절차를 재정의하고 임직원에게 인식시키기 위한 교육 또는 홍보를 수행한다.

3) 퇴직 및 직무 변경

- 퇴사 시 또는 전직 시, 명확하게 인수인계를 수행한다.
- 외주 인력이 업무 종료 시, 제3자 및 외주 인력의 계정삭제, 출입 및 접근권한 삭제, 기타 회사관련 정보 삭제 및 반납을 점검한다.
- 퇴사자는 업무상 보유 중인 모든 정보자산을 반환한다.
- 부서장은 퇴사자의 정보자산을 회사에 귀속시킬 수 있도록 할 책임이 있다.
- 퇴사자는 사직서 상에 포함되어 있는 기밀준수 내용을 확인한 후 서명한다.
- 퇴사자 발생 시 동일 팀 소속 팀원들은 기존에 사용하는 공용 계정이 존재하는 경우, 해당 계정의 패스워드를 변경한다.
- 검증 및 정보보호를 명시하는 고용계약서에 동의하고 서명하여야 한다.

5. 물리/환경적 보안

산업처리 시설은 적절한 보호 수단 및 출입통제를 가지며, 통제구역에 설치되어야 한다. 그리고 무단 접근, 손상, 방해로부터 물리/환경적으로 보호되어야 한다.

산업처리 시설은 보안 위협과 환경적 위협으로부터 물리적으로 보호되어야 한다. 설비의 설치 장소와 배치는 보안을 고려하여 신중히 선택함으로써, 재해나 비인가된 접근에 대하여 보호하고, 전기에 관한 공급과 cabling infrastructure와 같은 지원 설비를 보호하여야 한다.

(1) 적용 항목

- 산업정보처리 시설을 포함하는 구역을 보호하기 위해서 물리적인 보호 경계를 지정한다.
- 통제구역은 적절한 물리적인 출입통제에 의해 보호한다.
- 사무실, 비어 있는 공간, 시설에 대한 물리적 보안을 설계하고 적용한다.
- 통제구역은 화재, 홍수, 폭발, 폭동 등 자연재해 혹은 인재로부터의 피해에 대한 가능성을 고려하여 설계되고 선택되어야 한다.
- 정보시스템은 환경적인 위협과 위험으로부터 보호되도록 설치되어야 하며, 비인가 접근을 방지할 수 있어야 한다.
- 정보시스템에 대한 전원공급은 지속적으로 유지되어야 하며, 적절한 전원공급 장치에 대한 생산자 측의 사양을 검토하고 확인한다.

(2) 적용 방안

통제영역(Domain)	통제목표(Objective)	비 고
물리/환경적 보안	1) 보안 구역 2) 정보시스템 기기 보안	

1) 보호구역

(가) 보호구역의 설정

정보보호를 위해 특별한 통제가 요구되는 시스템실, 상황실 및 프린터실을 통제구역으로 설정하고, 전산정보센터, 전산정보부를 제한구역으로 설정한다.

〈표 6-7〉 단계별 보호구역

보호수준	보호구역	대 상
3단계	통제구역	시스템실 상황실 연구실
2단계	제한구역	전산정보센터 전산정보부
1단계	일반구역	회의실

(나) 통제구역의 통제

- 통제구역은 다음과 같은 접근통제를 시행한다.
- 출입통제 및 감시를 위해 출입통제시스템, 감시카메라 등을 설치한다.
- 비인가자의 출입이 제한된다는 통제구역 표시를 하여야 한다.
- 통제구역의 출입권한등록은 최소한의 인원으로 제한하고, 인가자 외의 인원 출입 시 담당자 인솔 하에 출입함을 원칙으로 한다.
- 출입자에 대한 방문일자, 방문목적, 출입시각 등의 로그는 3개월 이상 보관한다.
- 물리적보안담당자는 통제구역의 출입자별 접근권한을 분기별로 점검한다.
- 외주직원에 대한 통제구역의 출입 및 업무 수행은 정규 업무시간으로 제한하며, 정규 업무시간 이외에 접근을 위해서는 물리적보안담당자의 승인을 득해야 한다.
- 통제구역 출입 시, 출입통제시스템을 통해서만 출입한다.

(다) 제한구역의 통제

제한구역에 대한 불필요한 접근을 최소화하기 위해 다음과 같은 물리적 통제를 시행한다.

- 출입통제를 위해 출입통제시스템을 설치한다.
- 임직원과 동행하지 않은 방문자는 출입목적을 확인한 후 해당 업무담당자에게 인도한다.
- 퇴직, 전배 등으로 고용관계가 변경된 임직원에 대한 불필요한 접근권한은 즉시 해제되어야 한다.
- 제한구역으로 반·출입되는 모든 가방, 서류, 기타 휴대용 전산장비 등은 필요 시 검색할 수 있으며, 사진기, 녹음기 또는 비디오 장비 등은 원칙적으로 제한구역 내 반입을 불허한다.
- 외주업체 직원의 제한구역 내 출입은 업무상 필요에 따라 결정되어야 하며, 직원에 의해 이들의 제한구역 내 활동은 지속적으로 감독되어야 한다.
- 임직원 및 방문자는 비상시 또는 물리적보안담당자 또는 물리적보안관리자

의 승인을 받은 경우를 제외하고, 비상구 출입문을 통해 출입할 수 없다.

2) 출입관리

(가) 출입 관리 원칙

- 물리적보안관리자가 관리 책임을 맡는다.
- 물리적보안담당자는 수시로 자체점검을 실시하여 관리상의 문제점 및 취약 요소를 파악하고 이에 대한 대책을 강구하여야 한다.
- 통제구역 및 제한구역의 출입문은 출입통제 장치가 적용되어야 하며, 항상 잠금 상태가 유지되어야 한다.
- 출입자는 반드시 출입카드를 이용하여 출입하여야 한다.
- 물리적보안담당자는 각 사무실 출입문의 출입통제 기능이 효과적으로 적용될 수 있도록 출입자별 출입 가능 지역을 지정 운영할 수 있다.
- 출입카드를 타인에게 양도 또는 대여할 수 없다.
- 출입카드를 분실하였을 경우, 즉시 물리적보안담당자에 신고하여 분실된 출입카드의 오용을 방지해야 한다.
- 모든 외부업체의 직원은 허가된 지역만 출입해야 한다.
- 제한구역 이상의 출입문은 항상 잠금 상태로 유지한다.
- 통제구역 및 제한구역을 출입할 경우, 확인되지 않은 인력이 열린 문으로 뒤따라오지 못하도록 하며, 뒤따라올 경우 반드시 신분을 확인하고 의심이 가는 경우 관련 담당자에게 인솔하여야 한다.
- 방문자는 "전산정보센터 출입자기록부"에 방문시간, 방문처 및 방문목적 등을 반드시 기록하여야 한다.
- 방문객이 방문 후 "전산정보센터 출입자기록부"에 퇴실시간을 기록하여야 한다

(나) 출입 관리 기준

통제구역 및 제한구역에 대한 물리적 보안 위험 최소화를 위해 출입카드 지급/반납 및 출입등록 관리 기준에 대해 다음과 같은 사항을 적용하여야 한다.

- 출입자를 효율적으로 통제하기 위하여 출입 대상자에게 출입카드를 발급한다.
- 출입카드에 대한 발급, 변경, 회수 및 출입등록은 물리적보안담당자가 관리하며, 이에 대한 실제적인 관리 책임은 물리적보안관리자가 갖는다.
- 연합회 임직원의 출입카드는 각 개인이 사용 책임을 갖는다.
- 협력회사 직원용 카드는 해당 신청 부서가 관리 및 책임을 갖는다.
- 협력회사 직원에 대한 발급/등록은 상주 인력을 대상으로 하고, '보안서약서' 및 서면 신청을 통해 발급/등록한다.
- 물리적보안담당자는 출입카드에 대한 활용, 반납 및 출입권한 등록, 삭제 여부에 대해 지속적인 관리 감독을 수행한다.
- 연합회 진신정보부 출입카드를 기본적인 출입 관리 범위로 한다.
- 출입카드는 전산정보부직원, 물리적보안관리자의 승인을 받은 임직원 및 전산정보부에 10일 이상 상주하는 외주 인력을 대상으로 한다.

(다) 출입카드 등록 관리 절차

- 해당 업무 담당자가 "출입카드신청서"를 작성하여 사원증과 함께 물리적보안담당자에게 제출한다.
- 물리적보안담당자는 출입카드신청서를 검토하고, 물리적보안관리자의 승인을 득한 후 출입카드관리 시스템에 등록하고, "출입카드 신규 및 재발급 관리대장"에 기록하여 보관한다.
- 사원증의 출입권한이 설정되었음을 해당 업무 담당자에게 통보한다.
- 협력직원의 경우, 해당 업무 담당자가 협력업체 직원으로부터 "출입카드 보안 서약서"를 징구하고, "출입카드신청서"를 작성하여 물리적보안담당자에게 제출한다.
- 물리적보안담당자는 출입카드 신청서를 검토하고, 물리적보안관리자의 승인을 득한 후 출입카드관리 시스템에 등록하고, "출입카드 신규 및 재발급 관리대장"에 기록하여 보관한다.
- 출입증이 등록되었음을 해당 업무담당자에게 통보한다.

- 해당 업무담당자는 퇴직 및 전배자의 목록을 물리적보안담당자에게 통보한다.
- 업무가 종료된 외주 인력에 대해서는 해당 업무담당자가 출입카드를 회수하여 물리적보안담당자에게 제출한다.
- 물리적보안담당자는 출입카드관리 시스템에서 퇴직 · 전배자 또는 외주 인력에 대한 출입권한을 제거하고, "출입카드 신규 및 재발급 관리대장"에 기록한다.

3) 장비보안

(가) 주요 산업장비의 보안

주요 산업장비는 환경상의 위협을 최소화할 수 있도록 배치하고, 비인가자의 침해를 방지할 수 있도록 적절한 대책으로 보호해야 한다.

- 사내 주요장비는 업무상의 인가된 목적으로만 사용되어야 한다.
- 원격터미널 또는 모니터는 비인가자가 손쉽게 엿볼 수 없는 곳에 배치하며, 특별한 보호가 요구되는 주요장비는 격리된 장소에 카드출입 관리 시스템, 감시카메라 등을 설치해 별도로 관리한다.
- 주요장비 주위에서의 흡연 및 취식은 제한한다.
- 업무활동 지원을 위해 외부에서 사용되는 주요장비는 연합회내의 주요장비와 동일한 수준으로 출입통제 등을 통해 보호한다.
- 주요장비는 홍수와 같은 재난에 대비하여 적절한 장소에 배치한다.
- 주요장비는 화재와 같은 인재에 대비하여 건물 외벽과 거리를 두고 배치하고, 하론 가스 소화기 등 소화시설이 갖추어진 곳에 설치되어야 한다.
- 정전에 대비하여 무정전시스템(UPS)을 운영하고, 비상발전설비를 갖추어야 한다.
- 주요장비에 연결된 전력과 통신 케이블은 외부충격으로부터 보호한다.
- 공공지역이나, 위험이 예상되는 취약지역은 우회하여 케이블을 설치한다. (단, 불가항력적인 외부환경으로 인하여 불가피할 경우 예외로 한다.)
- 모든 주요장비는 정/부담당자와 연합회 자산임을 손쉽게 확인할 수 있도록

눈에 잘 띄는 곳에 자산관리표를 부착한다.

- 협력회사 직원 등이 중요장비 접근 필요 시, 정보보호업무지원 담당자의 승인을 얻어야 하며, 접근 및 작업내용을 기록, 관리해야 한다.
- 주요장비의 훼손, 침해사고 등이 발생한 경우, 해당 담당자는 이를 즉시 정보보호업무지원담당자에게 보고하여야 한다.
- 정보보호업무지원담당자는 정기적인 자산실사를 통해 중요장비의 분실 및 도난, 개인소유 주요장비의 불법 사용 유무를 확인한다.

(나) 자산 반출

중요 자산의 외부 반출을 위해서는 물리적보안담당자를 통하여 물리적보안관리자의 사전 승인을 득해야 한다.

- 감사추적을 위해 정보시스템운영자는 관련내용을 기록 관리해야 하며, 저장매체내의 데이터를 확인한다.
- 물리적보안담당자는 외부로 반/출입되는 자산을 "반/출입 관리대장"에 기록 관리한다.
- 장비 및 매체의 반입/반출과 관련된 절차를 보완하고, 반입과 반출에 대한 기록을 유지하여 책임추적성을 확보한다.
- 중요 정보가 들어있는 매체의 파기는 보관 책임자 또는 취급 인가자의 참여 아래 그 자료의 처리 담당자가 행하며, 참여자의 파기 확인을 득한다. 그리고, 이에 대한 기록을 유지한다.

6. 통신 및 운영 관리

정확하고 안전한 시스템 운영을 위해서 정보처리 시스템에 대한 담당자의 책임 소재를 명확히 하고, 운영 및 관리 절차를 수립하여 그 절차에 따라 운영해야 한다. 적절한 용량과 자원을 확보하기 위해서 사전에 시스템에 대한 계획을 수립하고, 적용에 대한 검토를 실시해야 한다. 그리고 새로 도입되는 시스템에 대해서도 보안 요구사항을 파악하여 문서화하고, 적용 전에 점검을 수행해야 한다.

제3자가 제공하는 서비스를 명확하게 정의하고, 제공하는 서비스, 보고서 및 기록은 정기적으로 모니터링을 수행 및 검토한다. 또한 제3자 서비스 제공 변경 시, 비즈니스 시스템 및 프로세스에 중대 위험을 고려하여야 하며, 위험을 재평가하여야 한다.

적절한 처리능력을 확보하기 위해 용량관리를 수행하며, 신규 시스템 도입 시 보안성 검토를 수행하여야 한다. 유해 코드 및 이동코드로부터 정보의 무결성을 보호하기 위해서 유해 코드 및 이동 코드를 식별, 탐지 및 방지하기 위한 보안 대책을 수립한다. 무결성과 가용성을 유지하기 위해서는 백업의 수행 및 복구 등의 절차를 확립해야 한다.

미디어는 물리적으로 보호되고 통제되어야 하며, 문서, 컴퓨터 미디어, 입/출력 데이터, 시스템 문서 등의 파손 및 도난, 또는 비인가의 접근을 통제하기 위한 적절한 운영 절차가 설정되어야 한다. 온라인을 통해 거래정보를 전송할 경우 불완전 전송, 라우팅 오류, 메시지 변조, 불법 유출, 중복 전송 등의 위험으로부터 보호하여야 한다. 정보처리기기 사용에 대한 모니터링을 실시하고 로그를 남기며, 로그는 불법접근으로부터 보호해야 한다.

(1) 적용 항목

- 정보시스템 운영에 대한 절차를 문서화하고 변경관리 절차를 수립한다.
- 직무에 대한 분리를 실시하고, 개발, 테스트, 운영 기기를 분리한다.
- 제3자 서비스의 명확한 정의 및 모니터링을 실시하고, 서비스 변경 시 위험을 고려하여 변경한다.
- 시스템 용량을 모니터링하여 향후 시스템 용량 요구 계획을 수립한다.
- 시스템 적용 전에 적용 기준을 수립하고 테스트를 실시한다.
- 바이러스 감지 및 차단 소프트웨어를 사용하여 정기적으로 점검한다.
- 재난이나 미디어 장애로부터 복구하기 위해 필수적으로 중요 정보에 대한 백업을 실시한다.
- 네트워크 관리자는 네트워크를 통한 데이터의 보안을 유지하고, 비인가자의 접근으로부터 서비스 및 시스템을 보호하기 위한 통제를 확인한다.
- 이동 가능한 컴퓨터 미디어의 관리를 위한 절차를 수립한다.

- 정보의 취급 및 저장에 관한 절차는 비인가된 침입 및 남용으로부터 보호하기 위해 적절하게 설정한다.
- 정보 교환을 통제하기 위한 절차를 수립하고, 적용한다.
- 시스템 운영 및 보안 로그를 기록하며, 로그정보는 불법 접근으로부터 보호한다.

(2) 적용 방안

통제영역(Domain)	통제목표(Objective)	비 고
통신 및 운영 관리	1) 운영 절차 및 책임 2) 제3자 서비스 제공 관리 3) 시스템 도입 계획 및 도입 허용 4) 유해 소프트웨어 및 mobile code로부터의 보호 5) 백업 6) 네트워크 보안 관리 7) 매체 관리 8) 정보의 교환 9) 전자상거래 서비스 10) 모니터링	

1) 운영 절차 및 책임

가) 문서화된 운영 절차

- 서버, 네트워크, DB, 침입방지시스템, 침입차단시스템 등에 대한 보안 운영 기준을 갱신 및 보완하고 문서 관리체계를 구축하여 운영 및 관리한다.
- 운영 담당자는 운영 지침을 수립할 때, 다음과 같은 내용이 포함되도록 한다.
  ① 기동과 종료에 대한 절차
  ② 백업 절차/백업 주기
  ③ 유지보수 절차

나) 변경관리

- 현재 운영중인 정보시스템 환경에 적합한 지침 및 기준을 수립하고, 등록/변경/삭제 절차를 보완하며, 이를 통한 변경 통제의 사용 증적을 확보한다.

- 그리고, 현재의 변경 통제의 절차에는 다음과 같은 사항이 포함되도록 한다.
  ① 변경 사항에 대한 판정 기준
  ② 긴급 변경 처리 절차
  ③ 변경에 대한 현황 관리

다) 직무분리

- 일부 직무에 대하여 겸직이 될 경우, 해당 업무를 수행하는 특권 계정에 대한 관리와 특권 그룹 계정에 대한 책임추적성 확보를 위한 로그를 기록한다.
- 겸직해서는 안되는 업무에 대한 겸직이 되지 않도록 직무기술서를 작성한다.

라) 개발, 테스트, 운영 기기의 분리

- 개발, 테스트, 운영 서버는 최대한 분리한다.
- 운영 서버 또는 테스트 서버에는 소스를 보관해서는 안되며, 변경관리 서버 또는 백업 매체에만 소스를 보관한다. 불가피한 경우 접근통제를 강화하여 관리한다.
- 개발 및 테스트 시스템에서 테스트 수행시, 운영 시스템의 데이터를 변조하여 테스트를 수행한다.

2) 제3자 서비스 제공 관리

- 제3자에 대한 보안 기준 및 다음과 같은 적절한 보안 대책을 수립하고, 이에 따를 것을 계약서에 명시한다.
  ① 민감하고 중요한 문서에 대한 관리
  ② 정보보호 표준의 지정 및 준거성 확립
  ③ 보안 사고의 보고 및 처리를 위한 책임과 절차
  ④ 서비스(또는 업무) 정의
- 제3자에 의해 제공되는 서비스를 모니터링하고, 주기적으로 점검을 수행한다.

- 제3자 제공 서비스 변경시, 비즈니스 시스템 및 프로세스에 대한 중대 위험을 고려하여야 하며, 위험을 재평가한다.

〈표 6-8〉 서버 용량 관리 기준 (예시)

대 상	분석 항목	기준점
CPU (온라인 기준)	총 CPU사용률(user+system)	〈 80%
	CPU Wait%(AIX사용시)	〈 10%
Memory	총 Memory사용률	〈 80%
	SWAP Use%	〈 50%
File System	File System 사용률(%)	〈 95%

〈표 6-9〉 네트워크 용량 관리 기준 (예시)

대 상		분석 항목	기준점	허용수준
LAN	라우터	CPU이용률	〈 40%	〈 60%
		메모리 이용률	〈 40%	〈 60%
		WAN 인터페이스 이용률	〈 70%	〈 80%
	LAN스위치	CPU이용률	〈 40%	〈 60%
		메모리 이용률	〈 40%	〈 60%
		백플레인 이용률	〈 20%	〈 35%
WAN	FRAD장비	Port이용률	〈 70%	〈 80%
		CPU이용률	〈 40%	〈 60%
	WAN스위치	Port이용률	〈 70%	〈 80%
		CPU이용률	〈 40%	〈 60%

〈표 6-10〉 애플리케이션 관리 기준 (예시)

대 상	분석 항목	기준점
데이터베이스	TS내 순수Table여유률	〈 80%
애플리케이션 성능관리	평균 Response Time	〈 0.3s
분석/튜닝	애플리케이션 가동 분석	수시
	애플리케이션 튜닝 및 개선	수시

◈ 〈표 6-11〉 스토리지 관리 기준 (예시)

대 상	분석 항목	기준점
디스크 성능	Disk I/O 응답시간	〈 10ms
디스크 사용	Peak Disk 사용률/서버	〈 85%
재해복구센터(SRDF/Async)	평균전송률(Throughput, 2람다)	〈 =160MB/sec

3) 시스템 도입 계획 및 도입 허용

- 서버 시스템 및 네트워크 장비에 대한 모니터링 체계를 강화하여 주기적으로 모니터링을 수행하고, 그 결과를 근거로 하여 신규 시스템의 도입 및 업그레이드를 수행하는 절차를 보완하고 적용한다.
- 시스템 도입, 업그레이드, 신규 버전 도입이 이루어질 때 기준에 다음과 같은 승인 항목을 명시한다.

  ① 성능 및 확장성

  ② 고 가용성

  ③ 구성 유연성

  ④ 관리 용이성

  ⑤ 보안 기능 요구사항

  ⑥ 신규 시스템에 대한 운영 교육
- 시스템 용량 관리 기준을 수립한다.

4) 유해 소프트웨어 및 mobile code로부터의 보호

보안 관련 사이트를 주기적으로 방문하여 최신의 해킹 및 침해 사고에 대한 관련 뉴스를 정기적으로 임직원에게 공지한다.

- 임직원, 계약자, 제3자의 인식제고를 위해 지침 및 기준을 수립하여 주기적인 교육 및 홍보를 한다.
- 유해코드 및 이동코드 통제에 관한 지침 및 기준에는 다음과 같은 내용을 포함한다.

  ① 불법 소프트웨어 사용 금지 및 주기적인 점검

② 자동 업데이트 기능을 이용하여 주기적인(적어도 1주일에 한번) 백신 업데이트
③ 불분명한 미디어 및 프로그램 사용하기 전에 검사
④ 바이러스 감염시 복구 절차

- 서버 및 PC는 그룹웨어를 통해 공지한 관련 취약성에 대해 대책을 수립하여 최대한 빠른 시간에 알려진 취약점으로부터의 사고를 미연에 방지한다.

5) 백업

백업에 대한 지침 및 기준을 수립하고, 중요 보관 데이터에 대해서는 주기적인 테스트를 실시하여 비상시를 위한 무결성 및 가용성을 확보한다.

- 백업에 대한 지침에는 다음과 같은 내용이 포함된다.
  ① 백업 대상 및 방법
  ② 백업된 미디어, 기록 및 문서화된 복구 절차
  ③ 소산 보관
  ④ 백업된 자료에 대한 신뢰성 향상을 위한 주기적 테스트
  ⑤ 복구 시간 내의 복구 가능성에 대한 검증

6) 네트워크 보안 관리

- 정보와 네트워크 서비스를 보호하기 위하여 관련 정보보호 지침 및 기준을 수립하여 세부 통제 기준을 수립한다.
- 해당 정보보호 지침 및 기준에는 다음과 같은 내용을 포함한다.
  ① 원격지 네트워크 장비에 대한 관리 책임
  ② 무결성을 위한 통제 대책
  ③ 가용성을 위한 통제 대책

7) 매체 관리

- 테이프, CD-Rom, USB 등 휴대 가능한 매체에 대한 관리 지침 및 기준을 수립하고 적용한다.
- 중요 정보를 수록한 저장매체는 시건장치 등으로 보호되는 공간에 보관

한다.

- 데이터베이스 시스템 파기시, 장비에 있는 설정파일을 제거한 후 파기작업을 수행한다.
- 중요 정보가 보관된 PC, 저장매체를 파기, 재사용하는 경우 저장된 정보를 복구할 수 없는 방법으로 삭제한 후 파기 또는 재사용한다.
- 주요 정보시스템의 파기 시 대상시스템에 기록되어 있는 주요 데이터를 소멸시켜야 한다.
- 시스템 문서는 비인가된 접근으로부터 보호하기 위한 대책을 수립하여 적용한다.

8) 정보 및 소프트웨어의 교환

- 대외기관 및 협력사에 제공하는 정보 매체는 가능한 직접 전달하거나, 암호화하여 전송한다.
- 모든 종류의 통신설비를 이용한 정보 교환에 대해 보호하기 위한 공식 교환 정책, 절차 및 보호 방안을 수립하여 적용한다.
- 사무자동화 기기(PC, 노트북, PDA, 이동전화, 팩스기 포함)에 대한 정보보호 위험을 임직원에게 교육시킨다.
- 외부 조직과 정보 및 소프트웨어를 교환할 경우, 교환협정을 체결한 후 교환한다. 교환협정에는 다음과 같은 사항을 포함한다.
  ① 전송 통제 및 통보, 전달 및 인수에 대한 관리 책임
  ② 전송자, 발송자, 인수자에 대한 통보 절차
  ③ 포장 및 전송을 위한 최소한의 기술 표준
  ④ 에스크로우 협약
  ⑤ 배달 전문회사 식별 표준(회사명, 전화번호, 사업자등록번호 등)
  ⑥ 데이터 손실 등과 같은 정보보호 사고에 대한 책임 및 의무
  ⑦ 민감 또는 핵심정보를 위한 라벨링 시스템의 사용 방법
  ⑧ 데이터 보호법, 지적재산권, 소프트웨어 라이센스 등에 대한 소유자 및 책임

⑨ 정보 및 소프트웨어 기록 및 읽기를 위한 기술적 표준
⑩ 암호화 키 등과 같이 민감한 아이템을 보호하기 위해 요구되는 모든 통제사항

9) 전자상거래 서비스

- 인터넷 창구에서 전송되는 전자거래 정보에 대해 사기행위, 계약분쟁 및 비인가적인 노출 및 변조로부터 보호하며, 다음과 같은 사항을 고려한다.
  ① 사용자 인증 방법 및 기술
  ② 사용자의 안전한 전자거래를 위한 가이드라인 제공
- 온라인전송 정보는 불완전 전송, 라우팅 오류, 불법 메시지 변경, 불법 노출, 불법 메시지 복제로부터 보호하며, 다음과 같은 사항을 고려한다.
  ① 전자서명의 사용
  ② 전송 정보의 기밀성, 무결성 보장
  ③ 전송 정보의 암호화

10) 모니터링

- 담당자는 사용되는 시스템에 대한 운영 로그를 관리하여야 하며, 시스템의 로그 정보를 주기적으로 분석하여 정보보호관리자 및 정보보호담당자에게 보고한다.
- 로그 파일의 접근권한은 일반 권한으로 수정 및 삭제할 수 없도록 설정한다.
- 운영 로그는 다음과 같은 정보를 포함하도록 한다.
  ① 시스템 시작/종료 시간
  ② 시스템 오류 및 이에 대한 수정 로그
  ③ 프로세스별 실행자에 대한 로그
- 로그 정보는 변조되지 않도록 보호한다.

7. 접근 통제

각각의 사용자 및 그룹에 대한 권한 및 규정이 접근통제 규칙에 적용되어야 하며, 사용자 및 서비스 제공자들에 대한 요구사항이 명백한 통제를 규정지어야

한다. 접근을 관리하기 위해서는 공식적인 절차를 수립하여 그 절차에 따라 수행해야 한다. 사용자 접근 절차는 사용자 등록에서부터 사용자 등록 해제까지의 모든 절차를 포함해야 한다. 회사의 내부 및 외부 네트워크 서비스에 대한 접속은 통제되어야 하고, 네트워크 서비스에 접속한 사용자들이 네트워크 서비스의 보안을 침해하지 않도록 하는 것이 필요하다. 보호되지 않은 환경에서 이동 전산기기를 사용할 경우, 위험으로부터 보호하기 위한 적절한 보호 수준을 규정지어야 한다.

(1) 적용 항목

- 정보, 정보처리기기, 애플리케이션에 대한 접근통제 원칙을 수립하여야 한다.
- 사용자에게 접근을 허용하기 위한 공식적인 등록/변경/삭제 절차를 수립한다.
- 사용자 계정의 발급/변경시 접근권한에 대한 검토를 수행한다.
- 로그온 과정에서 제공하는 모든 보안 기능을 사용한다.
- 접속하는 모든 사용자에 대해 고유한 사용자 ID로 식별하고 인증을 실시한다.
- 패스워드 관리 시스템을 사용하여 안전한 패스워드를 사용한다. 방치된 사용자 장비에 대한 관리 절차를 수립하여 통제해야 한다.
- 네트워크 접근 경로 및 외부 접속 사용자를 통제해야 한다.
- 운영 시스템에 안전한 로그온 절차를 수립하고, 접근을 통제한다.
- 원격지 장비에 대해 비인가 접근으로부터 보호하기 위한 대책을 마련한다.
- 이동 기기에 대한 도난 및 분실 위협으로부터 보호하기 위한 대응책을 마련한다.

(2) 적용 방안

통제영역(Domain)	통제목표(Objective)	비 고
접근통제	1) 접근통제에 대한 업무 요구사항 2) 사용자 접근관리 3) 사용자 책임 4) 네트워크 접근통제 5) 운영시스템 접근통제 6) 응용시스템 및 정보 접근제어 7) 이동 컴퓨팅 및 원격지 근무	

1) 접근통제에 대한 업무 요구사항

(가) 접근통제의 기본원칙 수립

- 명시적인 접근 허용이 없는 경우 기본적으로 접근을 거부한다.
- 자산에 대한 접근이 필요한 사람에 대해서만 접근을 허용한다.

(나) 서버, 네트워크 장비, 보안장비에 대해 접근통제 정책 수립

- 업무상 불필요한 서비스 포트들은 제거한다.
- 중요 네트워크 장비는 콘솔에서만 접속하도록 설정한다.
- 보안 장비는 승인된 관리자만이 접속하도록 접근통제 정책을 수립한다.

2) 사용자 접근관리

(가) 사용자 등록

- 사용자 계정 등록/변경/삭제를 위한 절차를 정의하여야 한다.
- 계정 신청의 책임은 계정 소유자에게 있으며, 퇴직시, 부서장은 해당 인원이 소유하고 있는 접근권한을 회수하고 그 내역을 확인한다.

(나) 사용자 패스워드 관리

- 사용자 계정 신청서에 패스워드 비밀 유지와 최초 로그온 시 패스워드 변경에 대한 사용자 책임을 명시한다.

(다) 사용자 접근 권한의 검토

- 정보보호담당자는 분기마다 사용자 계정 신청서에 근거하여 계정 현황에

대한 점검을 실시하고, 2개월 이상 미사용 등 계정 삭제 사유가 발생 시에는 계정을 삭제하도록 한다.

- 특히 일반 사용자 이상의 권한을 갖는 계정에 대해서는 그 적정성을 평가한다. 이를 위해 계정 관리자는 인사 담당자에게 입사, 퇴사, 부서 이동 등의 인사관련 정보를 요청할 수 있다.

3) 사용자 책임

(가) 패스워드 사용

- 패스워드는 정기적으로 변경한다.
- 패스워드는 화면상에 읽을 수 있는 형태로 표시하지 않는다
- 패스워드는 문자/숫자를 조합하여 6자리 이상으로 한다.
- 순환 패스워드의 개수는 12개까지 허용하되, 직전의 패스워드로는 변경이 허용되지 않아야 한다.
- 패스워드 입력 실패 제한은 5회 이하로 하고, 실패 시 자동적으로 연결을 해제(disconnected)시킨다.
- 관리자 권한을 갖는 사용자가 퇴직, 직무 변경 등의 사유로 이동할 경우, 해당 관리자 계정의 패스워드를 변경한다.
- 수시로 패스워드 파일에 대한 접근 권한을 점검한다. 패스워드 설정 기준은 다음과 같다.

  ① 사전의 단어를 패스워드로 설정하지 않는다.
  ② 신상 정보를 패스워드로 설정하지 않는다.
  ③ 키보드 배열을 패스워드로 설정하지 않는다. (예: asdfghjk 등)
  ④ 계정 아이디와 유사하거나 동일한 값을 패스워드로 설정하지 않는다.
  ⑤ 사용자 전체 이름을 패스워드로 설정하지 않는다.
  ⑥ 동일 숫자 또는 문자 반복을 패스워드로 설정하지 않는다.

(나) 사용자 패스워드 관리 책임

- 초기 패스워드는 부여받은 즉시 변경한다.
- 다른 사람이 지켜보는 상태에서 입력하지 않는다.

- 계정이 여러 시스템에 존재하는 경우, 각 시스템마다 다른 패스워드를 설정한다.
- 장기간 계정을 사용하지 않는 경우, 계정 사용 중지를 요청한다. 패스워드를 개인 수첩이나 PC 등에 기록해 두어서는 안된다.

(다) 책상정리 및 화면보호

- 서류 및 이동 저장 매체 등의 유출방지를 위한 책상 정리 정돈에 관련된 정책을 수립하여 시행한다.
- 정보처리시스템의 화면보호 정책을 수립하고, 시행한다.

4) 네트워크 접근통제

(가) 네트워크 서비스 사용 정책

- 네트워크 서비스를 사용하는 경우, 네트워크 보안 기준 및 정보보호시스템 보안 기준 등을 준수하고, 내부 네트워크에서 DMZ 네트워크로의 접근을 통제한다.
- 원격 사용자의 공중 네트워크를 통한 접속은 인증 또는 암호화한다.
- 원격 정보시스템에 의한 접속은 인증되어야 한다.
- 네트워크간의 접속은 보안 기능에 의하여 통제한다.

(나) 네트워크 분리

- 내부 네트워크상에 중요 서버들이 위치한 경우에는 별도의 Server Farm을 구축하여 승인된 접근만을 허용한다.

5) 운영시스템 접근통제

(가) IP별 접근 통제 실시

- 운영 중인 서버에 대한 접근은 IP 주소 영역에 기준하여 접근 통제한다.
- 이를 위하여 IP관리 도구 등을 사용하여 접근 통제한다.

(나) 공유 계정에 대한 관리

- 운영상의 이유 등으로 인하여 공유가 불가피한 계정에 대하여는 이력관리를 시행하며, 이에 대한 주기적인 관리 및 책임자에 대한 검토를 반영한다.

(다) 패스워드 관리 시스템

패스워드를 관리하는 시스템은 다음과 같은 기준에 따라 사용자가 패스워드 정책을 적용하도록 설정한다.

- 패스워드로는 추측할 수 있는 신상관련 정보, 간단한 문자나 숫자의 연속 사용 및 사전에 있는 단어의 사용 등을 금한다.
- 패스워드는 문자, 숫자를 조합하여 6자리 이상으로 한다.
- 최초 패스워드는 부여받은 즉시, 패스워드를 변경한다.

6) 응용시스템 접근제어

(가) 정보에 대한 접근 제한

- 접근 권한을 갖지 않는 메뉴를 화면에 출력하지 않는다.
- 사용자 접근 권한을 통제할 수 있는 기능을 설계, 구현한다.

(나) 중요 시스템의 분리

- 중요 업무를 지원하는 시스템은 타 시스템과 네트워크로 분리하고, 강화된 접근통제를 구현한다.

7) 이동 컴퓨팅 및 원격지 근무

- 출장, 이동 영업 등의 목적으로 반출이 필요한 경우, 사용자 부서장 또는 그 위임을 받은 자의 승인을 득한 후 PC를 반출하며, 보호되지 않은 장소에서 PC 또는 노트북 사용에 대한 보호대책을 강구한다.
- 원격에서 내부 시스템으로의 접근은 원칙적으로 금지하며, 업무상 부득이 하게 내부 시스템으로 접근할 경우, 반드시 인증을 거치도록 하여야 한다.

Ⅳ. 산업정보 유출 방지를 위한 핵심정보 보안관리

핵심 산업정보의 보안 강화를 목적으로 기업의 각 부서에서 취급하고 있는 핵심정보에 대해 L/C(Life Cycle)의 현황을 파악 및 분석하고, 핵심정보 관리현황에 따른 위험을 분석하여 대응책을 마련하기 위한 방안이 필요하다.

1. 개 요

기업 내에서 취급되는 핵심정보 현황 분석을 위해서는 취급 부서를 대상으로 조사, 분석 및 인터뷰 등을 통해 현황 분석을 실시한다.

예를 들어, 현황분석 대상 부서를 기획/연구/운영/지원과 같이 4개의 업무 성격으로 구분하고, 기업의 내부 정보를 생성하는 팀을 대상으로 각 팀의 담당자 인터뷰를 진행한다. 핵심정보를 담고 있는 문서 현황 및 문서보안 시스템을 통한 핵심정보의 생성, 저장, 사용, 전송, 파기(Life Cycle) 단계에 걸쳐 조사를 수행한다.

◈ [그림 6-4] 현황분석 대상 부서 (사례)

2. 현황분석 방법

현황 분석 대상 부서에 대해 핵심정보 취급현황 조사표를 기반으로 조사를 수행한 후, 담당자 인터뷰를 수행한다.

(1) 조사표

조사표 항목은 정보명, 구분, 등급, 형태, 선정사유, 최초 생성자, 암호화, 접근권한, 저장장소, 공유범위, 전송방법, 파기 등이 포함되며, 부서 내 담당자가 핵심정보에 대한 조사표 작성을 수행하여 사내 보안조직에 전달한다.

(2) 인터뷰

조사표 작성이 완료된 부서를 대상으로 일정 계획 수립 후 실시하였으며, 사내 보안조직은 조사표를 기준으로 L/C(Life Cycle)의 세부 항목에 대해 인터뷰를 수행한다.

〈표 6-12〉 인터뷰 대상 (예시)

부 서	인터뷰 내용	인터뷰 대상	비 고
Industry 사업기획팀	핵심 정보 보유 및 취급 현황		
전략기획팀	핵심 정보 보유 및 취급 현황		
인력개발팀	핵심 정보 보유 및 취급 현황		

3. 사내 핵심정보 분류

(1) 핵심정보 분류

1) 핵심문서 정의

기업 내 핵심정보를 담고 있는 문서를 '핵심문서'라 정의하며, 여기서 문서라 함은 그 보존 형상에 따른 유형/무형의 문서를 포함한다.

- 유형의 문서: Paper문서, 서류문서, FAX문서, 수기문서, 프로젝트 산출물 등
- 무형의 문서: 각종 Office 파일, 데이터 파일, 웹 조회화면, Application 조회화면 등

2) 핵심문서 분류

정의된 핵심정보 유형에 따른 사내 각 부서의 핵심문서를 조사하여 해당 정보를 담고 있는 문서의 접근범위에 따라 3가지 유형으로 분류한다. 분류의 기준은 〈표 6-13〉과 같다.

◈ 〈표 6-13〉 접근범위에 따른 유형 분류 (예시)

1등급	- CEO 및 경영진 등에게만 공유되어야 하는 회사 최고의 기밀 정보 - 외부 노출 시 형사소송 등의 법적 분쟁이 가능하고, 회사 전체 사업을 마비시킬 수 있음 - 회사 전체의 이미지가 실추될 수 있음
2등급	- 해당부서장 및 타 부서장 이상 등 일부 경영진 등에게만 공유되어야 하는 회사의 기밀 정보 - 외부 노출 시 민사소송 등의 법적 분쟁이 가능하고, 회사 일부 사업을 마비시킬 수 있음
3등급	- 당사의 이미지가 실추될 수 있음 - 부서장 및 일부 부서원들에게만 공유되어야 하는 회사의 기밀 정보 - 외부 및 경쟁사 노출 시 일부 사업에 영향을 줄 수 있음

4. 핵심정보 기본현황

(1) 업무성격별 카테고리 분류

현황 분석 대상인 부서의 업무 성격에 따라 카테고리를 구분한다.

◈ 〈표 6-14〉 업무성격에 따른 유형 분류 (예시)

구 분	팀 명	비 고
기 획	경영기획팀, 전략기획팀, 공공금융사업기획팀, Industry사업기획팀	사내 기획 부서
연 구	사업개발팀, e-Service 개발팀	사내 연구 부서(기술, 사업)
운 영	OS 계약운영팀, PMO 팀	사내 운영관련 부서
지 원	회계팀, 자금팀, 재무팀, CR 팀, HR 지원팀, 인력팀, 인력개발팀, 외주구매팀, 상품구매팀, CEO 비서실, 윤리경영팀, 법무팀	사내 경영지원 부서

(2) 핵심문서 분류

상기 분류된 구분에 따른 사내 각 부서의 핵심문서 기본현황을 분류한다.

◈ 〈표 6-15〉 부서내 핵심문서 현황 (예시)

구 분	등 급	문서 유형
기 획	1 등급	To-be Model, 전사 경영계획
		조직 관리 정보(개편 방향성, 개편후 조직도 등)
		경영진 전략회의 토의 자료
		경영계획정보
		예산정보
		KPI
	2 등급	Industry 사업기획팀 경영계획정보
		To-be 보고서
		월간 경영회의 자료
		전사 전략 과제 관리 정보
	3 등급	영업계획정보
		부문/본부 경영계획정보
		부분/본부 To-be, 공공금융사업 Turn Around 계획자료
		월간 경영회의자료
		Rolling 자료 (수주/매출/인력/비용)
		인력관련자료(이동/퇴직/OP)
		사업계획서
연 구	1 등급	타법인 인수 및 M&A관련자료
운 영	1 등급	OS 계약정보
		연도별 Baseline/정산 합의 자료
	2 등급	OS 계약운영팀 경영계획
		영업계획정보(SI 계약정보)
		조직지식정보
		계약 운영 정보(합의서 및 정산)
	3 등급	Risk 검토결과서
		Risk 진단보고서

구 분	등 급	문서 유형
		Project 정보
		SLA(서비스수준약정서)
지 원	1 등급	고객 관계 관리 운영 정보
		자금수지(조달/운용)보고서
		외주인력역량정보
		경영진 전략회의록
		감사보고서
		관리회계 보고서 및 제반자료
		재무회계 보고서 및 제반자료
		임원 및 팀장 선임관련 정보
	2 등급	RM Monthly 보고서
		역량진단결과정보
		구매 관련 각종 전략 과제 추진 정보
		감사자료
		외부 NW 리스트
		투자회사 사업/재무 정보
		자료상 소명 정보
		인력팀 경영계획 정보
		임직원 연봉(급여) 및 IB 정보
		임직원 평가 등급 정보
	3 등급	전사출입 보안정보
		HR 전략정보
		원가정보
		매입계약정보
		CR팀 경영계획
		내부 각종 현황자료
		소송/분쟁 관리 정보
		세무 Risk 내부 검토 보고 자료
		인사기록 상의 개인정보
		역량 DW 정보(직원 개개인의 역량)

5. 핵심정보의 L/C(Life Cycle)

(1) 1등급 유형의 핵심문서 L/C(Life Cycle) 사례

CEO 및 경영진 등에게만 공유되어야 하는 회사 최고의 기밀 정보이며, 외부 노출 시 형사소송 등의 법적 분쟁이 가능하고, 회사 전체 사업을 마비시킬 수 있다. 또한 회사 전체의 이미지가 실추될 수 있는 문서로서 높은 보호수준이 요구되는 핵심문서이다.

〈표 6-16〉 1등급 핵심문서 (예시)

보호수준	문서유형	관련부서	언급부서
1 등급	투자관리 및 M&A 관련자료	재무/기획본부	사업개발팀
	자금수지(조달/운용)보고서	해당없음	자금팀
	외주인력역량정보	해당없음	외주구매팀
	부문장 전략회의록	전 부서	CEO 비서실
	감사보고서	전 부서	윤리경영팀

1) 투자관리 및 M&A관련 자료

(가) 문서 개요

투자관리 및 M&A관련 자료로 사업개발팀에서 생성하며 타법인 인수와 관련된 핵심정보이다. 경쟁사/언론 등의 유출 시 해당 M&A건 성사가 어렵거나 법적 분쟁 및 기업 이미지 실추가 있을 수 있으며, 향후 사용 및 검토를 위해 소프트카

〈표 6-17〉 투자관리 문서 L/C(Life Cycle) 현황 (예시)

생 성	저 장	사 용	전 송	파 기
- 외부사이트나 기관, 회계법인을 통해서 정보수집하여 사업개발팀에서 생성	- 하드카피는 캐비닛이나 각자의 사물함에 보관 - 소프트카피는 담당자 노트북에 저장	- 각 팀장/본부장 / 부문장 /CEO까지 공유되며, 부서로는 재무/기획본부가 공유	- 상부에 보고시 직접 전달	- 하드카피의 파기는 이루어지나 구체적인 파기시기는 없음 - 소프트카피는 대개 파기하지 않고 보관

피는 파기하지 않는다.

(나) 문서의 전송

[그림 6-5] 투자관리 문서 전송 (예시)

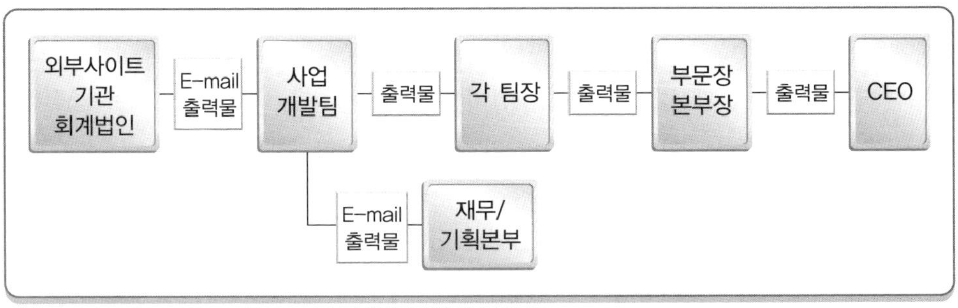

(2) 2등급 유형의 핵심문서 L/C(Life Cycle) 사례

해당부서장 및 타 부서장 이상 등 일부 경영진에게만 공유되어야 하는 회사의 기밀정보이며, 외부 노출 시 민사소송 등의 법적 분쟁이 가능하고, 회사 일부 사업을 마비시킬 수 있다. 또한 당사의 이미지가 실추될 수 있는 중간정도의 보호수준이 요구되는 핵심문서이다.

〈표 6-18〉 2등급 핵심문서 (예시)

보호수준	문서유형	관련부서	언급부서
2 등급	경영계획정보	전부서	Industry 사업기획팀
	To-be 보고서	전부서	Industry 사업기획팀
	월간 경영회의 자료	해당없음	Industry 사업기획팀
	RM Monthly 보고서	PMO 팀, 채권관리부서	자금팀
	역량진단결과정보	해당없음	인력개발팀

1) 임직원 평가 등급 관련 자료

(가) 문서 개요

연말마다 직원 평가(SABC)를 하는데 직원 평가에 대해 다른 직원이 아는 것은 금지되어 있다(인센티브, 연봉, 승진). 해당 부문장, 본부장, 담당직원만 공유하는 핵심정보이다. 인사기록은 시스템/바인드철로 관리되며, 임직원 개인 이력 정보가 포함되어 있다. 언론/경쟁사 유출 시 기업 이미지 실추 위험이 있으며 금전적/비금전적 보상과 연관되어 임직원간의 위화감을 조성할 위험이 있다.

◈ 〈표 6-19〉 임직원 평가 등급 문서 L/C(Life Cycle) 현황

생 성	저 장	사 용	전 송	파 기
- 인사(myHR) 평가시스템에서 평가 담당자가 생성	- myHR 시스템	- 내부 업무용	- 내부 업무시스템 상에서 download	- 하드카피 쇄절 - 시스템 내 평가 data는 DB에 영구보관

(나) 문서의 전송

◈ [그림 6-6] 임직원 평가 등급 문서 전송 (예시)

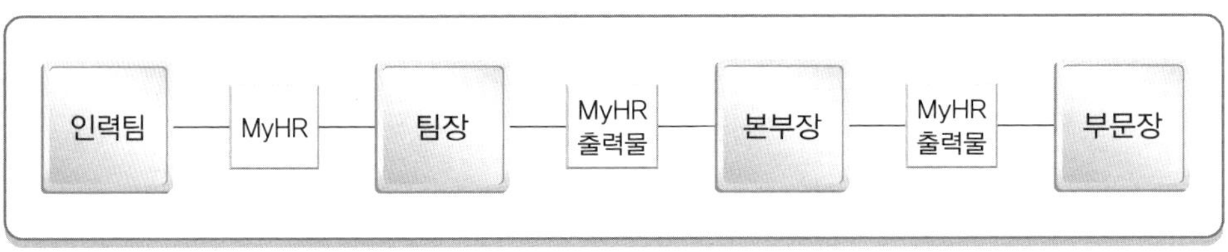

(3) 3등급 유형의 핵심문서 L/C(Life Cycle) 사례

부서장 및 일부 부서원들에게만 공유되어야 하는 회사의 기밀 정보이며, 외부 및 경쟁사 노출 시 일부 사업에 영향을 줄 수 있는 비교적 약한 보호수준이 요구되는 핵심정보를 보유한 문서이다.

◈ 〈표 6-20〉 3등급 핵심문서 (예시)

보호수준	문서유형	관련부서	언급부서
3등급	부문/본부 경영계획정보	경영지원부문	공공금융사업 기획팀
	부분/본부 To-be,공공금융사업 Turn Around계획자료	경영지원부문	공공금융사업기획팀
	월간 경영회의자료	경영지원부문	공공금융사업기획팀
	영업계획정보	Convergence 영업팀 Industry 솔루션 사업팀	Industry 사업기획팀
	소송/분쟁 관리 정보	해당사업팀	법무팀

1) 경영계획정보 자료

(가) 문서 개요

경영계획 및 시장 현황 자료를 기반으로 사업기획 담당자가 생성하는 핵심정보이며, 성과지표(KPI)는 외부 유출 시 경쟁사의 전략적 대응을 가능케 할 수 있는 위험이 있으므로 사업 경쟁력 약화 및 기업 이미지를 실추시킬 수 있다.

◈ 〈표 6-21〉 경영계획정보 문서 L/C(Life Cycle) 현황 (예시)

생 성	저 장	사 용	전 송	파 기
- 각 본부 또는 사업별로 작성을 하고, 작성된 정보와 시장현황 정보를 바탕으로 부문에서 자료를 생성	- 담당자 노트북/팀 파일 서버(파일서버에 저장되어 있는 문서는 암호화가 안되어 있는 것도 있다)	- CEO보고용/경영전략 수립	- 메일 - 직접 보고 - 대부분 경영지원부문에서 자료 요청	- 하드카피 쇄절 - 소프트카피 비폐기

(나) 문서의 전송

◆ [그림 6-7] 경영계획정보 문서 전송 (예시)

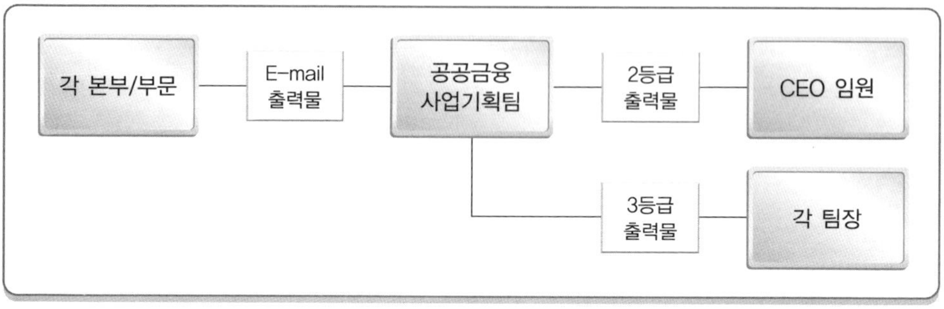

6. 핵심정보 위험평가

(1) 위험평가 목적

기업의 산업 핵심정보 위험평가는 부서에서 취급하고 있는 핵심정보에 대한 유출 가능성과 유출 시 회사에 미치는 영향을 분석하고, 발생할 수 있는 위험에 대한 효과적이고 효율적인 보호대책을 수립하는 데 목적이 있다.

(2) 위험평가 범위 및 대상

현황 분석을 통해 조사된 사내 핵심정보의 Life Cycle(생성/저장/사용/전송/폐기) 속에서 핵심정보 유출가능 위험을 정의하고 해당 위험의 발생가능성과 발생 시 영향도를 산정하여 위험도를 측정한다.

(3) 위험평가 방법

- 일반적인 정보유출 방법과 실제 발생 가능한 사건을 기반으로 하여 위험을 도출한다.
- 도출된 위험 대비 기존의 보안 대책 및 위험의 발생 가능성을 분석하여 위험도 수준 H(매우 위험), M(위험), L(보통)로 분석한다.
- 보안대책을 준비한다.

1) 위험도 기준표

◆ 〈표 6-22〉 위험도 기준표

위험도 수준	내 용	비 고
매우 위험(H)	• 최고 경영자나 Top Management(부문장 이상) 등의 검토 및 승인을 필요로 하는 위험을 발생시킬 수 있는 경우, 위험 복구는 가능하나 그 피해규모가 비교적 매우 큰 경우	
위험(M)	• 위험이 상급관리자 등의 검토 및 승인을 필요로 하는 정도의 위험을 발생시킬 수 있는 경우	
보통(L)	• 위험이 약간의 영향은 끼치지만 그 영향이 미미해서 해당 하위관리자의 조치만으로 문제해결이 가능한 경우	

2) L/C 영역별 일반적 위험과 보안대책

L/C별로 위험도를 가지고 있는 위험과 이를 개선하기 위한 보호대책은 다음과 같다.

◆ 〈표 6-23〉 위험과 보안대책 (예시)

영 역	위험시나리오	보안대책
공 통	자리이석 시, 중요문서나 장비를 책상 위에 방치하거나 시건장치가 되어 있지 않은 서랍/캐비닛에 보관 시에 악의적인 내/외부인에 의한 자료열람 및 유출	• 중요문서는 시건 장치된 서랍/ 캐비닛에 보관 • PC(또는 노트북)는 암호설정
	중요문서를 취급하는 임직원의 중요문서 취급에 대한 주의의식 저하	• 정보자산 분류 및 보안등급 표시
	보안 서비스팩 설치 및 패치설치, 상시 보안 업데이트를 하지 않아 취약점 발생	• PMsS(Patch Management System) 도입
	불법 복제 Software 사용에 따른 문제점	• 바이러스 백신 및 안티 스파이웨어 프로그램의 정상작동 및 최신 패턴 유지 여부 • 시스템 관리 프로그램(Traffic Monitor 등)의 정상 작동 여부 • 문서보안시스템의 정상 작동 여부
	관련 절차서 등의 준수 기준 부재 시 보안활동의 일관성 결여	• 정보보안 정책 수립
		• 부서 내 보안파일서버를 구축하여 부서원간에 파일을 공유할 수 있는 장소를 마련

<table>
<tr><th>영 역</th><th>위험시나리오</th><th>보안대책</th></tr>
<tr><td rowspan="3">생 성</td><td>중요문서를 생성할 때 다른 임직원/부서의 유입으로, 중요문서 파일이나 출력물의 복사본이 많아질수록 악의적인 내부자에게 노출될 가능성도 높아짐에 따라 외부로 유출될 가능성</td><td>• 중요문서의 타 부서, 임직원 전송 시 문서에 대해 최소한의 권한(읽기/편집/출력 등)만 부여하여 전송하고 가능하면 조회(읽기)권한만 부여
• 권한이 부여된 중요문서의 권한행사(읽기/편집/출력)시 해당 행위가 별도의 로그로 남기도록 구현</td></tr>
<tr><td>문서 생성시 접근권한이 차별화되어 있지 않고 기본(대외비 2등급)으로 설정되어, 유출 시 다른 임직원이 열람 가능함</td><td>• 문서보안의 접근 권한을 별도로 생성하여 문서의 중요도에 따른 관리 대책 수립</td></tr>
<tr><td>외부 컨설팅업체에서 작성된 중요문서(예: 컨설팅 결과물 등)의 경우 외부업체 PC에 저장되어 유출</td><td>• 계약서에 보안요구사항 명시
• 보안요구사항 이행 감독</td></tr>
<tr><td rowspan="4">저 장</td><td>개인소유의 소형PC(노트북 등)나 이동저장매체를 사내로 반입하여 중요문서를 저장한 뒤 사외로 반출</td><td>• 승인받지 않은 장비 반출입금지
• 노트북 관리 시스템 설치 제어
• 승인받지 않은 장비의 내부 네트워크 사용 불가 방침 수립
• 이동저장매체관리지침 수립
• PC보안에 추가적인 기능 필요(PC에서 이동저장매체로의 전송 불가)</td></tr>
<tr><td>노트북, 외장하드, USB 등 정보 저장 장치의 반출입에 대한 기록 및 통제가 되고 있지 않아 정보유출 가능성</td><td>• 노트북, USB, 외장하드 등 이동저장매체의 반출입에 대한 통제 지침 수립</td></tr>
<tr><td>소프트카피는 별도의 파일서버에 저장되지 않고 개인별 노트북에 저장되어 악의적인 임직원의 정보유출 가능성</td><td>• 팀내에 파일서버를 구축하여 저장소를 한 곳으로 통합시키고 팀원간의 접근권한을 설정</td></tr>
<tr><td>내부직원이 회사자료를 자신이 활동 중인 인터넷 커뮤니티/블로그에 게시하여 유포되는 경우 제3자에 노출 가능</td><td>• 업무와 관계없는 각종 인터넷서비스 이용에 대한 제약과 그에 대한 타당성을 임직원에게 주지 않음
• 사외로 중요문서 전송시 암호화된 문서로 전송하여 인증된 사용자만이 사용할 수 있는 방안 마련
• 사외로 중요문서 전송시 최소한의 권한(읽기/편집/출력/횟수/자동파기 등)만 부여하여 주어진 권한 내에서만 사용하도록 강제화하는 방안 마련
• 외부 인터넷메일 서버상에 보안메일이 가능하도록 하여 사용자 전송시 보안메일을 선택하면 첨부파일은 자동으로 암호화된 문서로 변경되도록 구현
• 외부메일 모니터링 및 기록</td></tr>
</table>

영 역	위험시나리오	보안대책
사 용	임직원에 의한 보안 문서 암호화 해제가 가능하여, 임직원의 악의적 의도가 있을 경우 해제 및 정보 유출 가능성	• 암호화된 문서를 해지 할 수 있는 권한을 등급화 하거나 암호화 해지 권한을 전담하는 인력을 배치하여 암호 해지 시, 해지키를 발급받아 해지할 수 있도록 시행
	임직원 노트북에서 USB나 외장하드 등의 매체 사용이 가능하여, 임직원의 악의적 의도가 있을 경우 외부 매체를 사용한 유출이 가능	• PC보안에 추가적인 기능 필요(PC에서 이동저장매체로의 전송 불가)
	임직원 업무 중 장기간 이석시 화면보호기, 로그아웃 등의 조치가 이루어지지 않는다면 내부의 악의적인 임직원, 외부직원 등의 비인가자가 해당 PC를 조작하여 해당 PC 내 중요문서파일을 외부로 유출	• 자리 이석 시 화면보호기, 로그오프 등 실시
	팀원간의 정보공유가 자유로워 비담당자의 정보접근이 가능하고 이로 인한 정보 유출가능성	• 팀원간이라도 공유범위를 최소화하여 비담당자에게는 공유권한을 없애거나 제한적 부여
	중요문서를 유출하려는 악의적인 임직원이 중요문서내용에 대해 사내 유선전화/휴대전화를 통하여 외부자에게 구두로 정보유출	• 사내 모든 전화통화 내용을 녹취하여 유사시 추적이 가능토록 함 • 사내 모든 전화 수신지에 대한 기록을 남겨 유사시 추적이 가능토록 함 • "Phone F/W(텔레폰 파이어월)" 구축
	중요문서 내용을 외부로 유출하려는 외부방문자가 중요게시물이 게시된 현황판을 각종 카메라(디지털카메라, PDA카메라, 휴대폰카메라, 필름카메라 등)로 찍어 외부로 유출	• 외부출입자에 대한 출입통제 강화 • 사무실 내 비인가 카메라 휴대금지
	회사 내에서 출력된 중요문서의 출력물을 가지고 협의 후 회의자료로서 회의에 참석한 참석자들이 중요문서 출력물을 그대로 방치, 분실하여 악의적인 내부직원이나 외부출입자, 협력업체직원이 해당 중요문서를 취득, 유출 가능성	• 회의 시 배포되는 중요문서는 일련번호를 부여하여 수취자를 기록하고 배포하며 회의종료 시 배포된 문서는 회수를 원칙으로 함 • 회수된 회의자료는 세절기로 세절하도록 하며, 미회수된 자료는 수취자를 별도로 기록하여 관리 • 회의자료로서 배포되는 중요문서는 참석자에게 문서파일로 배포하되 권한제어를 하여 1회 출력만 가능하고 자동폐기되도록 함

영 역	위험시나리오	보안대책
전 송	중요문서를 업무상의 이유로 내부 다른 임직원에게 네트워크를 통한 전송(파일공유, 내부메일, 사내메신저 전송)시, 악의적인 내부직원 및 협력업체직원에 의해 전송되는 네트워크 스니핑(도청)을 통하여 전송되는 중요문서파일을 취득, 외부로 유출	• 내부메일/메신저 전송구간 • 암호화(SSL 등) • 주기적인 NIC 검사수행
	회람 등의 이유로 중요문서를 첨부파일로서 인터넷메일로 사내 다른 직원에게 전달하는 경우, 전달받은 악의적인 내부직원은 메일 포워딩 기능을 이용하여 중요문서파일을 첨부한 채 외부 메일주소로 전송하여 유출이 가능	• 인터넷메일에 보안기능을 첨가하여 메일 포워딩기능 차단 • 사용자 보안메일 선택 시 수신자 메일 포워딩 기능 사용불가 등 • 인터넷메일에 비보안문서 첨부시 자동으로 보안문서(암호화문서)전환기능 구현
	외부 출장자에게 업무상 중요문서파일을 인터넷메일로 전송 시 외부에서 공용PC(게임방PC 등)를 통해 해당 중요문서를 외부 PC에 다운로드 후 업무를 본 후, 업무종료시 파일을 완전 파기치 않으면 외부로 유출이 가능	• 외부로 전송되는 문서파일은 암호화하여 보내도록 규정함 • 메일 전송시 암호화 전송방안 마련 • 사외로 중요문서 전송시 암호화된 문서로 전송하여 인증된 사용자만이 사용할 수 있는 방안 마련 • 사외로 중요문서 전송시 최소한의 권한(읽기/편집/출력/횟수/자동파기 등)만 부여하여 주어진 권한 내에서만 사용하도록 강제화하는 방안 마련 • 외부인터넷 메일 서버상에 보안메일이 가능하도록 하여 사용자 전송시 보안메일을 선택하면 첨부파일은 자동으로 암호화된 문서로 변경되도록 구현 • 외부인터넷메일 모니터링 및 기록
	임직원 PC에 네트워크 공유가 설정되어, PC에 담겨있는 중요문서파일이 악의적인 내부자 및 협력업체직원에 의해 탈취, 유출	• 파일공유 설정 탐지 및 제거 • 사용자PC에 설치되어 공유되는 디렉토리를 보여주며 공유확인을 검증하는 보안솔루션 탑재
	중요문서를 유출하려는 악의적인 임직원이 중요문서파일을 외부 인터넷 웹메일(야후, 다음메일 등)의 첨부파일전송을 통하여 외부로 유출이 가능	• 인증된 외부인은 외부로 전송하는 보안문서에 대해 사용 가능하도록 문서보안시스템 구현 • 외부로 전송이 가능한 보안문서 생성권한은 팀 단위로 제한적 부여 • 외부전송 보안문서 생성시 해당 행위가 로그로 남기도록 구현 • 외부 웹하드 서비스 사이트 차단 검토

영 역	위험시나리오	보안대책
	악의적인 내부직원이 중요문서파일을 인터넷 메일을 통하여 사외로 유출	• 외부인터넷 메일 모니터링 기록
폐 기	중요문서파일이 담긴 PC 하드디스크, 백업디스크 등의 미디어의 폐기시 미디어에 저장된 파일이 완전파기가 되지 않아 악의적인 외부자가 해당 미디어를 습득하여 중요문서의 유출	• 대상 미디어 천공 또는 분쇄 • 데이터 완전 삭제 유틸리티 사용 • 문서 및 매체 폐기 프로세스 수립
	중요문서 출력물의 폐기시 세절기를 사용하지 않고 쓰레기통에 방치 또는 손으로 찢어 버리는 경우 비인가자가 쓰레기 수집을 통하여 내용을 보거나 취득하여 외부로 유출	• 출력물의 폐기 시, 세절기 사용
	기밀정보를 출력하여 사용한 후 즉각 회수 및 쇄절하지 않고 재사용하는 경우 출력된 기밀정보가 비인가자에게 노출	• 기밀정보 기준 수립 • 복합기를 별도 보호장소에 배치 • 이면지 사용금지
	보관중인 파일의 폐기시기가 정해져 있지 않음으로 인한 문서의 축적화 문제	• 문서의 내용에 따른 폐기시기를 확정해서 문서를 정기적으로 폐기
	중요문서 출력물의 폐기를 외주업체에 대행하는 경우, 악의적인 외주업체직원이 폐기 전 중요문서 출력물을 절취, 유출	• 계약서에 보안요구사항 명시 • 보안요구사항 이행 감독

››› 사례 외부공격에 의해 발생된 중국발 해킹 사건

얼마 전 온 나라를 떠들썩하게 했던 '리니지 명의도용' 사건에 이어 유명 게임회사인 넥슨 사가 운영하는 '마비노기' 게임의 해킹 사건도 중국발(發)이었다. 또한 EBS, 아시아문화산업교류재단, 씨네타운 등의 홈페이지가 해킹당해 접속자의 개인정보를 빼내는 악성코드가 유포되기도 했다. 실제로 2007년 8월부터 현재까지 해외로부터의 국내 해킹 가운데 중국발 해킹이 58%나 차지하는 등 중국 해커들의 공격이 급증하고 있다.

▲ 중국 해커는 누구인가=중국에서 활동하는 해커는 100만 대군으로 추산되고 있다. 중국어로 해커는 어둠속에 숨어 다른 사람의 정보를 빼오거나 시스템을 파괴한다는 뜻에서 '헤이커(黑客)'라고 불린다. 그러나 중국 해커들은 중국을 상징하는 붉은색을 가미해 '홍커(紅客)'라고 부르며 사이버 전사를 자칭하고 있다. 이들의 특징은 민족주의적인 선향이 강하며 최근 들어 돈벌이를 목적으로 하는 용병들이 등장하고 있다.

지난 2001년 하이난따오(海南島) 부근 공해상에서 발생한 미군정찰기와 중국 전투기가 충돌하는 사건이 발생하자 백악관을 비롯한 미국내 주요 사이트를 공격하기도 했다. 또 한 · 중 · 일간 역사적 특수성을 이용, 중국과 일본간 역사적 문제가 불거지면 해커들은 한국 사이트를 공격한 후 한국발로 일본 사이트를 공격하는 사례도 발생하고 있다. 중국 해커들이 세계 최강을 자랑하는데는 윈도우 소스를 분석할 수 있는 능력 보유에 있으며 그들이 마음만 먹으면 원하는 웹서버를 쉽게 침투할 수 있다. 한국을 타깃으로 하는 해커들은 2–3명이 조를 이루는데 한국어가 가능한 조선족이 포함돼 있어 한글 정보를 분석하는 등 전천후 해킹을 하고 있다.

▲ 대책은=중국 해커들이 마음먹고 침투하면 파괴력이 커 시스템 자체를 마비시키거나 국가기밀 · 정보 등을 가져갈 수 있다. 이들은 무차별적으로 사이트를 공격하며 데이터베이스(DB)를 훔치거나 악성코드를 유포해 개인정보를 빼내가고 있다. 보안이 허술한 사이트에는 악성코드를 심어놓고 사용자가 여기에 접근하면 악성코드를 자동적으로 실행시키는 수법을 주로 사용하고 있다.

해커들이 특정 웹사이트를 침입할 경우 시간당 1기가(giga)의 정보(500page 책 1,000권 분량)를 빼낼 수 있다. 보안시스템이 뚫리면 엄청난 피해를 볼 수 있는 것이다. 보안전문가들은 바이러스 백신(V3), 침입차단시스템(파이어월), 침입탐지시스템(IDS), 침입방지시스템(IPS) 등 기본 솔루션 외에 자동패치 서버 · 패치관리시스템 등 해킹대응 전문시스템을 구축해야 웹해킹을 막을 수 있다고 지적하고 있다.

연습문제

1. 학습자들이 학습 내용을 토대로 서로 의견을 나누고 해당 문제에 대한 보고서를 작성하시오. (ISO/IEC 27001: 2005 요구사항 기준)

(1) (주)갑을에 심사를 나간 홍길동 심사원은 2년 전 병정(주) 회사에 외주를 주어 개발완료 되었고 현재는 유상 유지보수 중인 응용시스템에 병정(주) 회사의 아이디가 존재하며 이를 통하여 시스템 관리자 수준의 원격 접근이 가능한 것을 발견하였다. (주)갑을의 보안관리자는 개발계약서에 보안 요구를 명시하였고 모든 개발자에게 보안서약서를 요구하였다. 또한 해당 아이디는 유지보수용으로 응용시스템 설정 변경 및 데이터 교정 필요 시 등 지속적으로 사용할 필요가 있다고 주장하였다. 그러나 그러한 유지보수를 실시할 경우 병정(주)의 유지보수 관리자를 통해 연락하고 있어서 실제로 누가 원격 접근을 통해 유지보수 업무를 수행하는지는 알 수 없다는 것을 인정하였다. 이 사항에 대하여 외부자 보안의 측면에서 결함보고서를 작성하라.

[결함보고서]
① 작성자   ② 부적합 사항   ③ 조치 사항

(2) 심사원 홍길동은 모 은행의 인터넷 뱅킹 시스템 인증심사를 하는 도중에 정보보호와 관련된 책임과 역할이 어떻게 정의되어 운영되고 있는지 확인하기 위하여 몇 가지 문서를 요구하고 면담을 실시하였다. 은행이 보유하고 있는 지침서인 〈보안업무 취급요령 제2장 인원보안〉과 〈정보보호기준 제4장 인사보안〉에서는 정보보호에 관련된 책임과 역할을 정의하도록 규정하였다. 이에 심사원은 직무기술서를 추가로 확인하였으나 이에 대한 아무런 문서화가 이루어지지 않았다. 결함보고서를 작성하라.

[결함보고서]
① 작성자   ② 부적합 사항   ③ 조치 사항

2.

2-1. 보호구역을 출입하는 통제가 적절하게 수행되어 있는지 확인하는 문서들은?

2-2. 수용 가능한 목표 위험 수준을 설정할 책임이 있는 사람은?

2-3. 정보보호 인식제고 프로그램이 존재하는지 그리고 실제로 이행하고 있는지를 확인하기 위한 통제 사항은?

2-4. 정보보호에 관련된 역할과 책임을 문서화 하여야 하는 이유는?

2-5. 시스템 자료에 대한 백업을 월별로 수행하다가 그 주기를 반기별로 변경하였다. 이 때 심

사자는 그 적정성 여부를 판단하기 위해 어떤 점을 고려해야 하는가?

2-6. 재택근무자의 원격작업에 대한 정책, 절차에 포함시켜야 할 사항은 무엇인가?

2-7. 전자금융거래 이용자에게 이용자의 안전거래 준수 권고를 위해 공지해야 하는 사항 중 세 가지만 기술하시오.

2-8. 보안사고 처리 및 복구를 위해 복구 보고서에 포함시켜야 할 사항은 무엇인가?

2-9. 기술적인 보안 점검을 위해 정기적으로 수행해야 할 사항은 무엇인가?

2-10. 업무연속성 과정 수립의 구현단계에 포함되어야 할 내용은 무엇인가?

3.

문제 1. 각 자산별 책임소재를 분명하게 식별하기 위하여 정보자산 목록에 명시되지 않는 사람은 누구인가?

① 사용자 ② 소유자
③ 관리자 ④ 정보보호관리자

정답 ›

설명 ›

문제 2. 교육훈련의 시행 및 평가 통제 내용 중에서 적절하지 않는 것은?

① 교육 및 훈련은 정기적으로 실시한다.
② 정보보호정책이나 절차 및 역할 변경이 있는 경우 다음 정기교육 때 실시한다.
③ 교육을 실시하고 기록을 남긴다.
④ 교육훈련 종료 후 검토를 하고 차기 교육에 반영한다.

정답 ›

설명 ›

문제 3. 변경관리절차 심사시 검토해야 할 핵심사항이 아닌 것은?

① 변경시 소요되는 비용이 과도한지
② 변경요청이 해결되도록 보장하는 절차가 있는지
③ 실제 이루어진 변경이 문서화된 내용과 일치하는지
④ 비상 변경절차가 어떻게 운영되는지

정답 ›

설명 ›

문제 4. 접근통제영역 중 '접근통제 정책'에 대한 면담 대상자는 누구인가?

① IT부서 관리자 및 직원
② 최고경영자 또는 경영대리인
③ 개발관리자 및 실무자
④ 사용자부서 관리자 및 직원

정답 ›

설명 ›

문제 5. 조직간의 데이터 상호교환 시 합의서가 작성되어 있고 보안과 관련되어 반영해야 할 사항이 아닌 것은?

① 관리적 책임의 절차(발송, 발송통지, 수령 등에 관한 책임 및 절차, 발송자의 재전송, 분배, 접속수의 공지 등)
② 데이터의 책임성(데이터의 암호화 강도 등)
③ 전송의 기술적 기준(포장 및 전송의 기준, 정보 및 소프트웨어의 포장, 전송, 저장, 읽기에 대한 기술적 표준 등)
④ 물리적 기준(전송장비, 네트워크, 시스템의 보안성 등)

정답 ›

설명 ›

제7장

사업연속성 관리

Ⅰ. 사업연속성 관리
Ⅱ. 업무 영향분석

제7장 사업연속성 관리

Ⅰ. 사업연속성 관리

사업연속성 관리 프로세스는 재해나 시스템 장애에 의해 발생하는 손실 방지 및 복구 통제 수단을 통하여 침해 위험을 수용 가능한 수준으로 감소시키기 위하여 수립한다.

(1) 적용 항목

- 정보보호 요구사항을 반영하여 사업연속성 계획을 개발하고, 유지하기 위한 관리 프로세스가 시행되어야 한다.
- 사업연속성은 업무에 방해가 되는 사건 및 사고를 식별한 뒤에 각각이 미치는 영향 분석을 위하여 위험평가를 실시하여야 한다. 이를 통하여 사업연속성 계획 전략이 수립되고 또한 경영진에 의해 검증되어야 한다.
- 중요한 사업처리 프로세스에 영향을 미치는 방해나 장애 발생시, 사업 정상화를 지정된 시간 내에 이루기 위해서는 사업연속성 계획이 수립되어야 한다.
- 사업연속성 계획의 정기적으로 테스트 및 그 유효성을 검증하고, 업데이트 수행하여야 한다.

(2) 적용 방안

통제영역(Domain)	통제목표(Objective)	비 고
사업연속성 관리	1) 사업연속성 관리 내에 정보보호	

1) 사업연속성 관리 절차 수립

(가) 업무 영향 분석

- 사업연속성 주관부서는 업무 중단으로 인한 파급영향을 평가하기 위하여 파급 영향 분석의 범위, 업무 절차들 간의 통합 및 상호 의존성 정도 등을 고려한 업무 절차를 식별한다.
- 사업연속성 주관부서는 발생 가능한 비상상황을 시나리오의 형식으로 정의한다.
- 사업연속성 주관부서는 재해 시나리오를 정의한 후, 업무 절차를 책임지고 있는 부서장과의 면담을 통하여 해당 업무가 중단될 경우 발생하는 파급 영향을 재해 시나리오별로 평가한다.

(나) 사업지속성 확보 전략 수립

- 위험수준에 대한 평가결과에 따라 복구전략을 수립한다. 복구전략은 다음 중 하나 또는 하나 이상의 유형을 조합하여 수립한다.
  ① 무대책(do nothing)
  ② 사무적인 지원절차(clerical backup procedures)
  ③ 상호계약(reciprocal arrangement)
  ④ "요새" 접근방법(the "fortress" approach)
  ⑤ 편의시설만 구비된 고정된 컴퓨터실 확보("cold" start center)
  ⑥ 편의시설과 컴퓨터가 구비된 컴퓨터실 확보("hot" start center)
  ⑦ 백업센터의 확보("mirror" center)
- 재해복구 관리팀은 재해 발생 시 중요한 업무 기능을 지속적으로 유지하기 위하여 업무팀장과의 협의를 통하여 각 업무 절차의 우선순위를 결정한다.
- 재해복구 관리팀은 각 팀별로 작성된 업무 절차 우선순위를 종합하여 전체 관점에서 업무 절차별 우선순위를 조정, 결정한다.

(다) 비상계획 및 복구계획 수립

- 재해는 다음과 같이 분류한다.

◈ 〈표 7-1〉 전산 재해 분류표

전산 재해의 종류	재해 정의
자연적인 재해	지진, 태풍 또는 홍수와 같은 자연적인 재해는 직접적으로 전산 시스템에 영향을 줌
Infra-Structure 장애	통신장애, 정전, 단수 또는 화재에 의한 전산 시스템의 기능이 정지됨
운영 장애	하드웨어/소프트웨어 장애, 컴퓨터 바이러스, 또는 운영 실수 등 주로 인재에 의한 장애

• 회사의 주요 서비스를 제공하고, 미치는 손실을 최소화하기 위하여 신속하고 효율적인 지휘 관리 구조를 재해 발생 이전에 구축한다.

◈ 〈표 7-2〉 지휘 관리 구조

구 분		역 할	비 고
지휘 본부	전산상근임원 (전산추진위원회)	• 조직 내의 전반적인 권한과 통제를 수행하고 있으며 다음과 같은 활동을 책임져야 한다. - 위기 관리 - 관련된 외부 조직(미디어, 정부, 기타 관련 조직)과의 의사소통 업무 수행 - 주요 전략적 의사 결정	
통제팀	전산추진위원회보다 한 직급 아래인 인력으로 구성된다. 재해복구대책을 실행하고 업무 복구를 수행하는 그룹들 전반에 걸쳐 운영상의 통제를 실시한다. 통제팀은 전형적으로 다음과 같은 통제 역할의 일부나 혹은 전체를 수행하는 각각의 구성원들로 구성된다.		
	위기관리팀	• 조직의 생존에 대한 책임을 갖고 복구 행위를 관리할 관리자 그룹으로 상황을 명확히 이해하고 감독 - 내부 정보의 대외 발표를 조정 - 적절한 위기 대응 행동의 확인 (직원 복지, 주요 고객 지원, 주요 공급자 및 이해관계자 안정 등) - 대 언론매체와 대응	
	복구관리팀	• 각 기능별 실무 팀을 감독, 조정 및 협의 기능을 수행하는 팀장급 그룹	
	사고대응팀	• 재해를 유발할 잠재적 사유를 갖고 있는 우발적 사고에 대한 즉각적 대응 기능을 수행하는 경력이 풍부한(Senior) 직원 - 사고의 인지	

구 분			역 할	비 고
	사고대응팀		– 비상 통신 및 경고의 제기 – 즉각적인 인명의 안전 확보 – 사고의 영향을 수용, 관리 – 즉각적 손해의 평가	
실무팀	정보 인프라 실무팀	메인센터 복구팀	• 메인센터 정보시스템에 대한 복구를 수행한다. • 메인센터 복구에 따른 검증 및 테스트를 수행하고, 복귀 계획을 수립한다. • 메인센터 복귀시 복귀 작업을 수행한다.	
		재해복구 센터 운영팀	• 재해복구센터 전환 작업을 수행한다. • 재해복구센터 전환 후 프로덕션 환경에 대한 운영을 수행한다. (메인센터 운영 조직의 합류) • 복귀시 복귀 작업을 수행한다.	
	정보 운영 실무팀	운영 업무팀	• 전환 및 복귀시 데이터의 정합성을 검증하며, 결과를 통제팀에 보고한다. • 메인센터 복구 후 점검 및 테스트를 실시한다.	
	구조팀		• 인명, 자산의 구조	
	연락팀		• 복구 기능 조직간 연락	
	콜센터		• 재해복구 상황에 대한 고객 응대	
	기타 실무팀		• 각 해당 업무별 복구 기능 수행 (운영팀, 정보기술팀, 영업/마케팅팀, 재무/관리팀). 영업/마케팅팀, 재무/관리팀 등 해당부분의 재해복구를 위한 데이터 검증 역할 수행	

- 비상시 대응절차 수립
  ① 비상시 대응절차는 긴급대응계획, 피해평가계획, 구조계획, 문서관리계획, 보안관리계획, 위기관리/홍보계획 등이 포함되어야 한다.
- 업무복구절차 수립
- 재해복구 관리팀 리더는 정보시스템의 지원이 중단된 경우, 이를 신속하게 복구할 수 있도록 복구절차를 수립하여야 한다.
  ① 예비 장비에 의한 백업시스템 가동 절차
  ② 정상상태로 복귀하기 위한 절차
  ③ 복구시스템 필요사양 관리

④ 역할 및 담당 구분

⑤ 비상계획 및 복구계획 통합 및 조정

- 재해복구 주관부서장은 각 부서장과 협의하여 업무복구계획 관련 복구계획을 종합하여, 중복되거나 조정이 필요한 사항을 검토하여 조정한다.

(라) 교육 및 테스트

- 테스트계획 수립
- 재해복구 주관부서장은 비상계획 및 복구계획이 적절하게 작동하는지를 검토하기 위하여 연 1회 이상 모의테스트를 실시함을 원칙으로 하되, 실시횟수에 관한 사항은 비상대책위원장(재해복구관리팀장)이 결정한다.
- 테스트 시나리오 구축

① 모든 훈련은 현실성 있는 훈련 시나리오를 이용하여야만 한다.

② 테스트는 테스트계획에 따라 수행되어야 하며, 테스트 과정을 평가하기 위하여 감독관을 지정한다. 테스트담당자는 테스트과정 전반에 걸쳐 재해복구 테스트일지를 작성한다. 재해복구 테스트일지는 다음과 같은 사항을 포함한다.

③ 사건의 신고 접수 시간

④ 업무 복구 목표가 성취되는 시간

⑤ 계획의 실행 가능성에 의문을 제기하는 사건

⑥ 제3자와의 접촉 내용과 시간

⑦ 테스트에 영향을 미치는 실제 사건의 세부적인 사항

⑧ 테스트가 종결되는 시간

⑨ 테스트 시 실제 백업자료를 이용한 복구 가능 여부

⑩ 테스트 결과 분석

⑪ 테스트가 종료되고 나면, 테스트 결과를 분석한다.

⑫ 테스트 결과 반영

⑬ 테스트 결과 분석에 따라 도출된 문제점 및 개선방안을 복구계획에 반영하여 수정하도록 한다.

• 교육

① 재해 복구계획이 확정되면 대응하는 방식을 직원들에게 이해시키고, 구성원들이 그들의 책임과 취해야 할 행동에 대해 인식할 수 있도록 구성원을 대상으로 교육을 실시하여야 한다.

(마) 비상연락망 관리

• 재해복구 관리팀 리더는 비상계획 및 복구계획을 원활하게 수행하고 핵심적인 기능에 대한 지원을 확보하기 위하여 내외부 기관 및 인력에 대한 비상연락망을 유지관리한다.

① 내부인원 비상연락망
② 협력업체 비상연락망
③ 백업센터 비상연락망
④ 외부기관 비상연락망

Ⅱ. 업무 영향분석

1. 개 요

기업의 예기치 않은 업무 운영중단을 유발하는 위기가 발생할 경우, 업무 운영 중단에 의한 영향을 파악하고 이에 대한 영향을 분석한다.

(1) 분석 목적

• 정성적 정량적 분석결과를 기반으로 LOEN에 전산 및 업무에 대한 재해가 발생할 경우 평상시처럼 업무를 수행할 수 없는 긴박한 상황이라는 점을 감안하여 기업이 추구하는 목적이 무엇인지, 고객 및 유관기관 간의 관련성은 어떠한지를 명확히 정립한다.

• 비상사태가 발생하여 업무를 복구할 경우, 기업의 전체 업무 중 복구의 시급성이 요구되는 업무를 판단하여 우선복구 대상으로 선정하기 위함이다.

(2) 업무별 영향분석 접근방법

◈ [그림 7-1] 영향분석 접근방법

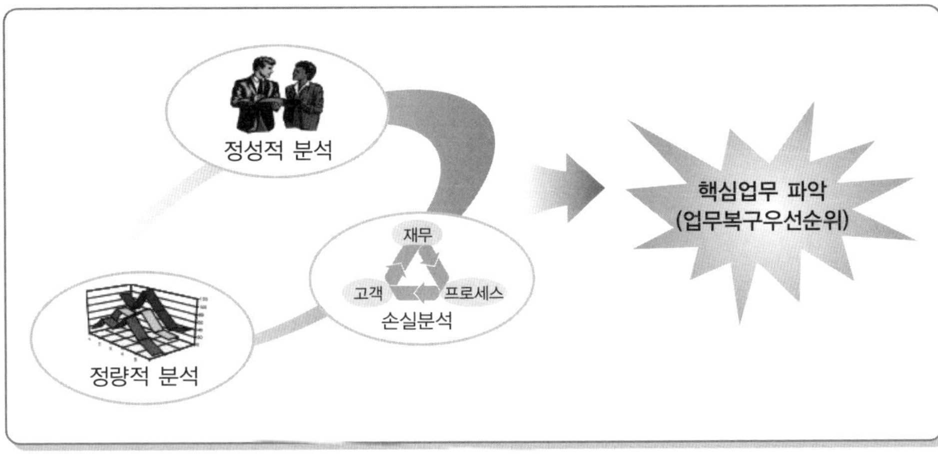

2. 업무 영향분석 절차

기업의 업무구조 및 중요도 분석을 통해 업무복구 우선순위를 도출한다.

(1) 수행절차

- 위험 발생으로 인하여 로엔의 각 세부업무가 중단될 가능성을 측정한다.
- 업무가 중단될 경우, 다양한 관점에서 기업에 미치는 영향을 측정한다.
- 업무중단 확률과 업무중단으로 인한 영향을 기반으로 기업의 업무활동 우선순위를 도출한다.
- 로엔의 업무활동 우선순위에 따른 주요 업무 지정과 복구의 목표시간과 목표시점, 복구를 위한 최소한의 요구자원을 정리한다.

◈ [그림 7-2] 업무 영향분석 절차

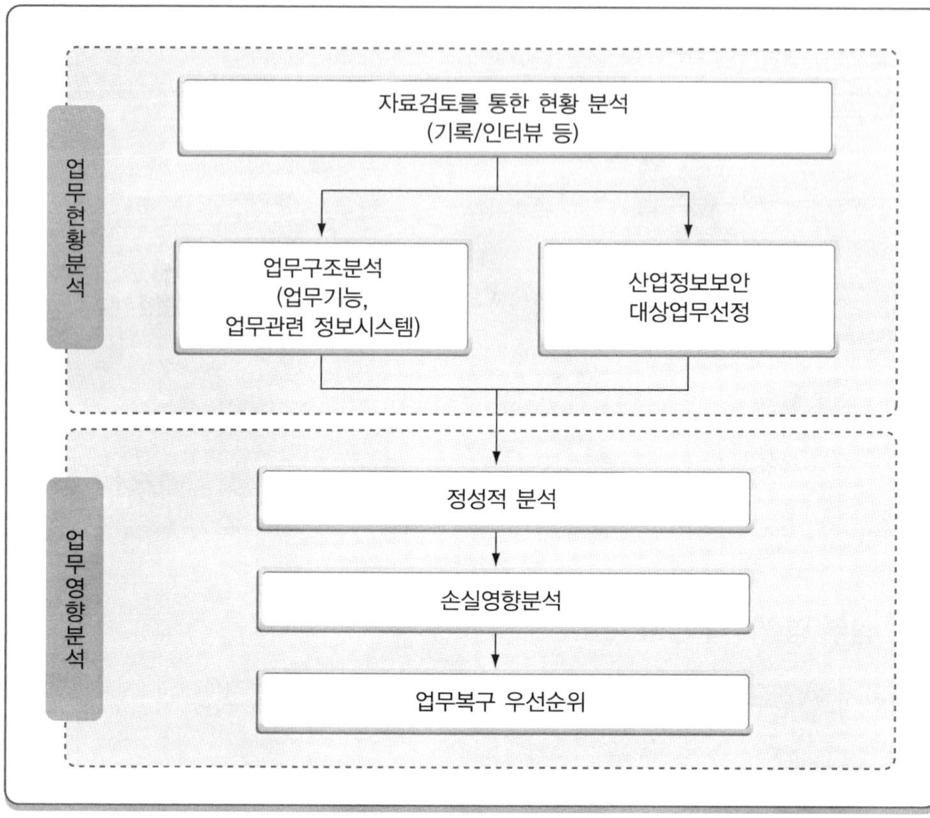

3. 정성적 분석방법

정성적 분석(Qualitative Analysis)이란 기업의 업무 기능 및 업무관련 대상 시스템의 효과성을 밝히기 위한 것으로 설문분석 및 인터뷰를 통해 영향력을 분석한다.

(1) 설문 및 인터뷰 수행

- 재해복구체제 수립방법론의 일반적인 BCP 정성적 평가항목을 바탕으로 기업 전산시스템 및 업무에 대한 재해발생 시 파급영향을 정성적으로 분석할 수 있는 5개 분석지표 항목을 도출한다.

- 도출된 정성적 평가항목을 기업 환경에 적용하기 위해 업무 담당자와 인터뷰를 통해 적정성 검토를 수행한다.

(2) 설문조사 지표

- 업무 영향분석을 위해 5개의 분석지표를 수립하고, 시스템의존도, 타 시스템 연계성, 목표복구시간(RTO), 목표복구시점(RPO)을 도출한다.

〈표 7-3〉 설문조사 지표

측정기준	의 미	단계별 배점 기준	
시스템 의존도	최종사용자가 업무처리시 시스템에 의존하는 정도	5	시스템 중단 시 사용자 업무처리가 현실적으로 불가능함
		4	많은 시간과 노력이 필요하나 수작업으로 처리 가능함
		3	어느 정도의 시간과 노력이 필요하나 수작업 처리 가능
		2	약간의 시간과 노력의 투입으로 처리 가능
		1	수작업 처리를 병행하기 때문에 처리 가능
적시성	업무자체 시간에 따른 민감성의 정도(법적 책임, 민원발생 가능성 고려)	5	수시 발생하고 처리 지연 시 법적 책임(지연 수수료 등) 발생
		4	수시 발생하고 처리 지연 시 사용자들의 중요업무 지장 초래
		3	월중 특정 시기에 주로 사용, 처리기한이 정해져 있음, 수시 발생하나 처리 지연 시 중요업무에 지장 없음
		2	연중 특정 시기에 주로 사용되고 처리기한이 정해져 있음
		1	처리 지연 시에도 크게 문제되지 않음
타시스템 연계성	타시스템과 연계의 정도 (연계내역, 중요 업무 흐름에 미치는 영향 파악)	5	연계시스템이 다수 존재하고 업무흐름에 중요함
		4	연계내역이 업무흐름에 중요하나 연계시스템은 소수임
		3	연계시스템 다수, 연계내역은 업무흐름상 중요하지 않음
		2	연계시스템 소수, 연계내역도 업무흐름상 중요하지 않음
		1	연계되는 시스템 없이 단독으로 존재함
업무처리 건수	단위시스템의 핵심업	5	업무처리 건수 100,001건 이상
		4	업무처리 건수 10,001-100,000건

측정기준	의 미		단계별 배점 기준
업무처리 건수	무의 한 달 동안 처리 건수	3	업무처리 건수 1,001-10,000건
		2	업무처리 건수 101-1,000건
		1	업무처리 건수 1-100건
사용빈도	담당자별 단위시스템의 사용 정도	5	사용빈도 21 이상
		4	사용빈도 11-20
		3	사용빈도 6-10
		2	사용빈도 1-5
		1	사용빈도 1 미만

(3) RPO & RTO 정의

RPO(목표복구시점)와 RTO(목표복구시간)를 측정함으로써 기업의 주요 업무에 대한 업무복구우선순위를 도출할 수 있다.

1) RPO: Recovery Point Objective

목표복구시점이라 하며, 비상사태 또는 업무중단 시점을 기준으로 최종 백업되어 있는 데이터가 어느 시점의 데이터인가를 따지는 것을 RPO라고 한다. 예를 들어 RPO가 1시간이라는 것을 1시간 단위로 백업이 필요로 하는 데이터임을 의미한다.

2) RTO: Recovery Time Objective

목표복구시간이라 하며, 비상사태 또는 업무중단 시점부터 업무가 복구되어 다시 정상 가동될 때까지의 시간을 의미한다. RTO는 복구에 걸리는 시간 자체가 얼마인지를 산정하는 것이다.

4. 손실크기 분석

(1) 손실평가 지표

기업의 위험으로 인한 시스템 중단 및 업무 중단 시 영향을 미치는 업무영향력 크기와 업무 프로세스 기능 상실 가능성을 평가하기 위한 지표를 제시한다.

1) 업무기능 상실 가능성 분석 평가 지표

위험으로 인해 업무 프로세스를 상실할 가능성을 숫자로 표시한다.

- 극히 미약한 손실이 있음(Very Low Impact)
- 미약한 정도의 손실이 있음(Low Impact)
- 어느 정도의 손실이 있음(Medium Impact)
- 비교적 손실이 큼(Relatively Impact)
- 매우 손실이 큼(High Impact)
- 손실이 엄청나게 큼(Extreme Impact)

2) 업무영향력 분석 평가 지표

해당위기로 인해 업무 프로세스를 상실하였을 경우에 업무에 미치는 영향력을 해당 칸에 표시한다.

- DI(Direct Impact): 직접적인 영향(위험 발생으로 직접적으로 재정적 손실을 줌)
- II(Indirect Impact): 간접적인 영향(위기발생으로 간접적으로 재정적 손실을 줌)
- BC(Beyond Company): 조직외부(주주, 고객 등)에 영향을 줌(브랜드 이미지, 루머 등)
- NI(None Impact): 전혀 영향이 없음(손실이 없음)

3) 손실영향 분석 절차

(가) 설문 응답 분포도 작성

- 업무 영향도(x축), 상실가능성 크기(y축)로 1~6 scale로 분포도를 작성한다.
- 상실가능성의 크기는 설문 응답 값을 적용하여 집계한 후 응답 수, 업무기능수로 나누어서 결정한다.
- 업무 영향도는 직접영향*0.50, 간접영향*0.30, 로엔 외부*0.20, None*0의 가중치를 적용하고 각각에 대하여 영향력의 크기(1~6)를 곱한 후 집계하여 응답 수로 나누어서 영향도 결정한다.

(나) 프로세스(업무단위) 당 응답자 수(업무사용자 수) 산정

- 응답자 수는 프로세스(업무단위)의 중요도에 영향을 주게 되므로 응답자 수를 가중치로 적용한다.
- 업무별 상실가능성 크기와 영향도 산정(가중평균 계산방법)

설문으로 나온 결론은 설문응답자의 개인의 주관에 의존(정성적)하므로 가중치를 사용함으로써 실제 오차를 줄인다.

(2) 업무영향력 분석 결과

위험으로 인한 업무 중단 영향을 평가하기 위해 업무영향력분석 평가 지표를 토대로 기업의 실무담당자 설문 및 인터뷰 수행 결과에 대한 분석결과를 도출한다.

1) 업무영향력 분석 결과

〈표 7-4〉 업무영향력 분석 결과 예시

업무기능별 항목	DI	II	BC	NI	합 계	백분율(X축)
고객추진팀	0.07	0.00	0.20	0.00	0.27	67.7%
개발기획팀	0.40	0.00	0.00	0.00	0.40	100.0%
서비스 1팀	0.00	0.00	0.18	0.00	0.18	43.8%
서비스 2팀	0.03	0.02	0.05	0.00	0.09	22.5%
마케팅팀	0.02	0.00	0.04	0.00	0.06	16.2%
ERP	0.00	0.25	0.00	0.00	0.25	62.5%
e-HR	0.00	0.00	0.12	0.00	0.12	29.2%

2) 가중평균 계산방법(X축)

- 업무기능별 영향도는 DI, II, BC, NI 중에서 응답한 부분을 집계한 값에 최고 가중치 값인 0.4 를 곱한 후 업무 항목 수와 설문 대상자 수로 나누어 준다.
- 업무기능별 영향도 수치가 나오면, 업무기능별로 합산한 후 백분율을 적용한다(최고 가중치 0.4 = 100% 기준).

(3) 업무기능 상실 가능성 분석 결과

위험으로 인한 업무 중단 영향을 평가하기 위해 업무기능 상실 가능성 분석 평가 지표를 토대로 로엔 실무담당자 설문 및 인터뷰 수행 결과에 대한 분석결과를 도출한다.

1) 업무기능 상실 가능성 분석 결과

◈ 〈표 7-5〉 업무기능 상실 분석 결과 예시

업무기능	DI (Direct Impact)			II (Indirect Impact)			BC (Beyond Company)			NI (None Impact)			Total Score	영향 크기 (Y축)
	Score	Weight	Result	Score	Weight	Result	Score	Weight	Result	Score	Weight	Result		
고객추진팀	1.00	0.40	0.40	0.00	0.25	0.00	1.17	0.35	0.41	0.00	0.00	0.00	0.81	2.17
개발기획팀	6.00	0.40	2.40	0.00	0.25	0.00	0.00	0.35	0.00	0.00	0.00	0.00	2.40	6.00
서비스1팀	0.00	0.40	0.00	0.00	0.25	0.00	1.00	0.35	0.35	0.00	0.00	0.00	0.35	1.00
서비스2팀	0.40	0.40	0.16	0.27	0.25	0.07	0.27	0.35	0.09	0.00	0.00	0.00	0.32	0.93
마케팅팀	0.30	0.40	0.12	0.06	0.25	0.02	0.23	0.35	0.08	0.02	0.00	0.00	0.22	0.62
ERP	0.00	0.40	0.00	4.00	0.25	1.00	0.00	0.35	0.00	0.00	0.00	0.00	1.00	4.00
e-HR	0.00	0.40	0.00	0.00	0.25	0.00	0.67	0.35	0.23	0.00	0.00	0.00	0.23	0.67

2) 가중평균 계산방법(Y축)

- Score: 설문 응답 값을 업무기능별로 집계 후 설문 응답 수, 업무 기능 수로 나누어 준다.
- Weight: 획득 스코어 계산 값 × 영향별 가중치 = Result (A)
- Result: 재해 시 업무별 상실 가능성 크기(Y축) = DI, II, BC, II의 Result (A) 합계, 평균값

(4) PIM 분석 결과

업무영향력 분석 결과와 업무기능 상실 가능성 분석 결과를 토대로 좌표 값(X, Y)을 설정하고 Probability Impact Matrix(PIM)상에 배열한다.

1) Probability-Impact Matrix(PIM) 분석 결과

◈ 〈표 7-6〉 PIM 분석 결과 예시

업무기능	X축의 값	Y축의 값
고객추진팀	67.7	2.17
개발기획팀	100.0	6.00
서비스 1팀	43.8	1.00
서비스 2팀	22.5	0.93
마케팅팀	16.2	0.62
ERP	62.5	4.00
e-HR	29.2	0.67

2) 가중평균 계산방법(X축)

- 그룹 A: 상실확률(고) and 심각 정도(고)
- 그룹 B: 상실확률(저) and 심각 정도(고)
- 그룹 C: 상실확률(고) and 심각 정도(저)
- 그룹 D: 상실확률(저) and 심각 정도(저)

5. 업무영향분석 결과

(1) 분석 결과

주요업무별 복구우선순위 및 우선관리대상 부서(PIM Group)를 선정하고 로엔의 연속성 확보를 위해 주요업무에 대한 RTO, RPO를 명확히 정리한다.

[그림 7-3] 업무영향분석 PIM 그룹 그래프 예시

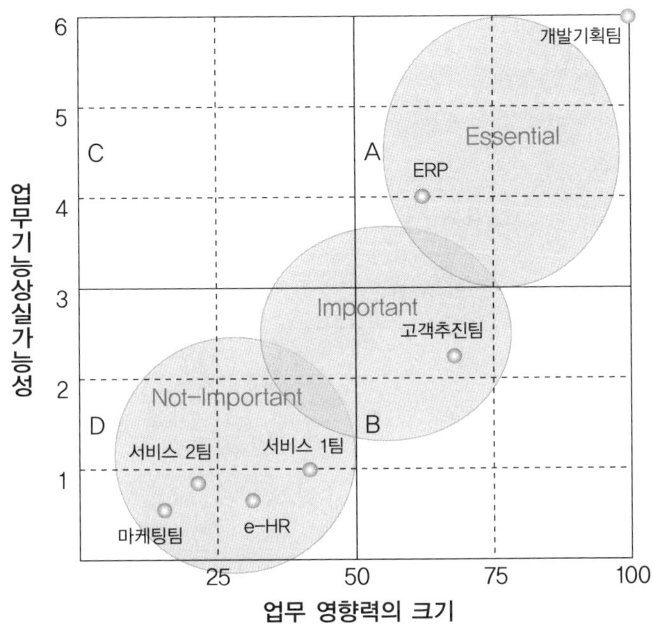

〈표 7-7〉 PIM 분석 결과 PIM 그룹 예시

담당부서	주요업무	복구우선 순위 (A/B/C)	목표복구 시간 (RPO)	목표복구 시점 (RTO)	PIM Group
고객추진팀	고객 및 상품관련 CS 응대	1/A	3 Hours	3 Hours	B
	침해사고 발생시 대응 업무	2/A	More than 1 Month	3 Hours	
	비밀번호관련 CS 응대 및 처리	3/B	3 Hours	3 Hours	
	민원 처리(탈퇴관련)	3/B	3 Hours	6 Hours	
	수사기관 지원업무	4/C	3 Days	3 Days	
개발기획팀	회원정보수집	1/A	3 Hours	3 Hours	A
	고객 구매정보 저장 및 제공	2/A	3 Hours	3 Hours	
	실명인증	3/B	3 Hours	3 Hours	
	고객정보 및 문의접수 저장	4/B	3 Hours	3 Hours	
	시스템 로그 저장	5/C	3 Hours	3 Hours	
	DB 백업	6/C	3 Hours	3 Hours	

담당부서	주요업무	복구우선 순위 (A/B/C)	목표복구 시간 (RPO)	목표복구 시점 (RTO)	PIM Group
서비스1팀	고객 응대	1/A	More than 1 Month	3 Hours	D
	모바일 관련 CS 응대	2/A	More than 1 Month	24 Hours	
	PC APP 관련 CS 응대	2/A	More than 1 Month	24 Hours	
	PC 플레이어 관련 CS 응대	2/A	More than 1 Month	3 Hours	
서비스2팀	음원 및 메타정보 CS 응대	1/A	More than 1 Month	3 Hours	D
	이벤트 당첨자 관리	2/A	More than 1 Month	6 Hours	
	이벤트 진행	2/A	More than 1 Month	6 Hours	
	이벤트 CS	2/A	More than 1 Month	6 Hours	
	계약서 수집 및 제공	3/B 1 Month	More than More than	1 Month	
마케팅팀	고객 과금 VOC 처리	1/A	3 Hours	3 Hours	D
	과금오류 처리	1/A	3 Hours	3 Hours	
	구매관련 문의 접수 및 처리	1/A	More than 1 Month	3 Hours	
	결제과금/환불 CS 응대	1/A	More than 1 Month	3 Hours	
	이벤트 관련문의 CS 응대	2/A	6 Hours	6 Hours	
	세금계산서 발행요청 CS 응대	3/B	6 Hours	3 Hours	
	이벤트 관련 통보	3/B	3 Hours	12 Hours	
경영기획팀 (ERP)	재무관리	1/A	24 Hours	6 Hours	A
	계약관리	2/	24 Hours	6 Hours	
	인세정산	2/A	24 Hours	6 Hours	

담당부서	주요업무	복구우선 순위 (A/B/C)	목표복구 시간 (RPO)	목표복구 시점 (RTO)	PIM Group
경영기획팀 (e-HR)	구성원 인사관리	1/A	24 Hours	24 Hours	D
	채용지원자 관리	1/A	24 Hours	12 Hours	
	입사지원서 관리	1/A	24 Hours	12 Hours	
	인사카드 관리	1/A	24 Hours	24 Hours	
	협력사 인사관리	3/B	24 Hours	24 Hours	
	금융계좌	3/B	24 Hours	24 Hours	

제8장

산업보안 투자 및 성과분석

Ⅰ. 산업보안 수준측정 지표 수립
Ⅱ. 산업보안 수준측정 지표 활용

제8장 산업보안 투자 및 성과분석

Ⅰ. 산업보안 수준측정 지표 수립

1. 지표수립 배경 및 목적

산업보안 투자의 성과를 측정하기 위한 계량화 지표 부재, 수준 측정 체계 수립의 필요성, 보안수준 상향 유도의 배경 등으로 산업보안 수준측정 지표의 개발이 필요하며, 그 목적은 보안 정책 수립 및 성과측정을 위한 합리적인 의사결정 도구 마련에 있다.

(1) 계량화 지표 부재

- 보안 수준을 종합적으로 측정할 수 있는 기준 및 계량화 지표 부재

(2) 수준 측정 체계 수립 필요

- 조직별 보안 현황을 객관적 기준에 따라 측정할 수 있는 체계 수립 필요

(3) 보안 수준 향상 유도

- 단위 조직별 보안현황을 종합적으로 계량화하여, 조직별 보안수준 상향평준화 유도 필요

2. 지표수립 절차

수준측정 지표수립 과정은 기초지표수립, 통합지표수립, 차등화/가중치 반영으로 이루어지며, 기초지표는 보안영역 선정과 측정활동 Pool 구성을 병행하여 구조화하고, 이에 조정 작업을 추가하여 통합지표를 수립한다.

(1) 기초지표 수립

1) 산업보안 영역 선정

(가) 보안 영역 선정

- 시스템 보안영역
- 인적보안영역
- 산업정보 보안영역
- 물리적 보안영역

〈표 8-1〉 4대 보안영역

보안영역	측정영역	지원조직
시스템(SYS)	정보보호 기획	IT보안팀-CSO Staff
	정보자산 관리	IT Infra 관리팀
	End User 관리	IT보안팀-내부정보
	IT시스템 운용	IT보안팀-보안기술 NW관리센터
	사고 예방 및 대응	IT보안팀-CSO Staff IT보안팀-보안기술 NW관리센터
인적(HR)	인원 보안	IT보안팀-CSO Staff 경영지원팀
	보안인식	IT보안팀-CSO Staff CIC별 보안총괄
	아웃소싱 관리	C&I 보안총괄
산업정보(ID)	산업정보보호 체계	CSO Staff
	산업정보 영향평가	IT보안팀-산업정보
	산업정보 관리	IT보안팀-산업정보 CSO Staff
	협력사 산업정보 관리	IT보안팀-산업정보 CSO Staff
물리적(PH)	물리적 환경통제	경영지원팀
	중요 통제구역 보안	경영지원팀

(2) 보안 목표 도출

1) 산업보안 영역 선정

4대 보안영역을 전략으로 삼아, 영역 내에서 보호되어야 할 보안목표(측정영역)를 도출한다.

(가) 보안 목표 도출 기준

- 조직과 업무환경을 고려한 향후 산업보안관리체계 고도화 목표
- 정보보호 관련 법적 근거/내부 보안 관련규정을 수용하기 위한 준수의 목표
- 비즈니스 발전방향에 따른 향후 변화요소 및 산업보안 고려사항

(3) 기초 지표 수립

1) 측정항목을 측정영역에 mapping함

2) 기초지표 구조

[그림 8-1] 기초지표 구조

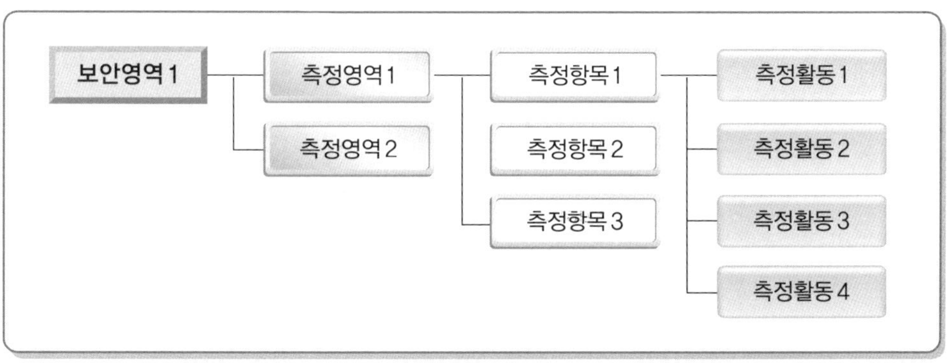

(4) 통합 지표 수립

1) 기초 지표의 조정

- 지표 간 그룹핑 및 난이도 조정
- 보안항목 누락여부 파악 및 추가
- 영역별 담당자 의견사항 반영

(5) 차등화/가중치 반영 부서 의견 반영

1) 차등화 작업

- **보안 관련업무 도출**: 전사 단위조직에 대한 보안관련 업무 및 프로세스 파악
- **측정필드 선정**: 지표의 결과값 산출을 위한 측정변수 선정
- **보조지표 선정**: 부서별 환경을 고려한 보조지표 선정

(가) 필요성

- 부서별 조직규모 및 취급 업무 등 환경이 다르다.
- 단순계산으로 측정하였을 경우 불공정한 결과 초래할 수 있다.
- 따라서 동일 지표에 대해 부서별 측정 산출식을 차등 적용할 필요가 있다.

(나) 기준 및 적용방법

〈표 8-2〉 차등화 기준

기 준	내 용
업무분장	부서 R&R 해당여부
	수행주체별 세분화
정보자산 취급정도	해당지표의 업무수행시 취급되는 정보자산의 취급정도 반영
보조지표	의미 있는 보조지표를 활용하여 부서별 측정결과 차등부여

- Input데이터가 동일하여도 부서별 업무특성 및 정보자산 취급비중에 따라 점수를 차등부여한다.
- 데이터 집계 취합 및 결과값 측정에 활용할 수 있다.

2) 가중치 작업

- 가중치 기준: 3기준/9요소
- 가중치 평가: 3단계 (상/중/하, 정성적 평가)
- 가중치 부여: 설문조사

(가) 필요성

- 각 지표 항목간 중요도가 다르다.
- 최종 지표를 일률적으로 측정하여 결과를 산출하는 것은 의미없다.
- 따라서 지표항목에 대해 가중치 점수를 부여하여 의미있는 지수로 지표를 분리할 필요가 있다.

(나) 기준 및 적용방법

◈ 〈표 8-3〉 가중치 기준

기 준	요 소	평 가
정보자산 중요도	기밀성	각 요소별 상(3), 중(2), 하(1) 부여
	무결성	
	가용성	
피해영향도	위협발생 가능성	
	피해정도	
	피해복구 비용정도	
수행업무 중요도	기업이미지 연관도	
	관련 법령 준수 연관도	
	타 업무 연관도	

- 다양한 지수별 지표분리에 활용할 수 있다.
- 핵심관리수준, 전사 보안수준, 보안인식수준 등 다양한 분석이 가능하다.
- 측정범위 및 대상 선정시 기준으로 활용할 수 있다.

3) 지표정의서

- 지표 1개당 1개 정의서 작성
- 지표 설명, 측정source, 측정방법 등 상세히 기록
- 향후 지표 측정시 객관성 및 신뢰성을 보장하기 위함

[그림 8-2] 통합 지표 정의서 예시

SYS	측정영역	End User 관리	측정source		1. PMS : 보안패치 적용 현황
	측정항목	업무용 PC 보안설정 관리	측정방법	기본지표	M1. 부서 미설치 인원율 = B/A
	측정지표	보안패치 미적용률		보조지표	M2. 전사대비 미설치 건수율 = C/D
측정수식		보안패치 미적용률 = (M1+M2) / 2 * 100			
지표설명		1. 모든 업무용 PC는 월간 보안패치 권고 또는 긴급 보안패치 권고에 따라 PMS에서 설치를 유도하는 주요 보안패치를 적용하여 최신의 상태를 유지하도록 한다.			
측정데이터 정의					
측정변수 코드	측정변수 명	측정변수 설명	추출 조건	추출 기간	비고
A	해당부서 인원수	측정 단위조직에 소속된 정직원 인원수	1. 측정 단위조직 및 이하 조직에 소속된 정직원 전체 인원수 집계	분기/반기/연간	
B	해당부서 미설치 인원수	해당부서에 보안패치 미설치로 적발된 인원수	1. 식별자는 사번으로 하며, 정직원으로서 중복되지 않는 보안패치 미설치자 인[illegible]	분기/반기/연간	
C	해당부서 미설치 건수	해당부서의 보안패치 미설치 건수	1. 보안패치 미설치로 적발된 해당부서 건수 집계	분기/반기/연간	

구분	내역
측정source	▪ 해당 지표를 측정하기 위한 data : 시스템, 시스템 결과값, 문서
측정 방법	▪ 측정 source에 대한 측정방법 기입 ▪ 지표 측정결과값에 대해 부서별 차등화 방안으로 해당사항 있을 시 보조지표 기입
측정 수식	▪ 측정방법에 의한 수식
지표 설명	▪ 해당 지표의 상세한 설명
측정 데이터 정의	▪ 지표 측정시 수식에 사용되는 측정변수에 대한 설명, 추출 조건, 기간 등을 명시

[그림 8-3] 통합 지표 적용 예시

4대보안 영역	측정영역	측정항목	측정지표	테스트 측정지표	핵심관리 수준	전사 보안수준	고객정보 법적준수 수준	정보보안 인식수준	정보보안 역기능수준	외부자 관리수준
시스템 (SYS)	정보보호 기획	정보보안 정책	정보보안 정책의 제.개정 수준	O		O				
		정보보안 조직	전사 정보보안 담당자 회의 개최율	O		O		O		
		정보보안 역량	정보보안 특허신청건수	O		O				
	정보자산 관리	정보자산 운영	PC 무단 반출률	O						
			비인가 저장매체 사용률	O	O					
			업무용 PC 분실률	O	O	O			O	
		내부정보 보안	문서보안 이상 사용률	O	O					
			내부정보 유출위험 및 위반탐지율		O	O			O	
			문서보안솔루션 미설치율	O	O					
	End user 관리	업무용 PC 보안 설정 관리	업무용 PC 패스워드 취약설정률	O				O		
			업무용 PC 공유폴더 사용률	O	O			O		
			보안패치 미적용률	O	O	O		O	O	
			바이러스 백신 최신버전 적용률	O				O		
			불법 S/W 사용률	O	O			O	O	
		업무용 PC 네트워크 사용 관리	NAC 우회 사용률	O						
			NAC 사용자 계정 도용/오남용률	O						
			NAC, 문서보안솔루션 간 사용자 계정 불일치율	O						
			NAC 동시 다중 인증 사용자율	O						
		업무용 PC 악성코드 대응 관리	피싱메일 모의훈련 감염률	O	O	O		O	O	
			악성코드 감염률	O	O			O	O	
	IT시스템 운용	IT시스템 신규도입 관리	신규 IT시스템 1차 보안점검 이행수준	O	O	O				
		IT시스템 정기보안 관리	정기 IT시스템 보안점검 수준		O	O				
	사고 예방 및 대응	정보보안 사고 처리	보안사고 발생률	O	O	O			O	
1	5	11	23	21	13	10	0	8	7	0

Ⅱ. 산업보안 수준측정 지표 활용

보안 수준측정 지표의 원활한 운영을 위해서 지속적인 측정, 현행화 작업선행, 전사적인 협조가 요구되며, PDCA 사이클에 따른 지속적 측정 및 관리에 기반한 수준측정 수행이 필요하다.

1. 산업보안 수준측정 지표 운영

(1) 지속적 측정

- 지표는 전반적인 보안 현안을 주기적으로 파악하고, 그 결과분석을 바탕으로 보안 현안 인식 → 개선방향 제시 → 개선대책 이행 → 보안 수준 향상으로 이어져야 한다.
- PDCA 사이클에 따라 지속적으로 측정한다.

(2) 현행화 선행

- 보안 수준측정시 지표 현행화 작업 선행이 필요하다.
  ① 지난 Cycle에서 사용된 지표에 보완사항 검토 및 반영한다.
- 지표 측정 resource 및 측정변수, 측정시기 재검토
- 프로세스 개선 및 변경내역 반영이 필요하다.

(3) 전사적 협조

- 지표 측정변수는 측정결과 수식에 포함된 보안측정 중요요소이므로, 각 제공부서에 정확한 data 제공 협조가 필요하다.
- 지표 측정시 각 부문별, 기능별 보안담당자의 적극적인 협조가 필요하다.
- 수준측정 지표에 적극적인 의견 제시 및 대안의 모색이 필요하다.

2. 산업보안 수준측정 지표 확산

산업보안 수준측정 결과는 관리적 hole 파악, 데이터 축적을 통해 개선과제 도출 및 변화추이를 분석하고, 이를 토대로 산업보안 관리체계의 목표와 한 단계 진보한 보안활동이 이어질 것이다.

〈표 8-4〉 산업보안 수준측정결과 활용방안

활용(안)	내 역
관리적 Hole 파악	• 근본적 문제점 파악 → 개선과제 도출
데이터 축적	• 측정결과 초기값 세팅 및 반복적 측정
입체적 분석	• 영역별/항목별/실본부별/ 지수별 분석 • 변화추이 분석(축적된 데이터 활용) • 주요 취약 영역 파악 및 집중관리(투자) 대상 선정
산업보안 목표설정	• 현실적인 시간 및 가용자원을 고려한 목표설정 • 축적된 데이터 및 변화추이 분석결과를 토대로 변화관리 추구환경 조성
산업보안 목표달성	• 한 단계 진보한 궁극적인 목표 • 산업보안 목표 달성여부 및 지속적 변화추이 분석에 기반하여 설정함

제9장

산업보안 경영관리 인증

Ⅰ. 산업보안 경영관리 인증 필요성

Ⅱ. 유사 인증제도

Ⅲ. 산업보안 경영관리 구축의 필요성

Ⅳ. 산업보안 경영관리 인증의 이점

Ⅴ. 사례분석(국내 · 외 기상협력 및 시스템 구축사례)

제9장 산업보안 경영관리 인증

Ⅰ. 산업보안 경영관리 인증 필요성

최근 들어 정보화라는 큰 움직임 속에 정보의 가치는 크게 늘고 있다. 특히 정보에 대한 인식이 확대되고 의존도가 높아짐에 따라 기업의 산업정보가 유출되어 발생하는 피해가 증가하고 있다. 불법적인 공격이 자행되면서 정보취급의 취약성으로 인한 시스템의 파괴, 변조 및 사이버테러 등이 큰 문제가 되고 있고 크고 작은 정보 범죄가 급속한 증가 추세에 있다. 이에 따라 기업에서는 보유하고 있는 산업정보를 보호하기 위해 다양한 활동을 전개하고 있으며 체계적이고 효율적인 산업정보 보안이 이루어질 수 있도록 해야 한다.

산업기밀 유출은 국가경쟁력과 직결되며, 수많은 시간과 비용을 투자해 새로운 기술을 개발한다 해도 경쟁업체로 기술이 넘어가면 그 피해는 기업뿐만 아니라 국가경제에도 타격을 줄 수 있으므로 산업보안 경영관리 체계의 수립은 한 기업의 경영전반을 보호할 수 있을 것이다.

산업정보를 보호하기 위해 관리, 기술, 물리 및 법률 등의 요구사항을 포함하며, 객관적으로 어느 정도의 수준이고 보호활동 중 미흡한 부분이 없는지 평가할 수 있는 객관적인 기준이 필요하며, 산업정보가 기업의 생존과 직결된 핵심 정보로 이의 보호에 대해 대외적으로 공표하여 검증을 받기도 어려운 일이다. 따라서, 기업의 산업보안 관리정책의 중요성과 관리체계를 이해하고 보안담당자를 선임하고 다양한 기술적 보호조치를 강구하여 적용할 필요가 있다.

산업정보의 보호활동과 관련하여 기업의 보호수준을 객관적으로 평가할 수 있는 기준을 수립하고 이를 객관적인 인증기관에 의해 평가를 통해 인증(Certification)을 부여하는 것이 필요하다. '인증' 제도에 대해 국제표준화기구(ISO: International Organization for Standardization)의 정의는 다음과 같다. "ISO 기술위원회(TC)에서 정의한 공급자와 구매자 사이의 기준을 바탕으로 자사 체질에 맞게 신뢰할 수 있는 제품과 서비스 공급 체제를 갖추어 운영하고 있다는 것을 제3자 인증기관으로부터 심사 및 보증 받는 제도이다."

산업정보의 보호 역시 국내의 표준기관이 정의한 기준에 따라 산업정보를 보호하기 위한 관리체계를 수립하고 적절하게 운영하고 있음을 인증기관으로부터 인증을 받는 것이 필요하다. 산업보안 관리체계 및 그 인증에 대해서는 국제적으로 표준화된 인증제도는 존재하지 않고 있다. 정보보호와 관련된 인증은 국제인증인 ISO 27001 인증과 국내인증인 KISA ISMS 인증이 있으며 이에 대한 분석을 통해 정보보호관리체계 및 이에 대한 인증을 수립할 수 있다.

Ⅱ. 유사 인증제도

1. 정보보호 관리체계 인증 (ISO/IEC 27001)

ISO 27001 인증은 정보보호 관리체계 전반에 대한 인증이다. ISO 27001 인증은 11개 도메인의 133개 통제에 대해 기업의 적용 현황을 파악하고 지속적인 위험평가와 관리를 통해 기업 전체의 정보보호 관리체계에 대한 안전성을 인증해준다. 이 인증은 금융기관, IT, 정보보호 전문업체, 제조업체 등을 포함하여 다수의 기업이 인증을 획득하고 있으며 국제적으로 인정받고 기업 전체의 정보보호 관리체계에 대해 인증한다는 장점이 있다. 하지만 그 기준이 매우 범용적이어서 각 기업의 상황과 다를 수 있으며 산업보안에 적용하기 위해서는 이에 대한 재해석이 필요하다.

2. KISA ISMS

한국인터넷진흥원(KISA)의 ISMS는 '정보통신망 이용촉진 및 정보보호 등에 관한 법률' 제47조(정보보호 관리체계의 인증)에 기반하고 있으며 ISO 27001과 유사하게 기업 전체의 정보보호 관리체계를 인증한다.

KISA의 ISMS는 정보보호 5단계 관리과정 요구사항 14개 필수항목, 문서화 요구사항 3개 필수항목, 정보보호 대책 15개 분야 120개 세부항목 총 137개 항목으로 구성되어 있으며 5단계 정보보호 관리과정에 따라 ISMS를 수립하고 운영하여야 하며 이에 대해 문서화가 되어야 하고 위험분석을 통해 필요한 통제사항을 선정하고 이에 대한 정보보호 대책을 구현하고 운영하여야 한다.

이 인증은 정보보호 전문업체, 제조업체 등의 기업이 인증을 받고 있으며 인증 취득 시 다양한 혜택을 부여하고 있다.

Ⅲ. 산업보안 경영관리 구축의 필요성

산업보안 경영관리 구축을 위해서는 먼저, 산업정보 자산 식별 및 보안현황 분석이 필요하다. 이후 주요 자산에 대한 취약점 분석, 도출된 취약점에 대한 보안대책을 수립을 통해 산업보안 경영관리 체계를 구축할 수 있다. 효과적인 산업보안 경영관리 체계를 운영하기 위해서는 지속적인 교육을 통한 임직원의 보안의식 고취와 보안에 대한 관심의 증대가 이어질 때 보다 높은 수준의 산업정보보호 역량을 갖출 수 있으며, 기업 내외부로의 기술 및 정보 유출을 방지할 수 있다.

다음은, 산업보안 경영관리 기준과 절차를 정비하는 것이다. 기준과 절차를 효과적으로 운영하기 위해서는 체계적인 보안시스템의 구축과 운영도 좋은 방편이 될 수 있다. 하지만, 보안시스템의 구축은 많은 투자비용이 발생하고 유지보수 및 관리를 위한 전문인력의 부족 등의 문제가 발생할 수 있어 오히려 활용도가 떨어질 수 있다. 최근 들어서는 이러한 문제점을 해결하기 위해 전문 보안관제서비스 등을 이용하여 투자비용을 최소화 하고 전문적인 유지보수 체계를 도입하여 산업보안 경영관리를 강화하고 있다.

산업보안 경영관리 체계를 구축하는 경우 대부분 일회성으로 진행되었던 보안관리 활동이 지속적인 관심 속에 지원체계를 이끌어 낼 수 있을 것이다. 특히, 지속적인 유지관리 및 보안관리 감독체계의 구축은 기업의 산업정보 및 핵심기술 보호 기반을 마련하고 핵심역량과 경쟁력을 유지할 수 있게 만들 것이다.

Ⅳ. 산업보안 경영관리 인증의 이점

산업보안 경영관리 인증은 전문 기관이 평가를 수행하기 때문에 객관성을 확보할 수 있고 사업 파트너, 고객, 주주들에게 조직의 산업보안 관리 능력에 대한 보증을 제공함으로써 산업정보 유출 방지에 기여할 것이다. 또한 산업보안 경영관리 인증 과정을 통해 기업의 산업보안관리체계를 다시 한 번 검토하고 보완함으로써 산업보안 경영관리 전반의 정보보호 수준을 유지할 수 있다.

산업보안 경영관리 인증은 조직의 산업정보 보호관리 능력을 대중에게 객관적으로 보장해주는 한편 그 조직의 세부적인 통제사항이나 내용은 대중에게 공개하지 않을 수 있다. 따라서 산업정보 보호수준에 대한 보증을 제공하면서 보안통제의 세부사항은 여전히 비밀로 유지할 수 있다. 만일 타 조직이나 기업과 중요정보를 교환할 경우 상대 조직이 산업보안 경영관리 인증을 받았다면 그 조직의 산업정보보호 관리능력을 신뢰할 수 있다.

이러한 특성으로 인해 세계 각국에서는 자체적인 산업보안관리체계 인증제도를 수립하고 이러한 인증의 활성화를 통해 조직의 정보보호 수준을 제고하며 객관적이고 올바른 정보를 제공하여 고객과 주주, 조직 간의 신뢰를 제고하기 위하여 노력하고 있다.

〉〉〉사례 해외진출 중소기업 기술유출 심각

해외진출 중소기업이나 국내에서 외국인 근로자를 고용중인 회사들의 외국인 고용자가 기업에서 익힌 기술과 노하우를 모국 기업에 노출시키는 사건이 증가하고 있습니다. 특히, 대기업의 경우 중소기업에 시제품 제작과 샘플의 발주, 양산발주 등을 의뢰하는 경우들이 있는데 이때 제품 샘플 및 도면이 유출될 수 있으며, 이로 인해 양산을 하지 못하게 됨에 따라 매출의 급감과 근로자의 해고로 이어지는 피해를 발생시키고 있습니다. 결국 협력업체와 거래를 끊고, 향후 계약체결건에 대해서는 제품 도면 등을 100% 공개하지 않는 등의 방침을 세워 기술유출을 막기 위한 방안이 세워질 수 있었습니다.

해외진출 중소기업의 기술유출 심각도에 대한 중소기업 기술유출에 관한 통계를 살펴보면,

"유출 피해율 27.7%… 국내기업보다 훨씬 높아"

중소기업 기술유출로 인한 피해 규모에 대한 조사결과 응답 기업의 27.7%가 해외 진출 후 산업기밀의 외부 유출로 피해를 입은 것으로 나타났으며, 이는 국내 기업의 유출비율 17.8%에(2007년 6월 기술유출실태조사, 중소기업청) 비해 매우 높습니다.

특히 유출기업 중 38.9%는 2회 이상 유출피해를 입은 것으로 조사됐으며, 유출 관련자는 현지채용 직원이 66.7%로 가장 많았고 협력업체 관계자(22.2%), 본사파견 직원(5.6%) 순으로 나타났습니다.

또한 응답기업의 66.7%가 회사의 중요 정보자산을 보호하기 위한 투자가 전혀 이루어지지 않고 있다고 응답하는 등 해외진출 기업의 보안인프라는 매우 열악한 것으로 나타났으며, 현지 진출 국가의 법규, 제도에 대해서도 63.1%가 그 내용에 대해 거의 알지 못하고 있는 실정입니다.

출처: KTV

V. 사례분석(국내 · 외 기상협력 및 시스템 구축사례)

1. 국외 기상협력 체계

최근 전 세계적으로 지진, 태풍, 해일, 홍수 등 대규모 재난이 빈번히 발생하고 있으며 이로 인한 인명 및 재산 등의 유무형적 피해가 급증하고 있는 실정이다. 이 때문에 기업에서는 기상과 관련된 정보의 수집을 위한 노력이 절실히 필요하고 이를 위하여 국가는 주변 관련 국가 등의 기상협력 등의 광역적인 공동대책 수립이 필요하다. 이러한 상황 속에서 우리나라, 중국, 일본, 미국 및 아시아 국가들이 회원국으로 참여하고 있는 UN/ESCAP, WMO 산하 태풍 위원회에서는 각국의 방재관련 정보 및 기술을 공유하여 예방 및 대응 등 재난관리 체계를 개선하기 위한 조치로 2005년 방재분과를 신설하였으며 우리나라가 초대의장국으로 선임되었다. 이후 방재분과에서는 조기경보시스템 구축 현황 및 재해관련 정보를 공유하는 태풍위원회 재해정보시스템을 구축하기로 협의하였다.

2. 웹 GIS 기반 태풍위원회 재해정보시스템

태풍위원회 방재분과(WGDRR: Working Group on Disaster Risk Reduction)의 첫 번째 공동 연구사업으로 추진되었으며, 우리나라 소방방재청과 방재연구소가 시스템 구축 및 운영 총괄하고 있다.

3. 설립목적

태풍위원회 14개 회원국의 태풍 재해정보를 공유함으로써 각 회원국의 방재 역량을 강화하여 재해로 인한 인명피해를 최소화하기 위함이다.

- 효율적인 조기경보시스템 구축을 위한 정보 및 기술 공유
- 각 회원국의 재해정보 공유: 방재정책 결정의 기본 자료로 활용
- 방재 정보 및 경험의 공유
- 과거 50여 년간 태풍자료를 DB로 구축, 태풍 발생시 유사태풍 검색
- 과거 피해자료를 기반으로 태풍으로 인한 위험성 분석

◈ [그림 9-1] TCDIS 시스템(1차, 2차)

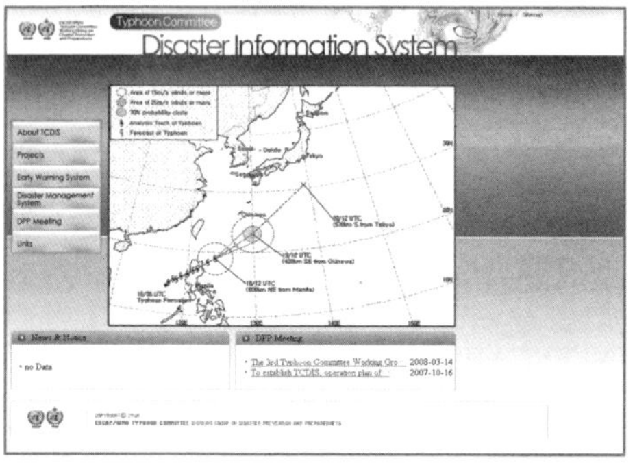

◈ [그림 9-2] TCDIS 시스템(3차)

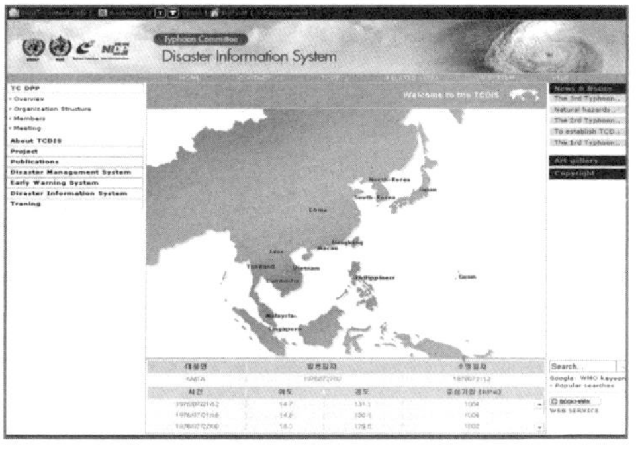

출처: www.tcdis.org

4. 추진경과

- 현재 태풍위원회 회원국 기상 및 태풍재해정보 DB 구축
- 우리나라와 베트남, 홍콩에 대해 시스템 구축 완료

• 2011년, 라오스, 미국(괌), 캄보디아, 태국, 필리핀 등 8개 회원국 확대 구축

5. 국내기업 기상정보 시스템 구축 사례

국내기업 중 기상정보시스템을 구축한 건설, 유통 중에 제조업과 관련되면서 기상정보에 가장 민감한 유통기업이 구축한 기상정보시스템의 내용과 그 효과에 대해 알아보면 〈표 9-1〉과 같다.

〈표 9-1〉 국내기업 기상정보 시스템 구축 사례

기 업	내 용	효 과
대한항공	항로 위험 기상정보를 제공하는 기상감시 및 분석을 위한 통합 시스템(SKYWEB)을 비롯하여 승무원 브리핑용 기상제공 시스템(KALMET), 비행계획시스템과 연동된 기상분석 시스템(WX STATION) 등을 개발	기상부문 투자와 날씨 활용을 통해 기상요인으로 인한 국내선 결항률 38%, 회항률 44%가 감소하여 연간 60억 원 가량의 비용을 절감 최대 80% 이상의 비정상 운항 편을 감소시켜 연간 7억 원 정도의 비용 절감효과
SK해운(주)	선박안전운항을 위한 기상정보시스템인 '폴라리스(Polaris)'를 도입 선박 운항자들에게 실시간으로 12시간 간격의 전 세계 기상예보정보와 당사 선박이 항해하고 있는 전 해상의 기상상태, 운항중인 선박의 최적 항로를 제공	SK해운은 악천후로 인한 선박의 항해시간(sailing time)을 66% 감소 최적의 항로선택으로 연료소모를 줄이는 등 비용을 절감
대한통운(주)	원활한 운송작업 및 원목, 곡물 등 벌크 화물의 하역작업, 수출 자동차의 선적 업무의 효율성을 높이기 위해 '운송 · 항만 기상정보시스템'을 도입 선박 · 항공기 운항 및 화물 선적 · 하역에 필요한 현장별 기상특보, 날씨, 고속도로날씨, 공항날씨 등의 기상정보를 3시간 간격으로 그룹웨어 및 휴대폰 메시지를 통해 현장 및 사업소, 지사에 제공	기상정보는 화물 운송과 선적 · 하역작업 등의 작업계획 수립에 활용되고 있으며, 위험기상 시 하역장비, 차량, 보관화물관리 등에 대한 체계적인 비상 대책운영으로 손실률이 80% 감소하고 연간 52백만 원을 절감되어 52억 원의 비용 절감 효과

6. 국내 기상 인증 체계 소개

기상청은 기후변화 및 이상기후로 인한 경제적 피해가 증가함에 따라 기업이 기상정보를 활용하여 기상재해로 인한 피해를 줄이는 한편 기상정보 활용을 통

한 경제적 부가가치를 높이기 위하여 2011년 11월부로 '날씨경영 인증제도'를 도입 · 시행하였다. '날씨경영 인증제도'는 인증신청 단체(기업, 공공기관 등)가 날씨정보를 경영에 다양하게 활용하여 부가가치를 창출하고, 기상재해로부터 안전성을 획득하였음을 국가가 인정하는 제도이다.

인증평가는 기상산업진흥법상 법정기관인 한국기상산업진흥원이 전담하며, 서류 및 현장, 최종 심의평가 단계를 거쳐 100점 만점에 70점 이상을 획득한 기업에게 날씨경영 인증마크(W마크)가 부여된다.

〈표 9-2〉 날씨경영 인증제도 평가지표

구 분		평가지표
기상정보 활용성 (70점)	효과적인 기상정보의 활용 (30점)	1-1. 기상 정보를 활용하여 기상재해로부터 인적 · 물적 피해를 예방하려고 노력하였는가? (15점) 1-2. 날씨경영을 통해 기업 경영에 긍정적인 효과를 내고 있는가? (15점)
	날씨경영성과 (20점)	2. 기상정보 활용을 통해 실제로 수익이 발생하였는가? (20점)
	기상관련 인력 (10점)	3-1. 경영자의 기상정보 중요성에 대한 인식수준은 ? (10점) 3-2. 기상정보 가치를 인식하기 위한 교육을 실시하였는가? (10점)
기상정보 인프라 구축 (30점)	기상정보 가치인식 (20점)	4. 기상관련 전문 인력 및 날씨경영지원 조직이 구성되어 있는가? (10점)
	기상정보시스템 (20점)	5-1. 기상정보를 공급받을 시스템을 구축하고 있는가? (15점) 5-2. 내부 직원들간 기상정보 공유 환경이 구축되어 있는가? (5점)

주: 기상정보대상 참가 기업 및 날씨보험 가입 사업장 가점(3점) 부여

출처: 기상청 보도자료 (2011. 11. 21)

7. 재해예방 위한 제조기업의 IT시스템 구축

동일본의 대지진 이후 일본은 장기간의 경기 부진 및 원전사고 피해로 인하여 이중고를 겪고 있다. 또한 일본의 기업들은 이번 사고로 인하여 생산설비가 대규모로 파손되는 등 부품 조달 및 에 상당한 어려움을 겪으면서 산업설비의 탈 일

◈ [그림 9-3] 동일본 대지진의 중장기 파급영향 전망

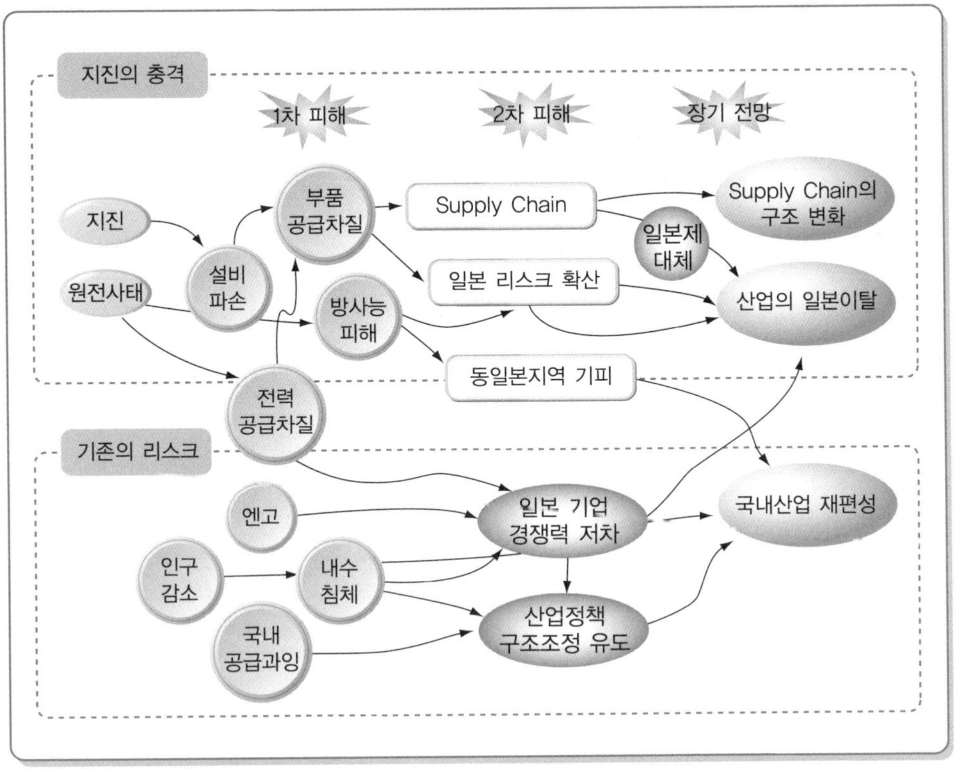

출처: 대지진 이후 일본 제조업의 변화전망과 시사점

본현상이 두드러지고 있다. 이에 우리나라도 더이상 지진에 안전지대가 아니라는 인식과 함께 재해예방을 위한 발빠른 행보를 보이고 있다.

또한, 일본은 기업의 지속적 성장을 위해 리스크 분산의 필요성이 증대되고 있는 현실이다. 부품의 구매 전략을 집중에서 분산으로 변화하고 리스크를 강화하기 위한 일환으로 안전재고를 반드시 보유하려는 것이다. 또한, 정보자산의 안전을 위해 일본의 대기업들이 IDC(인터넷 데이터 센터)를 가까운 한국에 이전하거나 하려는 움직임을 보이고 있다.

◈ [그림 9-4] 일본 제조업의 공급 사슬 변화와 전망

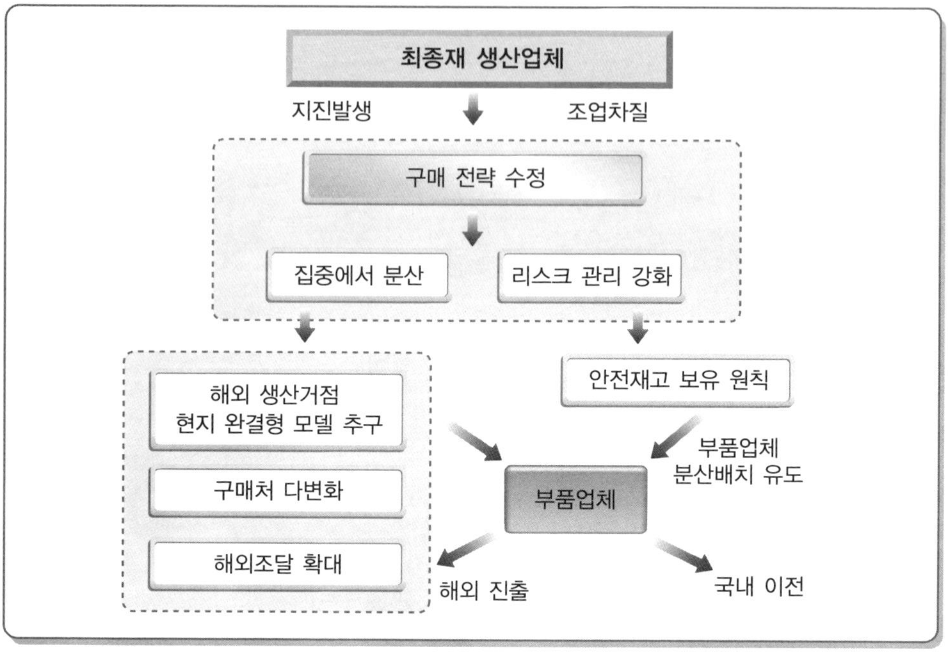

출처: 대지진 이후 일본 제조업의 변화전망과 시사점

Gartner Group에서 발표한 연구결과는 테러 및 전쟁 등과 같은 대형 재난사건을 겪은 경우, 40%의 기업들이 5년 이내에 파산하게 될 가능성이 매우 높다고 지적하고 있다. 미국 미네소타 대학에서도 이와 유사한 연구결과를 발표하였는데, 재난 및 사고로 인해 기업의 주요 IT시스템이 파괴될 경우, 금융업의 경우 2일, 유통업은 3.3일, 제조업은 5일 이상 시스템의 복구가 지연된다면 그 중 25%는 즉시 파산하며, 40%는 2년 내 파산할 것이라고 한다.

따라서, 우리 기업은 재난 및 사고에 대비하여 구체적인 복구 시스템을 갖추어야 한다. 사실, 아직도 일부 대기업을 제외한 수많은 기업들이 구축에 대한 막대한 비용문제로 인하여 원격 센터뿐 아니라 주센터조차 구축하지 못하고 있다. 이는 재해발생 시 주요한 데이터를 손실한 기업의 존폐와 연관되어 있다. 따라서, 기업은 조직의 규모를 막론하고 재해복구시스템의 효율적인 구축을 위해 다음 사항들이 반드시 고려되어야 한다.

• 지리적인 위치

백업센터는 지진, 전쟁, 홍수 등을 고려하여 100Km 이상의 원격지에 구축하는 것이 이상적이다. 일반적으로 서울에 센터를 두고 있는 제조기업들은 대전, 광주 그리고 부산 등에 2차 센터를 두는 경우가 지배적이다. 하지만, 여건 및 비용적 측면을 고려해서 서울 내 다른 센터에 두고 있다.

• 주변환경

잠재적인 주변위험시설과 인접하지 않은 지역이어야 하며, 위험요소가 없는 지역, 자연재해로부터의 노출이 되지 않는 지역이어야 한다. 소각장, 원전 등의 근처 건물의 최고층에 만들어 놓은 전산센터는 그렇지 않은 지역보다 더 많은 위험에 노출되어 있다.

• 시설지원

출입자 통제, 전원 등의 설비는 정보통신기반시설보호법에 따른 전산센터 설비 기준 적용해야 한다. 데이터에 대한 접근은 해당 기관의 담당자 이외의 접근제한 등을 고려해야 한다.

• 이중화

이중화는 주센터뿐만 아니라 원격시스템에 대한 이중화를 고려해야 한다. 주센터의 장애로 인해 원격시스템으로 전환 시, 원격시스템에 장애로 인해 서비스가 중단될 수도 있다. 원격센터의 재해발생은 1차 재해발생 상황보다 복구 시간과 데이터의 손실이 커지게 된다. 이에 따라 원격센터의 이중화된 시스템 등 원격센터의 재해에 대한 대응 방안도 미리 고려해야 한다.

• 건물보안

외부인 출입통제가 가능해야 하며, 출입구와 도로 간의 경계 및 24시간 경계가 가능한 지역이어야 한다.

• 센터구축비용

센터구축 시에는 비용문제를 고려하여 기존 시설의 활용이 가능한 건물을 이용하고, 전산시설을 가동하기 위한 용량을 확보한 건물이어야 하며, 기존 인원을 활용할 수 있으면 더욱 효과적이다.

다음은 센터를 구축하고자 할 때 고려사항 중 운영 형태별 및 시스템 이용별 분류를 알아보자. 운영 형태별 분류는 〈표 9-3〉과 같다.

◈ 〈표 9-3〉 센터 구축 시 운영 형태 분류

구 분	내 용	장 점	단점/고려사항
상호계약형	유사 기업 간에 상호 백업 방식 평소 상호 원조 계약을 맺고 비상시 지원하는 형태	신규 투자비용 절감 기존의 운영요원 활용 가능	상호 시스템 변경작업 종속 자체 운영업무 생산성 저하 위협 자연재해를 고려 위치 선정
공동이용형	여러 기관이 공동 출자하여 백업 센터를 건립하여 운영	공동투자에 따른 비용 절감 운영요원 공동활용	전 참여기업의 동시 백업이 불가 광역 재해 시 복구우선순위 결정 등의 문제점 보안상의 문제
위탁운영형	재해복구를 전문으로 하는 서비스 회사에 위탁하여 운영- Shared Service방식- Dedicated Service방식	신규투자비용 저렴 전문기술 지원 활용가능	서비스회사의 도덕적/기술적 신뢰성의 문제
자영운영형	독자적인 백업센터를 구축/ 운영	데이터 보안 유지 독자적 기술적용 용이 재해시 즉시 대처 용이	막대한 구축비용 소요 자체 운영요원 필요

시스템 이용별 분류는 [그림 9-5]와 같다.

• Cold Site

평상시 주기적으로 주요 데이터를 테이프에 백업, 내화금고 또는 원격지에 소산하여 보관 재해발생시 시스템을 도입/설치/운영 시스템을 운영하는 형태이다. 구축 비용이 최소이나 비상시 시스템 도입을 위한 대책이 필요하고, 복구에 많은 시간이 소요된다.

[그림 9-5] 시스템 이용별 분류

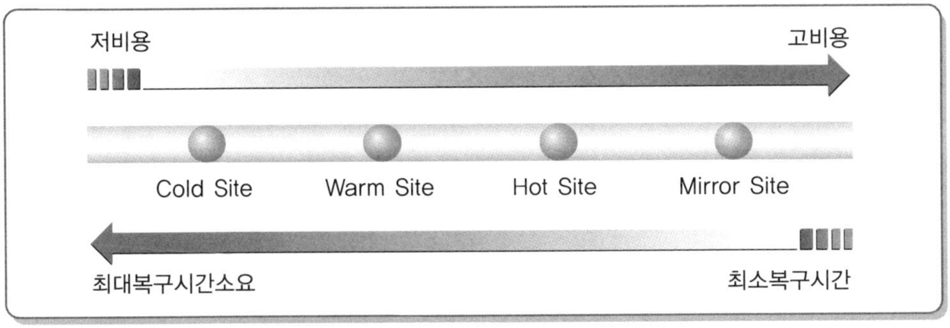

• Warm Site

Cold Site방식과 유사하며, 주요 업무처리를 위한 일부장비를 구비하고, 재해발생시 주요 업무만 복구하여 운영하는 형태이다. 구축비용이 비교적 저렴하고, 데이터 복구 절차가 복잡하다.

• Hot Site

주 전산센터 규모의 전산환경을 유지하고, 재해발생 시 원장 및 관련 데이터를 복구하는 형태이다. Mirror Site방식보다는 비용이 저렴하며, 데이터의 최신성이 유지된다. 재해발생 시 복구작업시간이 필요하고, 원장 및 관련 데이터 복구 절차 유지가 필요하다.

• Mirror Site

Hot Site방식과 유사하며, 주요 데이터 및 시스템과 어플리케이션 환경을 실시간으로 복제하는 형태이다. 재해시 즉시적으로 업무를 대행할 수 있으며 재해발생 시점까지 데이터의 손실이 없이 복구가 가능하다. 하지만, 구축비용이 많이 소요되며 평상시 운영방안의 검토가 필요하다.

금융권에서는 『IT모범규준』 근거하여 Hot Site 및 Mirror Site를 구축하여 복구가능시간을 최소화하고 있다. 이는 고비용으로 원격센터(DR: Disaster Recovery)를 구축하고 금융거래정보를 실시간으로 저장하고 있으며, [그림 9-6]과 같이 매년 1회 이상 복구계획을 작성하여 복구 모의훈련을 실행하고 있다.

◈ [그림 9-6] 모의훈련 프로세스

모의훈련 계획수립	모의훈련 준비	모의훈련 수행	평가 및 개선
• 재난유형 및 규모 • 대상 선정 • 조직 구성 • 시나리오 구성 • 모의훈련 일정	• 훈련 협조체계 • 조직, R&R 구성 • 훈련 환경구성 • 리허설 수행 • 평가기준 마련	• 훈련 협조체계 • 신속, 정확한 모의훈련 수행 및 통제	• 평가결과 및 개선안 도출 • 개선안 반영

제조업은 데이터의 보존 및 거래 정보의 복구를 위해 별도의 복구 규정 및 가이드라인을 제정하는 것이 필요하며, 제조업을 위하여 저렴한 통합 원격센터를 구축하여 모의훈련 지원 및 복구 계획/복구 등에 대해 정부차원에서 지원하는 것이 바람직하다.

◈ [그림 9-7] 정보 지원 DR 센터 개념도

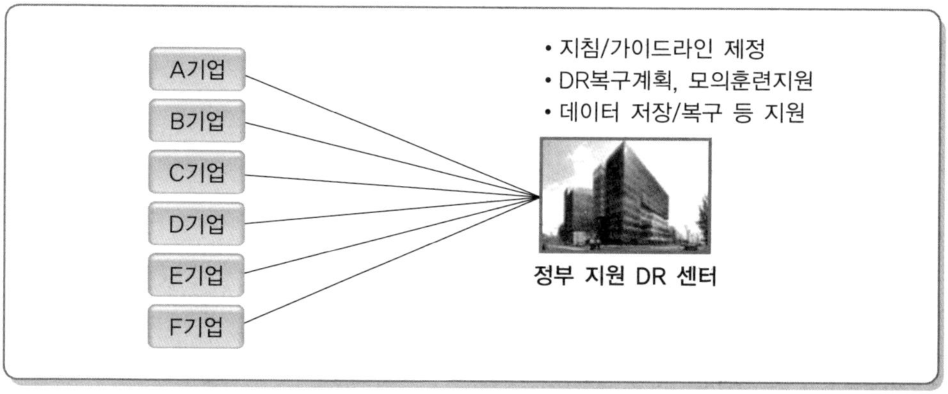

>>> 사례 할리우드 영화에서나 나올 법한 얘기가 현실 속에서 일어났다

뉴질랜드 북섬 황가레이에 사는 크리스 오글(29)이라는 남자는 최근 온라인으로 들어가 미국 오클라호마 중고품 가게에서 MP3 플레이어를 18달러 주고 사 컴퓨터에 접속했더니 그 속에 미국 군사기밀들이 잔뜩 들어 있었다고 26일 뉴질랜드 텔레비전 방송(TVNZ)에 밝혔다.

그는 그 속에 들어 있는 파일은 모두 60개로 아프가니스탄과 이라크에서 파견된 미국 병사들의 이름을 비롯한 신상 정보들이 들어 있었다고 말했다.

그는 거기에는 또 각 기지에 배치된 장비에 관한 정보와 임무 브리핑 내용 등도 들어 있었다면서 "그것을 들여다보면 볼수록 그렇게 해서는 안 된다는 생각이 들었다"고 말했다.

TVNZ도 이 MP3 플레이어에는 아프가니스탄에 주둔하고 있는 병사들의 이름과 인적 사항 등 신상명세를 비롯해 이라크 전투에 참가했던 병사들의 이름과 해외 기지에 주둔하고 있는 병사들의 숫자와 휴대전화 전화번호 등도 들어 있었다면서 이들 가운데 몇 개 전화번호를 골라 전화를 걸자 아직도 그대로 사용되고 있었다고 밝혔다.

TVNZ은 번호가 붙어 있는 파일들에는 '여기에 포함된 내용의 공개는 미연방법으로 금지돼 있다'는 경고들도 모두 표시돼 있었다면서 각 기지에 배치된 장비에 대한 구체적인 내용은 물론이고 병사들에 대한 개인적인 정보, 이를테면 누가 임신 중인지 여부 등도 들어 있었다고 밝혔다.

오글은 자신이 산 MP3 플레이어가 음악을 듣는 데 사용되지는 않았던 것으로 보인다면서 미 국방부가 요청해온다면 그것을 되돌려줄 용의가 있다고 말했다.

출처: 연합뉴스

연습문제

1. 해외의 기술유출방지 정책 사례에 대해 학습자들이 학습 내용을 토대로 서로 의견을 나누고 보고서를 작성하시오.

구 분	주요 정책 내용
미 국	• Exon–Florio Provision(종합무역법 5210조) – 대통령이 "국가안보"에 위협이 된다고 판단하는 경우 외국기업과의 합병 등 금지, 중지, 원상회복 등 가능 • 수출관리규정(Export Administration Regulations) – 대테러, 생화학무기, 범죄통제, 국가안보, 공급부족 품목, 중요 품목, 컴퓨터 등 12개 분야 기술 수출통제 • 경제 스파이 처벌법(1996) – 외국정부나 단체 등에 이익을 주기 위한 경제 스파이 행위 형사처벌
일 본	• 기술유출방지지침 및 지식재산취득관리지침 제정(2003.2) – 기업의 해외진출 등에 따른 의도하지 않은 기술유지방지 대책 마련 * 캐논, 샤프 등 회사는 기술유출을 우려해 해외공장 본토이전, 부품 등의 이웃소싱 금지 등 추진
중 국	• 대외무역법 및 기술수출입관리조례(2002.1) – 국내 특정산업의 육성 또는 육성의 가속화를 위한 경우 • 해당 기술의 수출금지 또는 제한을 허용 – 기술을 ① 수출자유기술 ② 수출제한기술 ③ 수출금지기술로 구분하고 대상품목을 수시로 변경하면서 엄격히 관리
독 일	• 대외경제법: 방위산업체 해외 매각시 핵심기술 유출 제한 – 연방경제노동부 허가 필요 • 연방 헌법보호청이 자국내 외국 스파이 활동 감시 등 산업기술 보호

[답안]

2. 산업분야별 인증제도(국내 · 외 동향)에 대해 조사하시오.

① OHSMS (산업보건안전시스템) 인증제도

② ISO/TS 16949 (자동차부품 품질시스템) 인증제도

③ TL 9000 (전자부품 품질시스템) 인증제도

④ AS 9000 (항공우주부품 품질시스템) 인증제도

⑤ BS 7799 (정보보안 시스템) 인증제도

⑥ ISO 28000(물류보안 시스템) 인증제도

찾아보기

ㄱ

가상환경 148
가용성 97
기밀성 97
기본통제의 요구사항 132
기술보호 관련 법규 13

ㄴ

내부 감사 61

ㄷ

대응책 파악 154

ㅁ

목표 위험수준 163
무결성 97
물리/환경적 보안 229

ㅂ

비용효과분석 166
비합법적인 정보의 수집 39

ㅅ

사업연속성 271
산업기술의 보호목적 28
산업보안 3, 6
산업보안 경영관리 인증 301
산업스파이 34
상세 위험분석 133
손실크기 분석 280
수준측정 지표수립 291

ㅇ

알려진 위협 147
ALE 산출 162
영업비밀 18
외부 감사 61
위험 감소 160
위험관리 116
위험관리 프레임워크 125
위험관리 프로세스 117
위험도 158
위험분석 129
위험분석 방법론 134
위험분석 수준 129
위험산출 157
위험 수용 159
위험 시나리오 134, 156
위험 전가 161
위험지표(RI) 181
위험 회피 160
위협 137
위협분석 144

위협순위 151
위협 시나리오 147
위협유형 145
위협의 속성 150
위협주기 148, 149
인적자원 보안 226
임원관리 52

ㅈ

자산가치 산정 107
자산관리 222
자산목록관리절차 88
자산목록작성 103
자산범위설정 103
자산의 식별 96
자산조사 103
접근 통제 243
정량적 위험분석 128
정보보호관리체계 203
정보보호지침 207
정보자산 86
정성적 분석 278
정성적 위험평가 128

ㅊ

취약성 137
취약성분석 140
취약성 수준 143
취약성 식별 137

ㅌ

통신 및 운영 관리 235

ㅎ

합법적인 정보의 수집 37
핵심기술의 유출경로 62
핵심문서 분류 252
핵심위험지표(KRI) 176
핵심정보 관리현황 248
핵심정보 위험평가 258
핵심정보의 L/C(Life Cycle) 254

저자 약력

■ **장항배**(e-mail: hbchang@smu.ac.kr)
현 상명대학교 경영학과 교수

》 **관심분야**: 기술경영 및 보호(의식, 문화, 관리체계 등), 경제적 성과 분석 등

■ **이준택**(e-mail: joontaiklee@gmail.com)
현 한국정보경영연구소 소장 및 한양대학교 수학과 교수

》 **관심분야**: 중소규모 정보보호 관리체계, 정보보안 전략/거버넌스, 정보보호 교육훈련, 디지털 포렌식 등

■ **김상훈**(e-mail: shkim@kw.ac.kr)
현 광운대학교 경영학부 교수

》 **관심분야**: 정보시스템 변화관리, 경영혁신과 정보기술 활용, 정보보호시스템 평가, 프로젝트관리 등

산업보안 경영관리

2013년 7월 15일 초판 인쇄
2013년 7월 20일 초판 1쇄 발행

저 자 장항배 · 이준택 · 김상훈
발행인 배 효 선
발행처 도서출판 法 文 社

주 소 413-756 경기도 파주시 문발동 526-3
등 록 1957. 12. 12 / 제2-76호 (윤)
TEL 031) 955-6500~6 FAX 031) 955-6525
e-mail (영업): bms@bobmunsa.co.kr
(편집): edit66@bobmunsa.co.kr
홈페이지 http://www.bobmunsa.co.kr
조 판 법 문 사 전 산 실

정가 28,000원 ISBN 978-89-18-12480-3